汉武帝的用兵之道

墨香满楼
杨爽
——
著

中国出版集团 现代出版社

图书在版编目（CIP）数据

汉武帝的用兵之道 / 墨香满楼 , 杨爽著 . –– 北京：
现代出版社 , 2021.9

ISBN 978–7–5143–9478–8

Ⅰ . ①汉⋯ Ⅱ . ①墨⋯ ②杨⋯ Ⅲ . ①汉武帝（前
156– 前 87）–生平事迹–通俗读物 Ⅳ . ① K827=341

中国版本图书馆 CIP 数据核字 (2021) 第 188423 号

汉武帝的用兵之道

作　　者	墨香满楼　杨　爽
责任编辑	姜　军　王志标　刘全银
出版发行	现代出版社
地　　址	北京市安定门外安华里 504 号
邮政编码	100011
电　　话	010–64267325　64245264（传真）
网　　址	www.1980xd.com
电子邮箱	xiandai@vip.sina.com
印　　刷	三河市国英印务有限公司
开　　本	710mm×1000mm　1/16
印　　张	14.5
字　　数	269 千字
版　　次	2021 年 10 月第 1 版　2021 年 10 月第 1 次印刷
书　　号	978–7–5143–9478–8
定　　价	39.80 元

前　言

景帝元年（公元前 156 年），一位雄霸世界的伟大帝王诞生了，他就是汉武帝刘彻。他从小喜欢学习，聪慧过人，深受父亲汉景帝的喜爱，四岁时便被封为胶东王。他是汉景帝的第十个儿子，同时又是庶出之子，原本是最没有可能当上皇帝的皇子。但是，在他的母亲王夫人和长公主刘嫖的共同运作下，七岁的他成了皇太子。公元前 141 年，汉景帝驾崩，十六岁的刘彻登基，开始了长达五十四年的帝王生涯。

自汉高祖刘邦打下江山后，汉初的几代皇帝都把秦朝灭亡的教训作为前车之鉴。他们崇尚黄老之学，奉行无为而治，让百姓休养生息。到了汉文帝、汉景帝时期，他们继续采用汉高祖时期无为而治的思想，创造了丰富的物质文明和精神文明，使天下形成了社会安定、政治开明、经济繁荣和文化复兴的局面。因此，汉武帝接手的是一个国富民强的社会。

汉武帝一登基，就开始大刀阔斧地"外攘夷狄，内修法度"。他"罢黜百家，独尊儒术"，任命了董仲舒、卫绾、赵绾、王臧以及申公等一批儒者。但此时，朝中实际掌权的人是汉武帝的奶奶窦太后。在汉武帝改革初期，她并没有干涉，认为年轻人玩心重，只要不危及江山统治，就放手让他去折腾。直到御史大夫赵绾为了迎合汉武帝，企图实现中央集权的意图而上了一封奏折，建议汉武帝从窦太后手中夺权时，窦太后才勃然大怒，逼迫汉武帝放弃新政。在这个时期，汉武帝邂逅了卫子夫，并在二十九岁那年迎来了自己的第一个儿子刘据。

建元六年（公元前 135 年），窦太后去世，汉武帝才完全摆脱了政治上的束缚，开始大展身手。他通过不断削弱丞相的权力，迈出了中央集权的第一步；他采用"强干弱枝"的政策，解决了豪强问题，使社会治安得到了明显改善；他采纳主父偃提出的"推恩令"，彻底解决了多年来诸侯势力恶性发展的局面；他重用酷吏张汤，来维护君主专制制度；他还重用我国伟大的经济学家桑弘羊，统一了货币，把冶铁、煮盐等民营企业国有化，同时在全国各地推广算缗和告缗制度，使西汉的财政状况得到了明显好转，为许多政策的推行奠定了雄厚的物质基础；他独具慧眼，重用了耿直尽责的汲黯、幽默有原则的东方朔、忠心耿耿的金日磾、谨小慎微的霍光等人才。

汉武帝的功绩不仅体现在文治上，还体现在武功上。在汉武帝之前，西汉历代皇帝为了稳定边境，在对待匈奴的问题上，都采取和亲的政策。但匈奴人更加有恃无恐，频频骚扰汉朝边境，抢掠杀戮，无恶不作。面对匈奴的不断侵扰，汉武帝决定不再忍气吞声，开始用武力解决问题。

元光二年（公元前 133 年），汉武帝发动了"马邑之围"，拉开了大汉抗击匈奴的序幕。元光六年（公元前 129 年），汉武帝派卫青、李广、公孙敖和公孙贺四位将军，对匈奴展开围歼战；元朔五年（公元前 124 年），卫青出其不意地击溃了匈奴右贤王，俘虏了一万五千名匈奴人和百万头牲畜；元朔六年（公元前 123 年），汉武帝发动了漠南战役，青年霍去病一战成名；元狩二年（公元前 121 年），汉武帝派霍去病和李广发动河西战役，夺回了河西走廊，匈奴的发展进入了衰退期；元狩四年（公元前 119 年），汉武帝发动了历史上最伟大的漠北战役，卫青、霍去病横扫大漠，直捣匈奴单于王庭，使匈奴元气大伤。

在对匈奴开战的同时，汉武帝两次派张骞出使西域，促进了汉朝和西方的物质文化交流，开辟了"丝绸之路"。他还征讨楼兰、大宛等西域国家，加强了汉朝对西域诸多国家的控制。与此同时，他先后平定了南越、东越、朝鲜，还成功开拓了西南夷地区。

经过几十年的南征北战，西汉帝国日益强盛，疆土面积达到了空前的规模，奠定了中华民族两千多年的疆域版图基础。与此同时，汉武帝的好大喜功、穷兵黩武、独断专行也给大汉帝国带来了一定的负面影响，导致国库空虚，百姓苦不堪言……

到了晚年，汉武帝在寻仙问道的路上越走越远，也越来越迷信。当他对太子刘据流露出不满时，江充、苏文等小人沆瀣一气，乘虚而入，捏造太子的罪名，把事情推向了失控的局面，由此发生了历史上有名的"巫蛊之祸"，导致太子刘据和卫皇后自杀身亡。太子死后，汉武帝开始反省自己的一生，下了一道名为《轮台罪己诏》的诏书，这是中国历史上第一份君王罪己诏。汉武帝停止了对外征战，开始把重心放在发展农业、减轻百姓负担等方面，让大汉进入了休养生息的阶段，从而让摇摇欲坠的大汉重新进入了平稳期。临终前，他选择幼子刘弗陵作为皇位继承人，为了大汉江山，他不惜斩断情丝，杀母立子。考虑到幼子刘弗陵年纪小，他煞费苦心，选择霍光为托孤大臣。后元二年（公元前 87 年），汉武帝驾崩于五柞宫，终年七十岁。

这是一部人物传记，本书在大量历史资料基础上，从全新的视角向读者展示了汉武帝波澜壮阔的一生。让我们跨越亘古时空，一起去领略这位叱咤风云的英雄人物的风采吧！

目录 / Contents

第一章

初登历史舞台

工于心计，梦日入怀

在汉景帝的第十个儿子出生前，这个孩子的母亲王娡工于心计，为他造势，向景帝述说了自己"梦日入怀"的故事，为他铺垫日后一步步走向权力中心的道路。这个孩子便是汉武盛世的伟大开创者——汉武帝。

汉武帝接受汉政权时，社会已经进入"中外皆安，公私富溢"的盛世。作为这笔遗产的继承者，他比汉高祖幸运太多。因为他继承的不光有丰富的物质遗产，还有因休养生息、学术开明、约法省禁等优良政策而产生的精神遗产。

刘彻本来是当不上皇帝的，因为古代继承制度有两个原则——立嫡、立长。他是汉景帝的第十个儿子，同时又是庶出之子，根本没有当皇帝的希望，并且，少不更事的他也没有刻意追逐皇权。他能一步步登上皇帝的宝座，得益于他的母亲王夫人和后来成为他的岳母——馆陶长公主刘嫖的一次次成功运作。

刘彻的父亲——景帝刘启在做太子的时候，由奶奶薄太后（刘邦的妻子）做主，娶了她的侄女为妃。景帝当上皇帝后，就立了薄妃为皇后。后来，薄后因为没有为景帝生下儿女而失宠。景帝二年（公元前155年），薄太皇太后去世，薄后失去了靠山。景帝六年（公元前151年），景帝废了薄后。自此，皇后之位争夺战和皇储争夺战交织在了一起。

景帝庶出的儿子有十四个。按照继承法，他们没有嫡庶贵贱的差别，只有年龄的差别。为了避免纷争，景帝立栗姬所生的儿子，即长子刘荣为皇太子。

当时刘彻只有四岁，但那时他还叫刘彘。

刘彘的生母王娡，扶风郡槐里（今陕西兴平东南人），她的母亲臧儿是燕王臧荼的孙女。

臧荼被刘邦杀了以后，其儿子臧衍投奔了匈奴，其孙女臧儿被迫离开了华丽的王宫。她易装潜行，逃到了扶风郡槐里，遇到了老实憨厚的乡下人王仲，两人生下了一男两女，给长女取名为王娡。

丈夫王仲死后，臧儿便带着三个孩子改嫁到长陵（今陕西咸阳市东北），第二任丈夫姓田。她给这个丈夫生了两个儿子，即田蚡、田胜。其间，她把大女儿王娡嫁给了一个名叫金王孙的男子。王娡出嫁后生了一个女儿，取名为金俗。

某天，一个算命先生走街串巷，来到臧儿的家门口，臧儿便让他给自家孩子算命，先算的是大女儿王娡。

"不得了，你这个女儿是个大富大贵之命！"

"大富大贵就对了，我们本就是燕王之后，我这个女儿一定会夺回本该属于我们的一切。"

算命先生前脚一走，臧儿后脚就派人去自己的穷女婿金王孙家抢王娡。

"你丈母娘说这门婚事不算数了，让我们把她带回去。"来人对金王孙说。

"什么？她女儿都给我生了女儿，这婚事不算数啦？开什么玩笑！"金王孙惊掉了下巴。

"是的，你丈母娘说了，她女儿是大富大贵之命，你太穷，配不上。"

来人不顾金王孙的继续反对，强行带走了王娡。之后，臧儿托了很多关系，将王娡火速送到了当时还是太子的刘启的宫中，谋求富贵。

皇宫中尽是各种年轻绝色的女子，而王娡年纪不小了，还生过孩子，进宫后的境遇理应好不了。我们可以大胆地推测一下：王娡被送进太子宫时，应该隐瞒了婚史。

命运就是如此鬼使神差，正像那位算命先生预言的一样，王娡谋得了富贵，得到了刘启的宠爱，一口气给刘启生了三个女儿，分别是平阳公主、南宫公主和隆虑公主。

后来刘启登基，当了皇帝，也就是景帝，极其宠爱王娡，先是封她为美人，后来又册封她为夫人。如此一来，王娡便成了王夫人。这时，她终于生下了一个男孩儿，便是刘彘。刚发现怀孕时，王娡告诉刘启："我昨天夜里做了一个怪梦，梦见太阳进入我的怀中。"

"这是一个贵兆！"刘启开心地说道。

王夫人的用意很明显，那就是暗示景帝，如果她生的是儿子，那这个儿子一定就是真命天子。

至此，王娡的野心展露无遗——她先是配合母亲臧儿与金王孙离婚，然后在儿子出生前为他造势，为他铺垫日后一步步走向权力中心的道路。

在王娡"梦日入怀"后，汉景帝又做了一个梦，梦见一头红色的猪身上裹着祥云，从天而降，落入宫中，接着祖父刘邦飘然而至，对他说道："王夫人生子，应起名为彘。"

当天晚上，王夫人便为汉景帝生下了第十个儿子，也就是后来的汉武帝刘彻。汉景帝在第一时间去看望了自己刚出生的儿子，开心得不得了，想起自己做的那个梦，便决定给这个新生儿取名为"彘"，希望他能像小猪般好养，长得健壮。

刘彘在三四岁的时候就表现出超常的智力——他的求知欲特别强，好读书，过目不忘，还会说话。因此，景帝十分宠爱这个儿子。

某天，汉景帝问小刘彘："最近在读什么书呢？"

"我读了自伏羲以来圣人的书。"

景帝听了，觉得这个儿子长大以后一定会大有作为。

刘彘四岁时，被景帝封为胶东王。

各显神通，角逐储君之位

为了让儿子刘彘当上太子，王娡与汉景帝的姐姐长公主刘嫖合谋，将栗姬的儿子、汉景帝的长子刘荣从太子的位置上拉了下来。太子之位出现空缺后，汉景帝的弟弟梁王刘武便向皇位发起了冲击。顿时，各方势力蠢蠢欲动、各显神通。最后，王夫人的儿子刘彘在激烈的角逐中胜出，夺得了太子之位。

刘嫖是窦太后的第一个女儿，也是唯一的女儿，颇受窦太后的宠爱。刘嫖和弟弟景帝的关系也十分要好，她长期充当景帝的"婚姻介绍人"，想方设法给景帝寻觅美女。毫无疑问，刘嫖的眼光很好，而且很懂景帝的心思，因为她物色的美女几乎都受到了景帝的宠幸。但是有一个人很不高兴，她就是栗姬——景帝生命中的第一个女人，在景帝还是太子的时候，就给景帝生了三个儿子。

景帝登基后，他身边的女子越来越多，他的孩子也越来越多，栗姬的地位是一天不如一天。但是，栗姬毕竟与景帝有着结发之情，还为他生了三个儿子。按照继位制度，两人的长子刘荣应该被立为太子。此时，栗姬能做的事情便是忍耐，等刘荣长大后成为皇帝，她就是皇太后，就能出人头地了。

长公主刘嫖有一个女儿，名叫陈阿娇。小阿娇是她的掌上明珠，受尽了宠爱。为了让女儿长大出嫁后不受一丁点儿委屈，她对当今太子刘荣的母亲栗姬抛出了橄榄枝，想把女儿阿娇嫁给太子，等太子登基后，阿娇就是皇后了。

应该说，刘嫖的橄榄枝有着极高的含金量，可是栗姬并没有伸手去接，而是一脸的冷淡。她栗姬如今备受丈夫景帝的冷落，还是托了长公主的"福"，这对她的伤害太大了。

这世界上有一条定律：那就是伤害别人的人记性差，被伤害的人记性好。

被拒绝的长公主气愤得不行，回去左思右想，才明白了栗姬拒绝她的缘由，才意识到自己有这么一个潜在的仇家。但自己的弟弟是皇帝，有宠幸天下美女的权力，你栗姬都生了这么多孩子了，怎么就没有一点分享精神呢？长公主这样想着，突然感到不寒而栗——要是栗姬的儿子真当上了皇帝，自己可就危险了……

刘彻的母亲王夫人知道这个消息后，却是暗自开心："真是天助我也！"

王夫人很聪明，她知道长公主与景帝是关系很好的姐弟，还有窦太后撑腰，所以长公主想让女儿阿娇成为皇后的梦想极有可能实现。如果儿子刘彻娶了阿娇，那么势力强大的长公主就能够帮助刘彻登上皇位。想到这里，王夫人笑了。

就在王夫人算计着怎样才能与长公主联姻时，长公主主动上门了，她是带着宝贝女儿阿娇一起来的。

王夫人热情地招待了这对母女，还拉着阿娇的小手赞不绝口："阿娇太漂亮了，长大后肯定能当上皇后。"

这句话说到了长公主的心坎上，她抱起五岁的小刘彻，把他放在自己的膝盖上，问道："你想要一个媳妇吗？"

小刘彻点了点头。

长公主来了兴致，指着自己的侍女对小刘彻说："彻儿，这几个美女，你喜欢哪一个？"

小刘彻摇了摇头。

长公主于是把女儿阿娇叫了过来，问道："彻儿，阿娇姐姐美吗？"

刘彻看了看阿娇，说："姑姑，你要是把阿娇嫁给我，我一定会造一座金屋子，让她住在里面。"

这就是成语"金屋藏娇"的来历。

显然，这句话是王夫人为了拉拢长公主而事先教刘彻的。

自此，长公主和王夫人结成了联盟，护送着刘彻向皇位发起冲击。

形成统一战线后，王夫人便开始让小刘彻每天在景帝面前蹦来跳去。景帝的儿子虽多，但论聪明伶俐，谁也比不上小刘彻。所以与小刘彻接触的时间越长，景帝就越发宠爱他。

长公主也没闲着，经常在景帝耳边吹冷风，诋毁栗姬，目的就是把刘荣从太子之位上拉下来。

长公主诋毁得多了，景帝便也开始觉得栗姬是一个坏女人，于是便想测试她一番。

景帝谎称身体极为不舒服，要见阎王的那种，让栗姬侍奉。

"朕快要不行了，我的孩子们就都托付给你了。"

栗姬哪里知道，此时有一张大网罩向了她。她本能地站起来，满脸厌恶地走到了一边，不再搭理景帝。

见此，景帝流下了男儿泪，心想："栗姬这个女人，果然没有皇后范儿，心胸极其狭窄。要是我死了，我那么多的儿子，肯定都没有好下场。"

想到这里，景帝便一刻也不想再待在栗姬这里。

过了一段时间，景帝上朝的时候，有一个大行礼官上书奏事，其中一句话是这样写的：

"子以母贵，母以子贵，现在太子母亲的称号应当是皇后。"

景帝听完勃然大怒："朕后宫的事情，是你该管的吗？"

大行礼官愣住了："陛下，我也是为了您的千秋大业着想啊！"

"朕的大业千秋不千秋的，跟你有什么关系！"

"陛下……"

"给我拖下去斩了。"

这个栗姬未免也太可恶了，竟然勾结朝官给自己施压。幸亏朕聪明，识破了这个歹毒女人的计谋。

与此同时，王夫人正心惊胆战地等待她的战果。

"哎，那个傻瓜朝官，会不会在被砍头之前幡然醒悟过来，告诉景帝：这个馊主意是她王夫人出的，自己还收了她的银子？"

但是很快，王夫人就放下心来——

朝堂之上，景帝声音颤抖，下令道："传旨，太子刘荣没有做皇帝的德行，贬为临江王。"

公元前 150 年，汉景帝不顾太尉周亚夫等人的反对，废掉了太子刘荣。

栗姬没有当上皇后不说，还莫名其妙地端掉了儿子的饭碗。这回，她连景帝的面都见不着了，想说理都没处说去。

她越想越怨，越怨越恨，最终郁郁寡欢，含恨而死。

在争夺太子之位的第一回合中，由于王夫人、长公主的不懈努力以及栗姬的大意，使得刘彘变被动为主动。现在太子之位出现了空缺，刘彘有了希望。

但是，从当时的形势来看，刘彘争夺太子之位的道路依然不是十分顺畅。原因在于他还有一个强有力的对手——景帝的亲弟弟刘武。

窦太后生有两男一女，女儿便是长公主刘嫖，儿子便是景帝刘启和梁王刘武。窦太后最注重亲情，大儿子、小儿子都是自己的心头肉，凭什么大儿子能当皇帝，小儿子就与皇位无缘？正是这种溺爱幼子的心理，成了当时刘彻冲击皇位的最大阻碍。

而且，景帝与弟弟刘武感情深厚，经常坐着同一辆车进进出出，几乎是平起平坐了。

事实上，在立刘荣为太子之前，颇有野心的刘武就尝试过冲击储君之位。

景帝三年（公元前154年），在一次家庭聚会上，景帝喝得兴起，说了一句不经大脑的话："梁王，你好好干，以后兄长这个位置是你的！"

"真的吗？"刘武大喜。

"君无戏言，我不会拿这种事情开玩笑的。"

"陛下对我太好了，来来，咱兄弟干了这杯！"

坐在一旁的窦太后见到这兄弟友爱的一幕，十分开心。但不和谐的一幕马上出现了，窦太后堂兄的儿子窦婴起身劝谏道："现在的天下是高祖皇帝的天下，高祖皇帝说过：'皇位，父子相传。'陛下怎么能把皇位传给梁王呢！"

窦婴一语惊醒醉中人，景帝的酒顿时醒了大半，他吞吞吐吐地说："朕就随便一说，喝酒图个高兴。"

此时的窦太后和梁王都颇为尴尬。

窦太后一回到后宫，便破口大骂："这个窦婴，还是不是我侄子啦？如果是窦家的人，怎么还反对我窦家的人呢？"

窦太后的想法很简单：刘武虽然姓刘，但毕竟是自己亲生的，不仅是刘家的人，也算得上窦家的人。相比之下，孙子当然没有儿子亲了。

窦婴阻碍景帝拥立刘武为太子，引起了窦太后的怨恨。刘武则心如死灰，失去了对皇位的野心。

窦婴就这样与自己的姑姑窦太后翻了脸，他本来就嫌官卑职轻，于是干脆辞职不干了。

窦婴的出走，让太子刘荣失去了左膀右臂，最终被王夫人和长公主联合扳倒了。

景帝废掉了太子后，刘武的野心再次蠢蠢欲动起来。

窦太后也找景帝谈话："皇儿啊，废掉了太子，你千秋之后，谁来继承皇位呢？"

景帝沉默不语。

窦太后接着说："皇儿啊，你能打下江山，有一半的功劳是你弟弟的。吴楚起兵，七国造反，假若不是你弟弟死死守了三个月，令叛军无法前进，你这个皇位怕是早就保不住了。"

景帝瓮声瓮气地说："母后说得是，儿臣这就与大臣们商量去。"

"这是我们自家的事情，和大臣们商量什么！"

景帝吓了一跳，赶紧说："母后说得是。"

其实，之前景帝说把皇位传给弟弟刘武，纯粹是酒后胡言。等清醒过来后，他想了想，觉得还是儿子更亲。

但景帝也不敢明确反对窦太后，于是希望有一个像窦婴那样的"英雄"出现，让他来反对窦太后，替自己背锅。

很快，景帝成功地找到了这么个人，那就是大臣袁盎。

景帝故意把辞官在家养病的袁盎招来参加御前会议，商议储君之位的问题。

果然像汉景帝所预料的那样，袁盎强烈地否定了刘武的继承权。

袁盎趴在地上，大喊道："陛下，老臣愿意以死相谏！传统的继承制度明确规定皇位只能传给儿子，梁王哪有继承的权力？"

汉景帝表面上一本正经，心里却乐开了花，他说："爱卿请起，不要着急，这件事可以慢慢商量的。"

在袁盎的带领下，众多大臣纷纷表示反对。

就这样，窦太后的梦想再次破灭了。

但是，刘武没有放弃——既然自己冲击皇位的道路上出现了绊脚石，那把绊脚石除掉不就好了？

参加完御前会议，袁盎回到家中，躺在床上。突然，他看见房梁上有一团黑乎乎的东西，顿时大吃一惊。

那团黑东西落了下来，竟然是一个持刀的刺客。

"袁大人好。"刺客表现得彬彬有礼。

"你是何人？"袁盎忐忑不安地问道。

"袁大人，看看我手上拿着的是什么？"刺客问。

"刀！"袁盎回答。

"袁大人好眼力。只要这刀子刺进你的喉咙，你就能归天啦。"

"我并不认识壮士，壮士为何要杀我？"

"你猜猜看。"刺客说。

看来这个刺客不仅有礼貌，还有和刺杀对象聊天的职业习惯。

"我平时并没有与人结仇……"袁盎回答。

"说重点！"刺客吼道。

"我只不过是劝陛下不要把皇位传给梁王。"

"袁大人聪明，知道自己是怎么死的。"

"为了皇家利益，我舍生忘死。"

"皇家利益与你有几毛钱的关系，值得你这般维护，连命都不要啦？"

"我这辈子活得坦荡。活到我这把年纪，死了也不可惜。"

"你说得很有道理。实话告诉你，我是奉梁王之命来刺杀你的。入城之后，我到处打听，发现你是一个心中只有皇家利益、没有自我之人。你这种人，真是愚蠢至极，但同时也令我敬佩不已。所以我不杀你，但要给你一个忠告——梁王很看重你，为了你已经派出了十几名刺客，他们正在前来刺杀你的路上。你今天逃脱了，未必明天能逃脱。"

说完，刺客消失得无影无踪。袁盎胆战心惊地对家人说："快快备马车，我要去算命先生那里问问吉凶。"

袁盎找的是当时十分有名的算命先生棓生，棓生是怎么说的，我们不得而知，而且从事情的结果来看，这也并不重要——

就在袁盎从棓生处返回，途经安陵郭门时，一辆马车突然发了疯似的朝他冲了过来。紧接着，一群人亮出了锃亮的长刀，大喊道："杀了袁盎！"

众多刺客一拥而上，杀死了袁盎。

袁盎被刺杀，就算是瞎子都能看出是梁王干的。于是，汉景帝大怒，派田叔等为专使，声势浩荡地前往梁王的封地，准备对梁王兴师问罪。

梁王急得如同热锅上的蚂蚁，他之前只想着如何除掉绊脚石，却没有想过善后的问题。

其实，梁王想刺杀的人很多，袁盎只是第一个。他的想法很简单："谁不让我当皇帝，我就杀谁，反正也不会有人知道是我干的。"

事实证明，梁王的智商是真的不够用。袁盎洁身自好，廉洁奉公，虽然不得人喜欢，但大家都打心底里佩服他，真正憎恨袁盎并有财力派出那么多杀手的人，只有梁王。这桩血案轰动全国，也轰动了朝廷，汉景帝下令彻查，梁王立马陷入了被动。

为了杀人灭口，梁王逼迫参与暗杀阴谋的臣子公孙诡、羊胜自杀，然后把这两人的尸体交给了朝廷。但是，这个行为等于是在告诉景帝：我梁王正是刺杀袁盎的主谋。

所以说，智商这个东西，真的很重要。

梁王知道事态严重后，立马派人去找姐姐刘嫖，希望景帝不要再查这件事情了。同时，他给窦太后写了一封信，请求母亲救自己一命。

眼见小儿子陷入了危险的境地，窦太后立马出手了。

景帝让梁王入京汇报工作，梁王领命乘坐马车出发。但是这辆车走着走着，却消失了。

景帝得知消息后十分诧异，不明白弟弟为何会半路失踪。

窦太后得知消息后则是呼天抢地："皇帝啊，都是你害死了我的儿子啊！皇帝啊，你太绝情了，连自己的亲弟弟都不放过！我的儿子啊，你死得好惨啊……"

窦太后这么一哭，景帝心里五味杂陈。他真的没有派人去暗杀梁王，可一个大活人，怎么就莫名其妙地消失了呢？

正在困惑之际，有人禀报，说梁王此刻正跪在门外，请求景帝的原谅。

原来，梁王突然智商上线了。他担心景帝派人在路上刺杀自己，于是易装潜行，入京后躲进长公主家中，并由长公主派人护送到金殿前。

见到弟弟，景帝挤出了几滴眼泪，说："你可让朕担心坏了！幸亏你没出事，不然朕怎么向母后交代？"

兄弟俩拥抱在一起，场面一度十分感人。

窦太后看到两个儿子握手言和，也十分开心。

但其实，景帝对梁王的厌恶已经到了极点，在心里把梁王骂了个狗血淋头："你的心眼怎么那么多呢？朕想杀你，不过是下一道圣旨的事情！"

此时的梁王却表现出了天真的一面，认为景帝还是很看重兄弟情义的，自己还有当皇帝的机会，于是趁机说："陛下，我请求留在京师，多陪陪母后。"

景帝装出很为难的样子，说："梁王的孝心感天动地，但梁国不能一日无主啊。"

梁王一听，这才意识到景帝只是做做表面工作而已，其实恨自己恨得咬牙切齿，自己已经彻底没戏了。

一天之内，梁王的心情犹如坐过山车一般，跌宕起伏。

最后，他无奈地回到了自己的封地。

景帝为了避免夜长梦多，火速立当时只有七岁的刘彻为太子，并立王夫人为皇后，彻底断了梁王对皇位的幻想。

折腾了半天，结果却是竹篮打水一场空，闷闷不乐的梁王来到北方的良山打猎散心。这时，有人向梁王进献瑞兽麒麟，其实是一只背上长脚的怪牛。梁王一看，这哪里是瑞兽啊，分明是一头怪物！自从看到这怪物后，梁王整日惶恐不安，当年就去世了。

业精于勤，顺遂的太子路

　　除了母亲王娡和长公主刘嫖的维护外，刘彻能够脱颖而出还离不开自身的努力。他从小就表现出不一般的聪明才智，但并没有因此骄傲自满，而是依然刻苦努力地去学习，使自己成长为智勇双全的人，这为他登上皇位铺好了道路。

　　王夫人成为皇后之后，做的第一件事情便是让景帝给自己的儿子改名字，因为"彘"这个字俗不可耐。她把枕边风吹得足足的，终于把景帝吹动了。因为刘彘"圣彻过人"，景帝便给他改名为"彻"。

　　在景帝时期，宫廷中的黄老气氛十分浓厚。因为窦太后好黄老之学，并且不允许任何人怀疑黄老。黄老思想有一个最为明显的特点，就是主张顺其自然、无为而治。

　　第一个跟随窦太后学习黄老之学的人是刘武，刘武冲击储君之位失败后，窦太后意识到自己终究无法改变父死子继的皇位继承制度和传统，自己的黄老之学没有了继承人。前太子刘荣在太子太傅窦婴儒学思想的影响下，没有丝毫黄老倾向，这也是窦太后不希望刘荣继承皇位的一个重要原因。因此，景帝废掉刘荣的太子之位，立刘彻为太子时，窦太后并没有明确反对。她想：刘彻还小，可塑性还很强，日后还可以培养。当然，爱女长公主对刘彻的各种吹捧，以及王夫人对窦太后恰到好处的讨好，都起到了推波助澜的作用。

　　在各种因素的影响下，刘彻的太子之位不可动摇。

　　刘彻从小就表现出过人的才智，深受景帝的喜欢，被立为太子后，景帝更是大力栽培他。

　　景帝好黄老之学，但同时也好刑名之学。现在他准备把太子培养成一个集百家之长的全面型人才，于是请来德高望重的卫绾当太子的领路人。

　　卫绾是一个全面型人才，他上知天文，下知地理，不仅对文学、儒学颇有研究，还掌握了一套修车、驾车的技术。他曾是河间王刘德的太傅，把河间王培养成了一个德才兼备的贤人学者。在平定"七国之乱"的战争中，卫绾立下了汗马功劳。

　　这位能文能武、独行儒学的卫绾对刘彻的培育长达六七年，对刘彻的一生都产生了很大的影响。

　　刘彻从小既受奶奶窦太后的黄老之学的熏陶，又从父皇那里受到了刑名之学的启发，还受老师卫绾儒学之说的影响。这样的思想教育，积极影响着刘彻的气质、性格以及志趣。

为了栽培太子刘彻，景帝时常把他带在身边。

某次，景帝宴请条侯周亚夫。周亚夫仗着为汉朝立过功，为人比较高傲。景帝把周亚夫招入宫内，准备了一桌子的好酒好菜，却没有在周亚夫的座位上摆放筷子，周亚夫十分生气。

景帝看到后，立马让管事的人去拿筷子。坐在一旁的刘彻一直盯着周亚夫，似乎要把他看穿似的，这让周亚夫的心里有些发毛，又是生气又是愧疚，涨红了脸。景帝见了，面带微笑地问："怎么？还在生气？"

周亚夫听到后，立马下跪谢罪。汉景帝想让周亚夫收敛自己的脾气，就想请他站起来。哪知景帝刚说了一个"起"字，周亚夫就立马拂袖而去。

周亚夫离开后，景帝好奇地问刘彻："你刚才为何要那样死死地盯着他呢？"

"此人十分傲慢，恐怕将来不大好管。"

景帝没想到小小的刘彻看人还挺准，笑道："皇儿说得对，为了这点小事他就给我们脸色，将来该如何辅佐皇儿呢？"

后来，周亚夫的儿子干了违法的事情，牵连到了周亚夫。景帝顾忌到周亚夫的面子，先派小吏去质问他。周亚夫自恃是社稷功臣，懒得搭理。

景帝火冒三丈，拍案而起："你以为你是哪根葱啊？朕不用你了！"

周亚夫被关进监狱，绝食五天，吐血而亡。至此，景帝终于为刘彻摆平了强悍而难以控制的功臣。

在刘彻十四岁那年，廷尉请景帝审批一个案件。这是一个凶杀案：防年的继母杀了其生父，防年为了替父亲报仇，杀死了继母。

廷尉请求以杀母这条法律，判防年大逆不道之罪。景帝认为这个判决不够准确，于是问刘彻有什么想法。

"继母就是继母，不是生母，与孩子之间不存在血缘关系。只是由于父亲娶她为妻了，她的地位才上升到生母。既然防年的继母杀了他的父亲，他与继母的母子关系就终止了，不应该判他大逆不道之罪，而应该按照一般的杀人罪来论处。"刘彻分析道。

听了刘彻的分析后，景帝微笑地点了点头，心想："真是没有枉费我的苦心栽培。"

朝中大臣纷纷对聪明善断的刘彻竖起了大拇指，从此对这个乳臭未干的黄毛小孩儿另眼相看了。

少年刘彻不仅早熟早慧，还十分用功。他不仅苦心学习，还对骑射产生了浓厚的兴趣。他读到著名文学家枚乘的辞赋时感慨颇多，十分仰慕枚乘，就想见到枚乘本人，与其促膝长谈。后来，刘彻当了皇帝，还真的把枚乘接到宫中来了。刘彻还勇于尝试新东西，为了学习匈奴的骑射技术，他请来了出生在匈奴的韩王信的后代韩嫣。刘彻身体力行，带动身边的人也学习起了骑射之术，大汉骑射部队的雏形开始形成。

王侯将相本无种，能者为之。刘彻之所以能在众多储君竞争者中脱颖而出，除了母亲王娡和长公主的维护外，还离不开自身的努力。少年时期的他已经展现出智勇双全、能文能武、才思敏捷等优异的品格，为他登上皇位铺好了道路。

第二章

改善内政巩固后方

刚柔相济，罢黜百家

汉武帝继承皇位后，为了削弱窦太后的强大势力，采取了"罢黜百家，独尊儒术"的思想策略，不断开展尊儒的活动。其中，置五经博士和兴学校两件事情意义深远。

景帝后元三年，也就是公元前 141 年，汉景帝为十六岁的皇太子刘彻举行了隆重的冠礼。

同年，汉景帝驾崩，刘彻登基，是为汉武帝。

在刘彻还是太子的时候，迎娶了陈阿娇为妻。当时的阿娇为太子妃，等刘彻登基后，她便被册封为皇后。

登基后，汉武帝很快就发现了一件让他十分烦恼的事情，那就是他说的话根本没有人听。原因在于他手中没有任何实权，自己不过是奶奶窦太后的"傀儡"而已。

大臣们的奏折经汉武帝批阅完毕后，还会被送去窦太后那里，只有窦太后批准了才算数。

奶奶当初只想让自己的小儿子继承皇位，对于这点，汉武帝自然有些不满。如今自己登基了，任何事情依然是奶奶说了算，他就更不满了。但不满归不满，他也不敢反对这种制度。

其实，窦太后也不是什么大奸大恶之人，就是一个普普通通的老太太而已。她是贫苦人家出身，被命运垂青，来到后宫，一待就是四十多年，手中握有实权也是自然。

如果硬要说窦太后有错，那就是她心肠太软，太疼爱家人，不希望自己的儿女们受半点委屈。

当时，像刘嫖这样的公主都有自己的封地，但她们都不愿意去，而是聚拢在窦太后身边，仗着窦太后的权威在京城里横行霸道。一旦事情不好收拾，她们便飞奔到窦太后身边，而窦太后大手一挥，就能帮她们"解决"问题。因此，这些皇亲国戚是越来越嚣张跋扈。

皇亲国戚们肆无忌惮，说白了也是权力使然，但这些权力最终来自皇帝。所以，他们的权力多了以后，皇帝的权力自然就少了。

刚登基的汉武帝面临的就是这样一个问题。他坐在皇位的宝座上，放眼望去，发现下面的大臣自己竟然一个也不认识。换言之，刚当上皇帝的汉武帝，在朝中没有一个支持者。

汉武帝除了郁闷就是痛苦。痛定思痛后，他决定从奶奶手中抢权。在继位的第七个月，他大张旗鼓地推行新政，下诏书招募贤良之才、敢于直言国事的进谏之才。

各地积极响应，纷纷举荐当地的读书人。在那个年代，普通老百姓的孩子根本读不起书，能读书的孩子除了家中富有外，还要有些天资，有些志向追求。因此，汉武帝的求贤诏虽然轰轰烈烈，但最终报名的只有一百多人，并且都是两鬓斑白的老头。

汉武帝亲自担任主考官，对这一百多人进行考核。他看看这个人，又看看那个人，看了半天，也看不出什么来。于是，他给他们出考题，让他们写治理国家的对策。

这时，一个人的答卷进入了汉武帝的法眼，这个人便是董仲舒。他提出了一个颇为激进的观点：罢黜百家，独尊儒术，统一思想。

董仲舒在他的儒学观点中强调了至关重要的一点，那就是君权神授。这个理论完美地证明了皇权的合法性，将皇权与天道结合在一起，将皇帝推上了一个区别于众人的、至高无上的位置。

董仲舒说，新朝之所以能够取代旧朝，那是上天的意思。新皇帝的诞生也是上天的选择，任何人都不能凭借武力和计谋得到。这一理论既证明了西汉政权的合法性，又给皇帝罩上了一道神圣而神秘的光环，给了被统治者一个完美服从的理由。

这个观点甚合汉武帝的心意，他现在亟须做的就是收回并巩固自己的权力。奶奶窦太后喜欢道家，偏爱黄老之术。既然是奶奶喜欢的，那就罢黜了它。

董仲舒，因为为汉武帝提供了夺取政权的强大思想武器，被汉武帝视为第二个袁盎。

事实上，儒学提倡的是仁政，推崇的是礼制，讲究德治。这说明儒学维护君主制度时是讲道理的，人情味十足。但董仲舒是一个实用主义者，他以儒学为外衣，以法家学说为内核，成功地把伟大的儒学思想改造成了一种新的统御之术。就这一点而言，董仲舒更胜袁盎一筹。

但是，年仅十七岁的汉武帝只是把董仲舒看成了第二个袁盎，那个被汉景帝牺牲了的忠心耿耿的袁盎。而汉武帝准备学习自己的父亲，为了保住自己的皇位而让董仲舒去监视自己同父异母的哥哥刘非。

刘非是汉景帝的第五个儿子，智勇双全、骁勇善战、骄傲武断，不太好对付。

对于汉武帝来说，无论窦太后抢走了他多少权力，但那毕竟是他的奶奶，不会把他从皇帝的宝座上赶下去。等奶奶去世，大权还是会落入他汉武帝的手中。但刘非就不一样了，一旦他有了反叛之心，还真有可能把汉武帝从皇帝的宝座上轰下去。因此，他任命董仲舒为江都相，将他安插到刘非身边，给自己当眼线。

董仲舒成功完成了自己的使命——刘非在位二十七年，从未有过叛变之心。而董仲舒也因此成为一代饱学之士。

派出董仲舒后，为了对付奶奶窦太后，汉武帝需要另寻新人。

汉武帝的老师卫绾当时担任丞相。卫绾本来就十分喜欢儒学，对儒学颇有研究，在听说了董仲舒"罢黜百家，独尊儒术"的思想后，在第一时间表达了自己的支持，请求汉武帝罢免那些专学"申、商、韩非、苏秦、张仪之言"的贤良，省得他们日后搬弄是非，干扰国政。

汉武帝也很听自己老师的话，立马轰走了儒学之外的贤良。

之后，汉武帝准备大刀阔斧地进行改革。此时，丞相卫绾年岁已高，请求退休。汉武帝爽快地答应了，任命魏其侯窦婴为丞相，让田蚡当太尉，掌管军队。

先说窦婴，前面已经提过，他本来是窦太后的堂侄，因为反对梁王继位而遭到窦太后的怨恨。窦太后认为窦婴和自己不在一条船上，便把他从窦氏的门庭中开除了。当时，窦婴识趣地离开了朝廷，回老家去了。

后来，景帝又把窦婴找了回来，并重用了他。从窦婴反对刘武继位开始，景帝便把他当成了自己人。他明白生母窦太后的势力太大，很容易干掉自己的儿子刘彻。为了帮助儿子，景帝这才找来了专门恶心窦太后的窦婴。

汉武帝也很看好窦婴，所以在老师卫绾辞职后，立马任命窦婴为丞相。

再说汉武帝的舅舅田蚡，他是汉武帝的母亲王娡同母异父的弟弟。田蚡这个人长得很丑，但嘴巴甜，你喜欢什么，他就说什么。当年王娡在宫中的地位并不高的时候，他便投靠窦婴，但混得不好，只是一个跑腿的门生。

等景帝立刘彻为太子、王夫人为皇后后，田蚡的社会地位直线上升。汉武帝刚登基时，由于没有什么大臣支持他，他便立马找来了自己的舅舅，并提拔他为太尉。

田蚡虽然身居高位，小人的本性却改不了，在朝廷上各种兴风作浪，依然喜欢看人脸色说话。

就在汉武帝继位的第二年，淮南王刘安来京城，田蚡前去迎接。聊天时，田蚡发现淮南王居然觊觎皇位。按照正常人的思维，田蚡能有今天，全靠姐姐和外甥，理应忠心耿耿地维护汉武帝的皇位，但他小人本性发作，偏要逆水行舟。

众所周知，陈阿娇当了几年皇后，并没为汉武帝生下一儿半女。当时，朝中不少人非议陈阿娇，说她没有生育能力，同时也有不少人怀疑汉武帝，也说他没有生育能力，这些人中就包括田蚡。即使汉武帝身体健康，但无子就是一个很大的隐患。田蚡是一个擅长投机取巧之人，与脚踏实地相比，他更愿意去经营人际关系。于是，他开始巴结藩王。

田蚡对刘安说："现在陛下继位，没有太子，并且他是否有生育能力，还是一个问号。淮南王您是高祖的亲孙子，是一个仁义之君，受到世人的敬仰。等陛下百年之后，只有您有资格当皇帝了。"

这句话可是从皇帝的亲舅舅口中说出来的，淮南王听后心花怒放，从此对皇位更加虎视眈眈了。

田蚡是一个卑鄙无耻的小人，同时窥探人心的能力极强。当他发现皇帝想找几个儒生时，就立马推荐了赵绾和王臧两位儒家学者。

赵绾，山西人，主要研究《诗经》。只要在路上遇到人，他一开口必以《诗经》开头，让人听了以后直接躲开。再说王臧，山东兰陵人，与赵绾是同班同学。这两个人都师从当时声名赫赫的儒学大家申公，并且都是学霸级别的人物。

赵绾和王臧受到了汉武帝的热烈欢迎，他们向汉武帝推荐了自己的老师——八十岁高龄学者申公。汉武帝很高兴地请来了申公，但不是因为爱惜人才，而是想拿申公当枪使，让他去对付窦太后，但申公并非任人摆布之辈。

"小民叩见陛下。"见到汉武帝后，申公毕恭毕敬地行礼。

"老人家平身，朕看天下纷乱，诚惶诚恐，想讨教一下治乱之国策？"

"这治乱啊，不在多说话，在多做事。"申公面带微笑地说。

汉武帝一听，失望至极，准备把申公拉到道上来："老人家，想要统一国家，总得先统一思想吧。只有思想统一了，才能把事情干好，是吧？"

申公依然面带微笑地说："陛下说得对，但也不对。您把事情做妥当了，思想自然而然就统一了。"

汉武帝急得如同热锅上的蚂蚁，恨不得直接对着申公大喊："朕请你来，是为了让你搞定后宫的那个老太太，让她不要再固执己见，只允许朝中学黄老之术了，要多学学儒学，给我这个皇帝一点实权，拥护我这个皇帝。"

汉武帝当然不敢这么说了，只得让赵绾、王臧加把劲儿。

在这些儒生的帮助下，建元五年（公元前136年），汉武帝下诏设置了《诗》《书》《易》《礼》《春秋》五经博士。如此一来，儒家经书的地位提高了不少。

后来，汉武帝还请来当时著名的儒官公孙敖。他是一个生活朴素、谦虚谨慎的人，口碑极好，当时全国有不少贤士都投奔他。

公孙敖一来，就对董仲舒提出的兴太学的建议进行了完善，使其更加具体，明确了生源、师责、考法以及分配等各方面的规定，从而建立了我国教育史上第一所具有完备规章制度、史学可考的官学校。

公孙敖这么做，是想把儒学推广到全国，使读书人把儒学经典作为学习内容。

汉武帝还推行了多项进取的政治策略。首先是严格法制：要求大臣们举报那些为非作歹的皇亲国戚，如果情况属实，就对其进行贬谪；为了削弱王侯的权力，又要求留京的王侯回到自己的封地；为了减轻百姓的负担，他减省了"转置迎送"的卫士一万人；停止喂养苑马，将苑地赐给平民百姓；废除关卡的税收制度，施行恩德，振兴教化。汉武帝还下令：家中有年满八十岁的老人的，免除其家中两个人的口算钱；家中有年满九十岁的老人的，免除其家中的口赋钱以及一个男子的服役。

汉武帝继而设立明堂，拟定了封禅、巡守制度，并准备变更历法和服色，让汉室更加繁荣昌盛。

终于，在汉武帝的"威逼利诱下"，建元二年（公元前 139 年），赵绾上书提议不要让窦太后干预国政。汉武帝是乐开了花，但这却动了窦太后和那些皇亲国戚的奶酪。

窦太后知道后勃然大怒，下令："传哀家懿旨，给哀家彻查一下，赵绾、王臧二人来自哪里？是如何混到陛下身边的？又是如何迷惑住陛下的？他们究竟有什么目的？都给哀家好好查查！"

汉武帝看着奶奶下的懿旨，十分难过。他真的没有想到，赵绾、王臧两位儒学大家竟然如此不堪一击。在奶奶眼中，他们不过是江湖骗子而已。

窦太后迷恋权势，不肯把政权交给自己的孙子汉武帝。汉武帝哪怕有通天的本领，也无计可施，他只能乖乖交出赵绾、王臧两人。

在狱中，刑官为了问出幕后主使，对赵绾、王臧严刑逼供。

这个幕后主使便是汉武帝，就算赵绾、王臧两人说出来，刑官也不会相信。两人被打得皮开肉绽，最后实在忍受不下去，都自杀了。

只有八十多岁的老狐狸申公躲过了这场灾难。他早就知道卷入朝廷纷争最终一定会落得个不得好死的下场。于是，汉武帝将他送回原籍，同时被迫罢免了丞相窦婴和太尉田蚡。

汉武帝所有的辛苦努力，都因奶奶的一句话化为灰烬。他耷拉着脑袋，黯然神伤。

此后，汉武帝的新政措施被迫中断。他无可奈何地度日，等待着时机的到来。

自作自受，金屋不再藏娇

汉武帝从窦太后手中夺权失败后，选择了隐忍。这时，他的姐姐平阳公主给他介绍了一个名叫卫子夫的女子。卫子夫的出现，让皇后阿娇产生了危机感。她的母亲刘嫖为了替她出头，选择报复卫子夫的弟弟卫青。不承想，刘嫖母女二人是搬起石头砸了自己的脚。皇后陈阿娇由此失宠，汉武帝的金屋不再藏娇。

汉武帝本想借助儒学大家赵绾、王臧从奶奶手中夺权，却以失败告终，这为汉武帝早年的人生抹上了悲剧的色彩。

这个时候，母亲王娡也整天对他唉声叹气的。

"皇儿，你的命太苦了，空有一番抱负却无法施展，母后心里也一样难受。"

汉武帝听完后，更是痛不欲生。他知道，母亲这是在暗示自己：他这个做皇帝的手中没有实权，她这个做母亲的在宫中的日子同样煎熬。

有窦太后在，他们母子二人就无出头之日。

"皇儿，你听说了吗？"一天，王娡突然问汉武帝。

汉武帝不明就里地问："什么事情？"

"太皇太后那边在议论你。"

"那些长舌妇又在说朕什么？朕迟早让她们吃不了兜着走！"

"她们倒是没有说什么，就是一个劲儿地重复你父亲从十六岁开始，每年都生一个儿子。"王娡云淡风轻地说道。

"这和朕有几毛钱的关系呢？"

"皇儿，这里面话里有话，你要学会听弦外之音……你已经十八岁了，可有一个皇儿？"

王娡的这句话如同当头一棒，打得汉武帝一个趔趄。他脸色苍白地说道："这是对儿子的诽谤，实在是犯上作乱，她陈阿娇责任重大！"

后宫为何会怀疑汉武帝没有生育能力？只要想一想，就能知道肯定和他的岳母刘嫖有关系，因为她需要解释女儿阿娇是没有问题的，并且理由应该十分充分：除了阿娇以外，汉武帝在宫中还有其他嫔妃，为何整个后宫都没有好消息传来？这只能说明一个问题，那就是皇帝的身体有问题。

这种怀疑不仅严重损害了汉武帝作为男人的尊严，而且很快就让汉武帝遭受到了来势凶猛的质疑和敌意，这才有了前面舅舅田蚡的小人做法——拍淮南王的马屁。

手上没有任何实权不说，连常人该有的尊严也失去了。汉武帝失望至极，开始远离京城，正所谓眼不见心不烦。他经常游猎天下，成了江湖中人。

这个时候，汉武帝便想去看看自己的姐姐平阳公主。

想当年，平阳公主的姑姑长公主刘嫖因为成为弟弟景帝的"婚姻介绍人"，而获得了景帝的信任。有了这个姑姑的好榜样在前，平阳公主自然也有样学样，借此来维护自己与汉武帝之间的姐弟情。

刘彻之所以能登上皇位，长公主刘嫖功不可没。除此之外，窦太后十分疼爱这个女儿，连带着也很疼爱陈阿娇这个外孙女。有了这个天之娇女般的妻子，刘彻想要接近别的女子，真的不太容易。

但不容易不代表不可能，这个机会很快就来了。

建元二年（公元前139年），按照惯例，汉武帝在霸上举行除灾求福的祭祀活动。祭祀结束后，他顺道去平阳府看望自己的姐姐平阳公主。

得知自己的皇帝弟弟要来家中做客，平阳公主高兴坏了，因为她终于有机会献出讨好弟弟的秘密武器——十多名精心培养的美女。

平阳公主欢天喜地地把汉武帝迎进了门。

"姐姐，朕这次来，是专门来看你的。"

"陛下来得正好，我有一份大礼要送给您。"

平阳公主立马张罗了一场盛大的喜宴，并让自己精心培养的美女们表演歌舞。一群女子翩翩而入，很快，动听的歌声飘荡在整个府邸之中。汉武帝心花怒放，紧紧盯着其中一名女子。那女子清丽绝俗，给人清水芙蓉之感。

平阳公主看弟弟两眼放光，便问道："这名歌姬还不错吧？"

"实在是美丽动人。"

"她是我府中一个名叫卫媪的老太太的女儿。"

"她叫什么名字？"

"她叫卫子夫，有姐妹三人，大姐叫卫君孺，二姐叫卫少儿。"

"姐姐，这可是一份厚礼啊。"

表演完毕，平阳公主就安排卫子夫去给汉武帝侍寝。

为了感谢姐姐的一番好意，汉武帝赏给了她黄金千斤。

见弟弟如此喜欢，平阳公主便趁热打铁地说："要不陛下把她带到宫中？"

此时的汉武帝早就把飞扬跋扈的陈阿娇抛之脑后，想都没想便答应了。

在离开之前，平阳公主嘱咐卫子夫道："去吧，到了宫中好好侍奉陛下。如果你哪天飞上枝头了，千万不要忘了我。"

等汉武帝把卫子夫带入宫中后，陈阿娇是一哭二闹三上吊。

陈阿娇是真的要自杀，幸亏被宫人看到了，将其拦了下来。

刘嫖知道后，立马冲到女儿身边："女儿啊，你为何这么想不开啊？你现在是一国之母了，多好的日子啊！"

"母亲，我不想活了……陛下他……"阿娇号啕大哭。

"陛下怎么啦？"

"陛下他不爱我了。"

"胡说八道！你忘了陛下五岁那年说的'金屋藏娇'了吗？"

"母亲，这句话是他母亲教他说的，是为了拉拢你，让你出力帮他当皇帝。现在他的目的达到了，我们就没有利用价值了。"

刘嫖一听，心里凉了半截，说道："女儿啊，饭可以乱吃，话不可以乱说。陛下是真的喜欢你，你不要胡思乱想了。"

"真的喜欢我？算了吧，陛下已经好久没有宠幸我了。"

"那，这事咱们也有责任，谁让你的肚子不争气，那么长时间了，也没能生下一儿半女。如果你生下了孩子，即使他不理你，也不可能不理孩子啊。"

"母亲，你别再刺激我了，你明明知道我为了孩子四处求药，单单是医药费，就花了9000万钱。但是陛下根本不理我，我一个人也生不了孩子啊。"

"那你也不该寻死觅活啊，反正陛下目前也没有宠幸的女子，我们慢慢想办法。"刘嫖安慰道。

"母亲啊，我为何要自杀？就是因为陛下的姐姐平阳公主不知道从哪里弄来了一个名叫卫子夫的贱婢。陛下已经宠幸了那个女人，然后，他还意犹未尽地把那女人带进了宫……"

刘嫖一听，失魂落魄地坐在了地上。

汉武帝把卫子夫带进宫中，可算是闯了一个大祸。皇后陈阿娇大吵大闹，把整个皇宫弄得鸡犬不宁。

汉武帝对这个表姐恨得牙痒痒，但他手中没有权力，所以也只得低下那高傲的头颅。

他汉武帝惹不起的不是陈阿娇，而是自己的奶奶窦太后。

就这样，卫子夫进入了冷宫。她在宫中苦挨了四百多个孤苦的日夜，已经心灰意懒，并且清醒地意识到，她的丈夫，那个天底下最尊贵的男人，早就把她忘得一干二净了。

汉朝当时有这样一个规定：每隔一段时间，皇帝都会下令遣散一些不受宠的嫔妃和宫女，让她们出宫重新嫁人，以此来精减皇宫的人口。这个法令人性化十足，给了那些嫔妃和宫女重新获得自由的机会。

建元三年（公元前138年），汉武帝亲自审视那些获释的女子。

到了日子，汉武帝高高在上地坐着，让那些女子一个接一个地走进来，把她们从头到脚看个仔细。看着不合自己胃口的，汉武帝大手一挥，这女子便能出宫，重获自由。看着还顺眼的，汉武帝大手一摆，这女子便只能留在宫中，继续毫无希望地等待着他的宠幸。

突然，一个眉清目秀的女子出现在汉武帝的面前。

"卫子夫。"宦官报名道。

只见卫子夫缓缓地走到汉武帝面前，脸上写满忧郁，无神地看着汉武帝。

汉武帝失魂落魄地站了起来。

其实，汉武帝是真心喜欢卫子夫，才把她带回宫中的，但他实在是架不住窦太后的百般阻挠和陈阿娇的哭闹。起初，为了保护卫子夫免遭毒害，他把她打入了冷宫。但时间一长，他竟然也忘了她。

但汉武帝是一国之君，并没有检讨自己的习惯。他大步走上前去，严厉地呵斥道："卫子夫，你竟然报名出宫，你难道要抛弃朕吗？"

卫子夫跪在地上，哭得梨花带雨，请求汉武帝准许她出宫。

想到自己如此在意的人竟然要离自己远去，汉武帝坚定地拒绝了，并再一次宠幸了她。

这一次，卫子夫的肚子实在争气，竟然怀孕了。汉武帝欣喜若狂，对卫子夫更加宠爱。要知道，卫子夫肚子里的这个孩子，是他汉武帝的第一个孩子，更重要的是，这个孩子帮他洗清了不能生育的冤屈。

卫子夫怀孕的消息很快就传遍了整个皇宫，陈阿娇得知后如同五雷轰顶，她立马跑到汉武帝跟前闹腾。但这一次，汉武帝没有和往常一样选择隐忍，而是强势地与陈阿娇争执。而且，为了不让陈阿娇骚扰甚至毒害卫子夫，汉武帝派了不少贴身侍卫将她严密地保护了起来。

陈阿娇又跑到母亲刘嫖那里哭诉，刘嫖听后大为愤怒。但愤怒又有什么用呢？汉武帝早就不是当年坐在她膝盖上玩乐的彘儿了。她怎么也没有想到，自己处心积虑地防了这么多年，却还是被别人捷足先登了。

刘嫖明白，女儿皇后的位置不保，对自己家来说无疑是一场巨大的灾难。想来想去，她觉得还是得从卫子夫这边下手，于是派人去查明卫子夫的来历。

卫子夫的生母卫媪是平阳府中的奴婢，至于生父，历史上并没有相关记载。卫媪先是和这名男子生下了三女一子，分别是长子卫长君、长女卫君孺、二女卫少儿、三女卫子夫。后来，卫媪与平阳侯的一个小吏郑季私通，生下了儿子卫青。由于卫媪出生低微，想要养活这么多孩子有很大的难度，于是她把卫青送到了生父郑季家。郑季良心未泯，留下了卫青，将其改名为郑青。但是，郑季的妻子和孩子不接受郑青，他们对他百般蹂躏，常常让年幼的他在山上放羊，一放就是一整天，还经常打骂他。在这样恶劣的环境中，郑青顽强地成长了起来，形成了谨小慎微、善于忍耐的性格。

后来，因为郑家的虐待越来越变本加厉，不堪忍受的郑青选择了离开，回到了母亲卫媪的身边，又把自己的名字改回卫青，给平阳侯当骑奴。卫子夫受到汉武帝的宠幸后，平阳公主便主动卖给卫家一个人情，让卫青在汉武帝正在修建的上林苑的建章宫当差。

了解了这个情况后，刘嫖便将复仇的目光转向了卫子夫的弟弟卫青。她准备找几个高手绑架卫青，将其杀掉，给卫子夫来一个下马威。

当时，卫青正在驯马，几名骑马的恶汉突然向他奔来，他们都是刘嫖派来的高手。他们不由分说地打倒了卫青，将其捆上马背而去。这个事情意外地被卫青的好友公孙敖知道了，他立马纠集了一批人，飞马追赶，夺回了卫青，并将此事汇报给了汉武帝。

汉武帝得知这个消息后，勃然大怒。卫子夫的故主平阳公主见卫子夫已经得宠，便进宫向弟弟汉武帝控诉长公主。

"俗话说，打狗都得看主人。卫青是子夫的弟弟，是我的家人。长公主这么做，是根本没有把陛下放在眼里，当然也没有把我这个公主放在眼里。"

汉武帝早就想灭一灭刘嫖母女的嚣张气焰，于是，他当着皇后阿娇的面册封卫子夫为"夫人"，同时提拔卫青为侍中，兼任建章宫宫监。另外，汉武帝还赏赐了卫子夫的其他兄弟姐妹，提拔卫长君为侍中，将卫君孺指婚给太仆公孙贺。

当时的卫少儿重复了母亲的悲剧，与在平阳侯家办事的平阳县吏霍仲孺私通，生下了儿子霍去病。霍仲孺完成差事后，就回到家中娶妻生子，与卫少儿断了联系。后来，卫少儿又与陈平的曾孙陈掌私通。当时陈掌犯下过错，被削去爵位，只是一个普通小吏。

汉武帝得知这一情况后，便让陈掌娶卫少儿为妻，并封陈掌为詹事。就连公孙敖，也因为救卫青有功而被汉武帝封为中大夫。

没过多久，汉武帝再次提拔卫青为中大夫，并赏赐黄金千斤。

原本出身低微的卫氏一家，因刘嫖这么一闹，反而显贵起来。

虽然汉武帝和皇后陈阿娇的事情闹得满城风雨，夫妻感情也一度降到了冰点，但当时汉武帝只是冷落了陈阿娇，而没有废后的举动。他首先顾及的是岳母刘嫖的面子，毕竟自己能当上皇帝，有她的一份功劳；其次，他还慑于窦太皇太后的淫威，只要窦太后在世上一天，他汉武帝就不可能对陈阿娇动手。但窦太后年岁已高，活不了多久了。到了那时，阿娇该何去何从呢？

运筹帷幄，外戚之争

随着窦太皇太后的去世，窦氏家族不可避免地走向了没落。王太后上台后，新的外戚力量快速崛起，两股势力产生了较为激烈的较量。最终，窦婴、灌夫、田蚡相继而亡，汉武帝终于收回了自己应有的权力，开始在政治舞台上大展拳脚。

建元六年（公元前135年），大汉王朝最有权势的女人窦太皇太后去世。汉武帝在伤心的同时，意识到自己获得了新生。

不过，此时最为得意的人应该是田蚡——姐姐是太后，外甥是皇帝，他大富大贵的日子就要来了。于是，他立马找到汉武帝，大言不惭地说道："陛下，窦太皇太后已经不在了，朝廷也应该有一番新气象了，您看是不是该恢复臣舅的丞相之职啦？"

"舅舅，在朕的记忆中，你只做过太尉，何时当过丞相？之前的丞相不是窦婴吗？"

"陛下，让臣舅当丞相，不过是替您守好家院而已。再说，您的母亲王太后也是这个意思。"

"那你就当丞相吧。"

建元六年（公元前135年）六月，田蚡被汉武帝封为丞相。

如此尊贵的身份让田蚡飘飘然起来，自认为是国家栋梁之材，开始频繁参与朝政，没事就去觐见汉武帝，在他耳边喋喋不休，并且一坐就是大半天。汉武帝对他厌恶至极，但碍于母亲的面子，只能选择忍让，对其言听计从。

在汉武帝的一再纵容下，田蚡变得更加不可一世。在朝廷中，常常有人因为他的一句话，从一介布衣空降到二千石的高位上，这样的丞相自然成了朝臣巴结的对象。

汉武帝本来指望这位好儒学的丞相舅舅替自己打理国事，实现自己"大一统"的政治抱负，却没有想到落得个大权旁落的结果。渐渐地，这个舅舅便成了他的眼中钉、肉中刺。

对于汉武帝而言，现在的田蚡和之前的窦太后并无区别。

某次，与往常一样，田蚡去觐见汉武帝，在高谈阔论一番后，他开始推荐"贤良之才"。汉武帝一声不吭地听着，过了良久，才面带微笑地说道："丞相舅舅，你任命完了吗？"

"这个……还有几个。"田蚡说得兴起，完全没有注意到汉武帝的话外音，"那些'贤良之才'想要当官了就来求我，我也改不了心软的毛病。只要有人相求，我就会满足他们。"

"你给朕留几个位置，让朕也任命几个官员。"

"好吧，这几个人我都不推荐了，留给陛下了。"

汉武帝的心中已经十分恼火，但他知道母亲王太后一直在盯着自己，所以没有发作。

田蚡出身低微，吃过不少苦，傍上汉武帝这棵大树后，开始大肆收受贿赂。当丞相没几年，他就赚了个盆满钵满，将府邸盖得豪华到了极点。但即便如此，田蚡依然不满足。

一次，田蚡突然想扩建自己的府邸，但找来找去，都没有找到合适的地盘。最后，他看上了朝廷的考工官署，也就是汉武帝后勤部门的地盘。

田蚡想都没想，直接找他的外甥皇帝去了。

"陛下，臣舅这里还有一点小事，想麻烦您一下。"田蚡说道。

"还有何事？"汉武帝问。

"陛下，考工官署的那块地一直是空着的，要不您把它赏给我，臣舅的宅院太狭小了，该扩一下了。"

汉武帝一听，快要气疯了，他冷冷地说："舅舅，你这要求太小了，为何不直接要国家武库呢？"

"陛下不要生气，"看见汉武帝不高兴了，田蚡非但不害怕，反而一副脸不红、心不跳的模样，"现在是我外甥当家，臣舅家如果太寒酸，岂不是让我外甥没面子？"

窦太皇太后去世后，窦氏家族不可避免地走向了没落。在重新组建政治班子的时候，汉武帝直接略过了一个人，那就是窦婴。他并没有恢复窦婴的丞相之位，而是将这个位置给了自己的舅舅田蚡。这个时候，田蚡马上露出了小人嘴脸，与自己的前主子窦婴杠上了。

窦婴是窦太皇太后的堂侄，因为维护皇家权力惹怒了姑姑，被革出了窦氏族门。

失宠于窦太后，又没有得到汉武帝的赏识，这是窦婴最大的悲哀。

于是，昔日依附在窦婴门下的溜须拍马之辈纷纷弃他而投奔田蚡。田蚡曾是窦婴家中的奴仆，受过不少气。在得势后，他是越看窦婴越不顺眼，一直想治治他。

这时的窦婴门下，只剩下一个名叫灌夫的莽汉与其共患难。

灌夫原本姓张，他的父亲是西汉开国功臣颍阴侯灌婴的家臣张孟。张孟不仅得到了灌婴的重用，还被其推荐做了官，因此十分感激灌婴，于是改张姓为灌姓，叫灌孟，灌夫也随父亲改了姓。

灌氏家族都是战场上英勇善战的猛汉，在吴楚七国之乱中，灌夫的父亲担任校尉，灌夫也随着父亲征战沙场。不承想，灌夫的父亲战死。按照军规，灌夫应该扶柩归乡，但他非要留下给父亲报仇。

然后，灌夫披上铠甲就要出征。但军中很多人都认为他精神不太正常，拒绝追随他。最后，只有两名勇士和他家中的十几个奴仆手拿大刀，跟随灌夫冲向了吴军阵营。他们直杀到吴军的将旗之下，但终究寡不敌众，尽数战死，只有灌夫一人逃了出来。但灌夫的情况也不太乐观，身上中了十几刀，气息奄奄。

但灌夫命不该绝，当时军中正好有一批刚到的名贵药材，救了他一命。

灌夫一战成名，得到了汉景帝的赏识，被任命为中郎将。但灌夫依然是一个掌控不住自己情绪的暴脾气，没过多久，便因暴力行为触犯了法律而被革职。

到了汉武帝时期，他也听说过灌夫的事迹，准备重用他。他先是把灌夫调到淮阳，任命其为太守，一年之后，又把他调到京城，做了太仆。但灌夫十分不争气，也许是习惯了戎马生涯，当上太仆后，嫌这个职位太清闲、太无聊，于是每天都去喝酒，不喝到烂醉如泥绝对不会回家。

建元二年（公元前139年），就在灌夫做太仆的第二年，他与窦太皇太后的弟弟窦甫喝酒，喝着喝着就喝高了，也不管对方是窦太后的什么人，把他揪过来暴打了一顿。

窦太皇太后是出了名的护短，自己人被打，哪能咽下这口气，况且对方还是一个名不见经传的小人物。但是，汉武帝火速把灌夫调往燕国做国相，保住了灌夫的命。汉武帝这么做，或许是因为他偏爱灌夫这样的人物，或许是因为他手里没有实权，太憋屈，就想放走殴打奶奶的弟弟的凶手，气一气奶奶。

很快，灌夫再次因醉后触犯法律而被免职，赋闲在家。汉武帝的忍耐也是有限度的，认为灌夫是烂泥扶不上墙，就不再管他了。

现在，窦婴失势了，门客纷纷作鸟兽散，让他真切地体会到了什么叫人走茶凉。

这时，灌夫来了。这两个同样在官场上失意的人走到了一起，相互抱团儿取暖。

在灌夫眼中，窦婴虽然被免职了，但依然是皇亲国戚。说白了，就是瘦死的骆驼比马大。

而窦婴呢，看到这种时候竟然有人来投靠自己，自然十分感动。

后来，灌夫的姐姐去世了。按照礼法，灌夫要服丧，并且在服丧期间不能喝酒。在那段时间里，灌夫穿着丧服去拜访了当时已经是丞相的田蚡。田蚡看到灌夫，随口说了一句："本来我想和你一起去魏其侯家喝酒，不过你正在服丧，以后再说吧。"

灌夫这个人心眼实在，以为田蚡有与窦婴结交的心思，于是立马说道："丞相这是哪里话？您要是想去魏其侯家，服丧这事儿就不是事儿了。要不，我们明天一早就去？"

田蚡只不过是随口一说，没想到灌夫倒认真了起来。俗话说"水往低处流，人往高处走"，他现在可是丞相，怎么可能去拜访早就失势了的窦婴呢？但是看灌夫如此热情，他也不好直接拒绝，就"嗯"了一声。

灌夫听后心花怒放，立刻冲到了窦婴家。窦婴一听，也高兴坏了，以为汉武帝回心转意了。

窦婴当天就开始忙活起来，又是张灯结彩，又是买酒买肉，准备为田蚡举办一场盛大的宴席。

到了第二天，两人早早地在门外等候，可是到了中午也没盼来田蚡的车驾。

"丞相说来家中做客，怎么还不来？马上就下午了。"窦婴说道。

灌夫火冒三丈，说道："田蚡太不是个东西了，说话不算话。侯爷你在家等着，我去他家中催催！"

到了丞相府，灌夫进去一看，发现田蚡正在呼呼睡大觉，顿时暴跳如雷："丞相大人，你不是说好要去魏其侯家吃饭的吗？这都中午了，怎么还在睡觉呢？"

田蚡不乐意地起了床，说道："昨天晚上酒喝多了，脑袋痛。既然你已经来了，那我们一起去吧。"

一路上，灌夫是一肚子怨气，但又担心得罪田蚡，就一直忍着。

　　无论如何,灌夫总算请来了田蚡,窦婴如释重负,酒宴开始了。几杯酒下肚后,灌夫随着舞女跳了起来。跳了一会儿,灌夫向田蚡招招手,说道:"丞相,你也来!"

　　田蚡自视清高,最讨厌灌夫这种没有分寸的莽汉,就没有搭理他。

　　灌夫火冒三丈,回到座位上端起酒杯,"咚咚咚"一通猛喝,很快就喝高了,不知天高地厚的本性就暴露了出来。

　　"什么人啊!答应得好好的,却在家睡大觉,老子给你脸面,你却给老子我摆谱。不就是仗着自己是皇帝的舅舅吗?不要招惹我,惹烦了老子打死你!"

　　听到灌夫对田蚡破口大骂,窦婴急坏了,立马强行拖走了灌夫,并向田蚡道歉:"丞相不要生气,不要生气。灌夫这个人性子直,没有什么坏心眼,不能喝酒,一喝酒就骂爹骂娘,丞相千万不要和他一般见识。"

　　田蚡大笑起来,说道:"我是丞相肚里能撑船。"

　　窦婴双手作揖道:"丞相大人有大量,在下佩服佩服。"

　　这件事情就这么有惊无险地过去了。

　　第二天,田蚡派了一个名叫籍福的门客去找窦婴。原来,在很久之前,田蚡就看上了窦婴家位于长安城南的一块地,但当时的窦婴有窦太后撑腰,田蚡不敢要地。可是现在情况大不同了,他田蚡是一国丞相了,并且窦婴如此奉承自己,现在去要这块地,时机正好。

　　"魏其侯,你家在城南是不是有一块地啊?"籍福直截了当地问道。

　　"是啊,是有这么一块地。"窦婴疑惑地回答。

　　"是这样,丞相大人让我给你带句话,你那块地闲着也是闲着,不如物尽其用,送给他。"

　　窦婴顿时火冒三丈,说道:"丞相这是什么意思?抢劫是吧?当上丞相后就能胡作非为啦?"

　　这个时候,灌夫也站了出来,破口大骂道:"籍福,你以前也是侯爷的门客,现在投奔了那个小人田蚡,就翻脸不认人了是吧!"

　　"你们怎么能这样说呢?我只不过是个办事的。"籍福快快不乐地说,回去就把事情告诉了田蚡。田蚡十分愤怒,从此与他二人结下了梁子。

　　怨恨上两人后,田蚡开始了自己的"复仇"之路。

　　灌夫虽然是一个侠义之人,但人品很有问题。他家财万贯,在颍川一带可以称得上豪强,门下有几百名食客。他的族人和门客仗着他的势力横行霸道,无恶不作,让颍川百姓饱受蹂躏之苦。坊间还有这样一句歌谣:"颍水清,灌氏宁;颍水浊,灌氏灭。"意思是说,等到颍水混浊的那天,就是灌氏灭亡的时候。

田蚡调查清楚这一情况后，狠狠地在汉武帝面前告了他一状。

次日，田蚡上殿奏道："陛下，臣有本奏。"

"丞相，说吧。"

"陛下，灌夫家在颍川，他横行霸道、抢田霸产、作恶多端，令当地百姓苦不堪言，请求天子开恩，主持公道……"

"丞相，你跟朕说这些有什么用？别忘了，你可是丞相，打击豪强不是你的本职工作吗？"

"臣遵旨。"田蚡心花怒放，很快就带人冲到了灌夫家。

"灌夫，你给本相出来！"

"田蚡，有话好好说，你带那么多人干什么？"

"灌夫，你在颍川作恶多端、无恶不作，已经是天怨人怒。我是大汉的丞相，理应为黎民百姓申冤，你要是拒捕，就是死罪一条！"

"田蚡，你是不是活得不耐烦啦？我没去招惹你，你却来招惹我。你忘了你曾经在淮南王面前说过什么了吗？"

"本相说了什么？"田蚡一脸迷惑。

"田蚡，在陛下登基的第二年，你与淮南王在霸上相见。当时你对他说：陛下没有生育能力，一旦驾崩，继承王位之人就是淮南王了。"

"灌夫狗贼，竟敢含血喷人！本相一向对陛下忠心耿耿，从来没有说过这种话！"田蚡急了。

"你是要逼我找出见证人，是吧？如果我将其找出来了，去陛下面前参你一本，你就该被灭门了。"

田蚡冲了上去，揪住灌夫的衣领，说道："灌夫小兔崽子，竟然敢如此冤枉我！"

这时，两家门客上前拉开他俩，纷纷劝道："两位大人不要生气，眼下是两人都抓到了对方的小辫子，一旦事情闹大了，谁都吃不了兜着走。不如这样，两位大人坐下来，喝顿酒，一笑泯恩仇，怎么样？"

"就知道喝喝喝！"田蚡愤怒地坐上马车，指着灌夫道："灌夫兔崽子，你给本相听好了，以后我不找你麻烦，你也给我把嘴闭上，不然，走着瞧！"

于是，田蚡不再提灌氏家族的事情了。

这两个人抓住了彼此的小辫子，达成了表面的默契，却在暗地里较起劲来。

过了一段时间，两人的矛盾彻底激化了。

公元前131年，田蚡大婚，太后王娡颁布懿旨，要求京城所有诸侯大臣去田蚡家做客。

王娡为何要这样做呢？原来她是不知道如何当太后，所以窦太后生前做过什么，她王太后就也跟着做什么。窦太后生前最维护窦家的利益，那么她王太后也要维护她王家的利益。

太后懿旨，谁都得去，窦婴是魏其侯，理应参加，而灌夫只是一赋闲在家的普通老百姓，本可以不去的。

"灌夫，别在家待着了，走，我们去喝田蚡的喜酒去。"窦婴本想借着这个大喜的日子，调和一下灌夫和田蚡之间的矛盾。

"我看我还是别去了，前段时间我还和他干了一架，现在去不太合适。"灌夫说道。

"大家同朝为官，都是为了混口饭吃，打什么架啊？现在太后都下旨了，一起去热闹热闹吧！"

窦婴终于把灌夫说动了，而他们这一去，就再也没有回来的机会了。

在婚宴上，按照礼节，主角田蚡先是向众人敬酒，大家纷纷离席回敬。

田蚡是朝中新贵，人人都对他敬畏有加。在向他敬酒时，大家都是恭恭敬敬的。

论辈分，窦婴比田蚡大，窦婴心想："田蚡是当今陛下的舅舅，又是丞相。但我可是窦太后的堂侄，接下来该轮到我了。"

于是窦婴站了起来，说道："诸位，我来敬大家一舢酒。"

没料到，窦婴是热脸贴到冷屁股上了。他知道大部分人都是势利眼，但没想到他们是如此势力。在大家心目中，窦婴只不过是一个"过气"的丞相而已。

在窦婴敬酒的时候，只有和他交情不错的人站起来回应，其余的人都视他为空气。

受到了这等怠慢，窦婴虽然心存不满，但也能看开。灌夫却怒火中烧，说道："我来敬大家一舢酒，谁不喝酒，就是不给我面子！"

前面几个客人因为担心灌夫发飙，就站起来赔着笑脸，喝光了舢里的酒。

下一个客人是周阳侯田胜，他是丞相田蚡的亲弟弟，也是王太后的弟弟。

灌夫一脸的不开心，端着酒舢站在周阳侯身边。

周阳侯装作看不见。

灌夫忍着性子，对周阳侯说："周阳侯，给个面子？"

周阳侯推辞道："今天喝得有点多了，不喝了。"

"你这个人怎么这样啊？今天是你哥哥大喜的日子，喝酒图个开心。"灌夫继而扭头对田蚡说道，"我敬酒，你弟弟不喝，你管不管啊？"

田蚡连头都没有抬，说道："他想喝就喝，不想喝就不喝，跟我有什么关系？"

灌夫像是受到了奇耻大辱，哆嗦地返回到自己的座位上，一腔怒火。

一坐下，灌夫就看到本家兄弟灌贤正在与程不识交头接耳、有说有笑。看到这个情景，灌夫再也忍不住了："灌贤，你个两面派，给老子站起来！"

"我招你惹你啦？你冲我吼什么？"灌贤翻了一个白眼。

"灌贤，我还不了解你，平时你是怎么说程不识的？是不是把他骂得一文不值？你说你看到程不识就觉得恶心，现在倒是搂着他的脖子说悄悄话，人前一套背后一套！"

这时，田蚡重重地把酒觥砸在地上，说："灌夫，你是不是太过分啦？程不识将军是陛下的卫尉，是与李广将军齐名的大将，是本朝的擎天柱，你胆敢辱骂他！"

本来灌夫骂的是灌贤，经田蚡这么一延伸，倒成了辱骂程不识了，还捎带上了李广。如果灌夫此刻是清醒的，就不会钻进田蚡的套子里。但此时他已经醉了，并且是在气头上，想都不想就说道："今天你就是把我的头砍了，我也不管了，谁管他什么程不识、李广的！"

眼见事情要闹大，宾客们都吓呆了，谁也不想卷入这场是非，纷纷起身告辞道："丞相大人，家里还有一点小事，先走一步了。"

窦婴一看情况不妙，就想赶紧拉走灌夫。但田蚡怎么能轻易放过打倒这两人的机会，上前一步，将他俩拦住，说道："这场婚宴可是遵照太后的旨意办的，灌夫你大闹宴席，是对太后的大不敬。你今天不给大家道歉，就休想离开这里。来人，给本相拿下灌夫！"

一群强壮的门客立刻冲上来，按住了灌夫。这时，窦婴和灌夫两家的门客都慌了神，上前调解道："灌老爷，今天是你的不对，快给丞相道歉。"

灌夫大吼道："凭什么道歉？老子又没有做错！"

门客籍福急了，立马上前按住灌夫的脖子，劝道："灌夫，都到这个份上了，你还闹。赶紧给丞相跪下，磕头道歉！"但灌夫的牛脾气上来了，不肯领籍福的情，打死不肯低头，还狠狠地瞪着田蚡。

田蚡越发愤怒，下令道："灌夫闹酒骂座，对太后极为不敬，必须严厉追究！"

这次，田蚡已经拿定主意，对灌夫痛下杀手，以绝后患。如此一来，灌夫就再也不能揭发他对淮南王刘安所说的不臣之话了。

灌夫的意气用事让整个灌氏家族遭受祸端，自己也深陷牢狱之中，命若悬丝。而此时的窦婴呢，如同热锅上的蚂蚁，十分自责。

"早知道就不带他去参加宴席了，他是一个没有心机的莽汉，为了我才落得如此境地。"为了救出灌夫，他求爷爷告奶奶地到处找关系，甚至准备主动献出田蚡先前看中的那块地。但现在一切都晚了，田蚡就是想借这件事情，将灌夫和窦婴两家连根拔起。

窦婴的妻子劝他道："现在咱们窦家已经失势了，灌将军得罪的可是当朝的丞相，这丞相大人还是陛下的亲舅舅，你又有什么能力把他救出来呢？千万不要出头啊，不然咱们一家老小的性命就不保了。"

窦婴终究还是一个讲义气的人，说道："我现在这个魏其侯的位置，是凭自己的本事拼来的。仲儒（灌夫字仲儒）是我的生死之交，即使为他丢掉这个爵位，我也在所不惜！"

这个时候的窦婴还是乐观的，他所作的最坏打算就是丢掉魏其侯的爵位，但从未想过他会因为这件事情丢掉自己的性命。

但是因为家人的百般阻挠，窦婴只能暂时妥协，等到半夜时分，家人都睡着了，他悄悄地爬起来，给汉武帝写了一封奏折，托人送到宫中。

汉武帝收到奏折后，立马召见了窦婴。窦婴把婚宴事件的来龙去脉详细叙述了一遍，然后跪在汉武帝的面前，苦苦哀求道："陛下啊陛下，灌夫酒后实在是荒唐，但没有什么坏心眼，并不是真的对太后不敬，请陛下救救他吧！"

田蚡是一个什么样的人，汉武帝心知肚明。从情感上讲，他是欣赏窦婴和灌夫的，但问题是，他也不想得罪自己的母亲。想来想去，他决定在朝堂上举行一场辩论大会。

"窦婴，你是国家老臣了，怎么变得那么糊涂了？我大汉一向以法治国。这样，明天来一场'辩论赛'，你和田蚡两人当场质辩，由朝臣来见证，判断你们谁对谁错。"

汉武帝葫芦里卖的是什么药，窦婴没有看懂。

其实窦婴不明白，汉武帝给他出了一道选择题：要么代替田蚡当丞相，要么被灭族。这就要看窦婴的悟性怎么样，能否做出有利于自己的选择。

但最终，窦婴没有做好这道选择题。

第二天，辩论会一开始，窦婴便义正词严地陈述着灌夫立过的大小战功，企图让灌夫将功抵过，逃脱这次罪责。

田蚡则不与窦婴争辩，而是抓住灌氏一族在颍川为非作歹的事情不放，理直气壮地说国家正在打击豪强，而灌夫和灌氏一族就是豪强。

眼看形势不妙，窦婴只好历数田蚡的种种不是，不过是爱钱、好色、纸醉金迷。

虽然这些都不是好事，但不致命。

田蚡听完后，反驳道："我就是喜欢这些，男人不都喜欢这些吗？可你魏其侯成天在干什么呢？夜观天象，每天画着符咒，制造流言蜚语，一心希望天下大变，还诅咒陛下和太后。你心里到底藏了多少龌龊事情，敢坦白吗？"

窦婴顿时慌了，说道："陛下，他信口雌黄！"

但形势已经急转直下了，窦婴和灌夫就这样莫名其妙地被扣上了谋反的帽子。

汉武帝一听，赶紧叫停，沉着脸说："朕宣布，双方辩论到此结束。诸爱卿，你们来评判评判，谁是谁非？"汉武帝原想甩掉这个烫手山芋，让大臣们接手。但不料，大臣们也都不是傻子。

当时辩论赛的评委有三人，分别是都尉汲黯、御史大夫韩安国以及内史郑当时。

韩安国说："陛下，臣认为魏其侯说得有道理，灌夫的确为大汉立过不少功。如果仅仅因酒后失言而杀掉他的话，有点说不过去。但是呢，丞相大人也说的有道理，打击豪强是朝廷的基本国策，如果灌氏一族真的在颍川横行霸道，也应该除掉他们。至于最后该怎么办，还要由陛下定夺。"

这个烫手山芋又回到了汉武帝手中。

"汲爱卿，你的想法呢？"

"这件事情哪有两人都对的道理？臣站在魏其侯一边。"汲黯说道。

轮到郑当时发言了，他说道："陛下，实话实说，臣也不知道谁对谁错。"

汉武帝听了以后暴跳如雷："郑爱卿，好歹你当年也是一代侠客，怎么遇事这么畏畏缩缩，话都不敢说了？朕要你这种人有何用？算了！你还是不要当什么内史了。朕下旨，将你贬为詹事。"

这个烫手的山芋终究没有着落，汉武帝撂下一句狠话后就走了："你们这些反复无常的小人，都给我小心点！"

这场辩论就这样不了了之了。

汉武帝离开了，留下群臣在原地目瞪口呆。

为何汉武帝要弄这么一出？他为何不维护自己的舅舅田蚡，直接判灌夫死刑？那是因为汉武帝除了知道田蚡不是一个好东西外，更重要的是，他已经知道田蚡对淮南王所说的体己话了。田蚡身为他的舅舅，却四处散布他没有生育能力的谣言，甚至还盼望他早死，希望淮南王继承皇位。

并且，汉武帝还得到可靠的消息：窦婴和灌夫两人都知道田蚡这番大逆不道的言论。他就是想借助窦婴当场指证田蚡，让田蚡再无翻身的可能，好夺回属于自己的权力。但窦婴在辩论场上一顿海阔天空，就是不说重点。

因此汉武帝十分生气，在场的大臣都知道田蚡的不轨之心，却也不敢站出来揭穿。

这时，母亲王太后那边给汉武帝施压了。

"我现在还活着，陛下和大臣们就开始欺负我娘家人。要是我死了，我王家人岂不是砧板上的鱼肉，任人宰割了？"

汉武帝晓之以理，动之以情，但王太后就是一根筋，还准备把自己饿死。

汉武帝是左右为难，为了哄母亲开心，只好把窦婴关进了大牢。

窦婴的这一番义气，不但没有将灌夫救出来，反而把自己也搭了进去。

在牢中，窦婴左思右想，突然想起了一件事情，那就是汉景帝在弥留之际给自己留下了一道遗诏，上书九个字："事有不便，以便宜论上。"意思就是，以后遇到了麻烦的事情，可以拿着这个遗诏，直接向皇帝申冤。

对于窦婴来说，这无疑是一根救命稻草，他相信汉武帝不是真的想置他于死地。于是，他急忙把家人找来，让他们翻出景帝的那份遗诏，然后托侄子呈递给汉武帝。

一般情况下，为了防止弄虚作假，皇帝的每一份诏书都有副本，存放在宫中的"档案馆"。

窦婴的家人将汉景帝的遗诏呈递给汉武帝后，管理"档案馆"的人开始翻找副本。但让人吃惊的是，他们并没有找到这份遗诏的副本。

事情发展到这里，已经到了无可挽回的地步，窦婴的罪名加了一条最为要命的：伪造汉景帝遗诏。

这件事情成了历史上的一大疑案。按理说，作为三朝元老的窦婴怎么可能不知道伪造遗诏的严重性呢？伪造诏书这种事情，是个人都不会去做的。但如果这份遗诏真实存在，那么"档案馆"里的副本为何会不翼而飞呢？到底是有人存心想陷害窦婴，还是汉景帝下遗诏时有所疏忽，我们不得而知。

经过这么一闹腾，窦婴的生命已经到了尽头。

元光四年（公元前 131 年）十月，灌夫和灌氏一族被灭族。同年十二月，窦婴因伪造景帝遗诏被处死。

在灌夫和窦婴被灭族后，汉武帝开始调查田蚡和淮南王见面的事情。

但很快，田蚡患上了一种怪病。他扭曲在床榻上，呈现出跪姿，口中一直喊着："认罪，认罪。"

家人请来很多大夫，全都无计可施。有人说："丞相大人好像被阴鬼缠上了，还是找一个能看阴阳鬼事的人来看看比较妥当。"

家人立马找来了一个术士，这个术士一进门便扭头就走。家人立马将其拦住，说道："不要走啊，先说明白了。"

术士说："贵府阴气太重，丞相大人也没有得病，而是身边有两个厉鬼，一个是灌夫的冤魂，一个是窦婴的冤魂，他们手上拿着钢鞭，正在鞭打丞相。"

在窦婴死后三个月，田蚡也莫名其妙地死去了。

根据史书记载，田蚡死后，汉武帝手上拿着情报，咬牙切齿地说："这个田蚡，竟然在淮南王面前诅咒朕，如果他还没死的话，朕一定要将他碎尸万段！"

那么，田蚡真的是死于冤鬼索命吗？其实，从田蚡的情况来看，他更像是被人下毒了，而最大的"嫌疑犯"就是汉武帝，因为他的作案动机太充分了：田蚡咒他早死，还抢走了他那么多权力，母后又成天哭哭啼啼，百般阻挠他打击田蚡。因此，秘密毒杀是最省时省力的做法。

随着窦婴和田蚡的死去，窦氏和王氏两代外戚的生死较量终于落下了帷幕。外戚势力的分崩离析，意味着饱受两代太后牵制的汉武帝终于能够大展拳脚，去完成他所背负的历史使命了。

工于心计，后宫巫术初显行

得不到汉武帝的宠爱时，陈阿娇恨卫子夫，想利用巫术诅咒死她。不承想，这一罪行被汉武帝发现了，他二话不说废黜了陈阿娇的皇后之位，册封卫子夫为皇后。陈阿娇希望汉武帝能回心转意，于是托司马相如写了一篇凄婉动人、感人至深的赋。但汉武帝铁了心要抛弃这个昔日飞扬跋扈的妻子，"金屋藏娇"的诺言从此灰飞烟灭。

此时的汉武帝准备大施拳脚，扫除眼前所有的障碍。他放眼望去，很快就把目标对准了皇后陈阿娇。

自汉武帝宠幸卫子夫以后，陈阿娇一直想杀掉卫子夫。但汉武帝早就有所防范，陈阿娇根本找不到下手的机会。

用什么方法才能让卫子夫死，让汉武帝重新宠爱自己呢？

元光五年（公元前130年）七月，陈阿娇听说有一个名叫楚服的女子会巫术，于是立马将其宣进宫中。

"听说你的法术极高，能用巫术将仇人置于死地，并让所爱的人回心转意。

我找你来就是为了这个，费用你不用担心，多少我都担负得起。"

楚服听完后微微一笑，说："我还以为是什么大事呢，您的这个愿望扎小人儿就能够实现。不知您的对手是谁呢？"

"就是卫子夫那贱婢！"陈阿娇如同一个溺水很久的人抓到了一根救命稻草。

"皇后，您让人用桃木雕刻一个小人儿，将卫子夫的生辰八字刻在小人儿的背部。您需要做的事情，就是用针扎这个小人儿，并诅咒她。"

当时，汉宫是绝对禁止行巫蛊之术的。根据巫师的说法，行巫蛊术后，被诅咒的人会生病，最终丢掉性命。

听完楚服的一番话，陈阿娇欣喜万分，立马照办。她怎么也想不到，身边会有人用这件事来邀功请赏。于是，汉武帝很快就知道了这件事。

汉武帝此时无比宠幸卫子夫，本来就有废后的想法。如今有了巫蛊术这个借口，他便立刻让西汉有名的酷吏张汤彻查此事。

张汤是一个会揣摩汉武帝心思的人，办案最大的特点便是罗织株连，这也是汉武帝把这个案件交给他的原因。也不知道张汤是怎么折磨陈阿娇的，竟然牵扯出三百多人来。

很快，在张汤的酷刑折磨下，陈阿娇认罪。

于是，汉武帝下诏，废了陈阿娇的皇后之位，并将其贬到长门宫。

长公主刘嫖知道后，立马进宫向汉武帝请罪。汉武帝念及旧日恩情，说道："皇后的行为违背了大义，朕将她打入冷宫，也是不得已而为之。你应该向她申明道义，让她放宽心。她的尊号虽然被废了，但待遇应该不会变差的。"

话都说到这份上了，长公主也不好再说什么了。她总感觉自己哪里做错了，自己费尽心机让刘彻当上皇帝，如今却落得如此下场。

远离京城的长门宫冷清而偏僻，到处都是荒草，弥漫着一股腐朽的气息。被废黜后，陈阿娇就在这里住了下来，她整天以泪洗面，看着窗外的残花败柳，回忆着汉武帝"金屋藏娇"的诺言，无限凄凉。她恨卫子夫，正是这个歌女的出现，导致荣华富贵远离她而去。但她更恨汉武帝，恨他的忘恩负义、不讲情分。

虽然陈阿娇多次想离开这个世界，但她依然抱有一丝幻想，幻想汉武帝有一天能够回心转意。调整了一段时间后，她发现自己对生的渴望远大于对死的渴望。

陈阿娇知道汉武帝十分喜欢诗赋，尤其喜欢司马相如的赋。于是，她托人带上一千金，请司马相如为她作赋一篇。

司马相如本就是一个多情的才子，不愿让废后陈阿娇失望。于是，他来到长门宫，倾听陈阿娇的一腔苦水。随后，他将浓情倾注于笔端，洋洋洒洒地写了一篇《长门赋》。

这篇赋写得凄婉动人，但汉武帝是一个聪明人，他太了解陈阿娇的写作水平了，一看就知道这赋不是出于她之手。他打定主意要冷落陈阿娇，宠幸蕙质兰心的卫子夫。至此，陈阿娇再无翻身的可能了。

公元前128年，卫子夫为汉武帝生下了一个儿子。汉武帝开心得不能自已，给小儿取名为据，并册封卫子夫为皇后。

反观长门宫中的陈阿娇，她彻底绝望了。此时的她不再流泪，不再哀叹，整天默默地看着太阳升起、落下，一天天地憔悴下去。几年后，霸陵郎官亭东，一座新坟竖起，那便是废后陈阿娇之墓。

破旧立新，裁抑相权

窦婴和田蚡相继离世后，汉武帝终于将朝中大权牢牢地掌握在了自己手中。他破旧立新，通过不断削弱丞相的权力，来摆脱相权对皇权的抑制，完成了他走向专制统治的第一步。

在西汉建立初期，丞相都是由开国功臣担任，汉高祖刘邦对他们敬重有加。当时的丞相，事实上是朝廷中掌握大权的人。

根据史籍记载，汉文帝有一个名叫邓通的宠臣，此人在汉文帝面前颇为随便，有一次竟然开汉文帝的玩笑。当时文帝倒没有什么反应，但他身边的丞相申屠嘉却勃然大怒。

申屠嘉当着汉文帝的面斥责邓通道："请注意自己的分寸，不要忘了自己几斤几两。"

汉文帝为邓通开脱道："丞相，不要紧的，不要太过认真。"

申屠嘉不再言语，等回到相府后，便立马抓来邓通，骂他道："你这个贱臣，竟然开陛下的玩笑，活得不耐烦了吧？我现在就可以判你大不敬之罪！"

邓通吓得脸色苍白，一个劲儿地叩头认罪。最后，这件事情被汉文帝知道了，让申屠嘉饶了邓通，邓通这才捡回了一条命，由此可以看出当时丞相的位高权重。

汉武帝在位的五十四年间，一共有十三位丞相。在这十三位丞相中，除了第一任丞相卫绾是由汉景帝直接任命的以外，剩下的十二位都是汉武帝登基后亲自任命的，这是一个惊人的数字。

汉武帝刚登基时，第一任丞相是卫绾。他忠厚老实、小心谨慎，对权力的欲望不是太大，并且是汉武帝当太子时的太傅，与其没什么矛盾。后来，卫绾以年老为由，请求辞官回家。汉武帝便做了一个顺水人情，同意了。

在窦太后的施压下，建元二年（公元前139年），汉武帝免除了魏其侯窦婴的丞相之位。建元六年（公元前135年），汉武帝罢免了柏至侯许昌的丞相之位。

在这六年中，汉武帝换了三个丞相，无疑极大地打击了相权。

建元六年（公元前135年）六月，汉武帝任命自己的舅舅田蚡为丞相。由于有王太后在背后撑腰，田蚡大肆结交诸侯来扩大自己的权力，使得丞相权力大涨。

汉武帝将其视作毒瘤，早就想对其下手了，但碍于母亲的面子，才苦苦熬着。窦婴、田蚡之间的斗争，是窦氏权力和王氏权力的最后一次冲突。最后，窦婴和田蚡双双死去。对于汉武帝来说，这是一件再好不过的事情。

有了田蚡这个教训，汉武帝决定削弱相权。田蚡死后，汉武帝任命薛泽为丞相。薛泽的爷爷是汉高祖刘邦的开国功臣广平侯薛欧，但薛泽本人在位期间并没有什么作为，于是被汉武帝免职了。

当时，汉武帝身边聚集的智囊团，有主父偃、严助、朱买臣、严安、吾丘寿王等人，他们担任侍中、给事中、长侍等职，可以自由出入朝廷，同汉武帝商量朝中大事。汉武帝还任命宦官担任中书、掌尚书之职，内政官吏掌管所有文书、政令、奏章等。这些人有事可以直接上奏给汉武帝，而不必经过丞相。如此一来，汉武帝就大大地削弱了丞相的权力。

在薛泽之后，汉武帝准备从文士中选拔丞相，他看中了公孙敖。

公孙敖出身贫寒，没有爵位，更没有什么厉害的背景。他六十多岁才征为博士，这种老儒生一上台便对汉武帝抱着万分感激的心理，对其唯命是从。而汉武帝需要的，正是这种听话的、不会和自己夺权的"丞相"。

某天，公孙敖奉汉武帝的命令前去赴宴。刚进屋，他便发现汉武帝没有戴冠冕，衣着不整齐。

"陛下为何见我时穿成这样？我们君臣之间的关系并没有亲密到这种程度，一定是陛下看不起我。"公孙敖心想道。

很快，公孙敖的想法得到了印证。宴会开始后，他第一时间过去给汉武帝敬酒，汉武帝却装作没有看见，还和一旁的官员有说有笑。

接着，汉武帝令宫廷乐手奏乐，又命歌女舞女出来表演节目。

沉浸在声乐中的汉武帝忘了站在一旁的公孙敖，等到宴会快要结束时，汉武帝才一副刚发现公孙敖的模样，说道："丞相，你怎么还站在这里啊？"

公孙敖听到后心如死灰，叩了头，就下去了。回到相府中，公孙敖口吐鲜血。

躺在病床上，公孙敖难受极了："我充其量不过是陛下的一个玩物而已，等陛下厌烦我的时候，肯定会把我一脚踢开。"

公孙敖一度心灰意懒，第二天下属来找他汇报工作，他心不在焉地说："你们先回去吧，过几天我再给你们答复。"

可是下属一走，公孙敖立马穿上官服，直奔皇宫，真是鞠躬尽瘁到了极点。

在来之前，公孙敖想到了辞职，因为他觉得自己毫无价值。但一见到汉武帝，这种想法顿时消失得无影无踪，依然如同往日般卑微地叩头，毕恭毕敬地说道："卑臣愿意在有生之年为陛下效犬马之劳。"

"朕看你脸色不好，是不是生病啦？"

"臣没有生病，只是为国事担忧而已。"

"难得你一片忠心，以后有什么文书，不用看了，直接送到我这里就行。"

"老臣遵旨。"

"你现在可以回去了，但一定要牢记是谁封了你丞相之位的。"

"当然是陛下封的。"

汉武帝听完后，得意地笑了起来："这老家伙控制起来也太容易了。"

公孙敖返回家中，再次吐了一口老血，瘫软在床上。他因为忧愁过度，心理压力过大，很快便一命呜呼了。

在公孙敖之后，汉武帝任命李蔡为丞相。他是飞将军李广的堂弟，与李广一样身强力壮，技冠群雄。虽然他的名声不及堂哥李广，但也立下过赫赫的战功。

在职期间，李蔡的工作内容就是对官员进行精减，推行积极的货币政策。但当时国家财政紧张，需要更为积极的货币政策，李蔡就难以应付了。

对此，汉武帝隐晦地说："我们有些官员，思想跟不上形势的发展了，这样下去可不行。再不动脑子，我们只有换官员了。"

没过多久，有人举报李蔡侵占汉景帝的陵园空地，汉武帝立马将其打入大牢，并派酷吏进行审问。由于不堪酷刑，李蔡在狱中自杀身亡。

后来，汉武帝封赵周为丞相。因为列侯所献的黄金成色不好、重量不足，汉武帝处罚了一百零六人，并把火发在丞相赵周身上。

如此一来，丞相再次成了牺牲品，落得与前丞相李蔡一样的下场。

公元前103年，汉武帝任命公孙贺为丞相。公孙贺是将门之后，当年汉武帝还是太子时，他担任太子舍人。除此之外，他还是皇后卫子夫的姐姐卫君孺的丈夫。

得知自己要当丞相时，公孙贺立马跪在了地上，泪流满面地磕头道："臣只是一介骑马射箭的粗人，没有才能，不能胜任丞相的重任，请陛下任命其他人为丞相吧!"

公孙贺哭得如此伤心,让朝中群臣都伤感不已,但他没能感动汉武帝。

"来人,去把丞相扶起来。"

公孙贺一听到"丞相"二字,哭得更为伤心,死活不愿起身。汉武帝对公孙贺的表现失望至极,拂袖而去。无奈之下,公孙贺只好当了丞相。

出宫时,侍从问公孙贺为何不愿意当丞相。公孙贺说:"前面那么多丞相,有几个落得了好下场?陛下想除掉谁,就会让谁当丞相。丞相不得好死,这是本朝的特色。哎,从今以后,我就是在刀尖上行走了!"

果不其然,公孙贺一家在后来的"巫蛊案"中被满门抄斩。

在汉武帝执政后期,丞相不仅手中没有实权,还成了死亡的代名词,唯一得到善终的丞相只有石庆。这是因为,石庆担任丞相时,汉武帝正忙着攻打两越、朝鲜、匈奴、大宛,同时大兴礼乐、巡游封禅。在此期间,从来没有人跟石庆汇报过任何事情,丞相之位如同虚设。对此,石庆一声不吭,只求保住自己的性命。

公元前 107 年,关东大批流民涌入京城。汉武帝与大臣们商量得火热,却让石庆回家休息。因为在汉武帝心中,石庆不光年纪大,思想老旧,还胆小怕事。

如此至关重要的国事,汉武帝唯独把他排除在外,这让石庆难过不已。

有自知之明的石庆立马给汉武帝上书,请求辞职,说道:"臣年岁已高,不能管理国事,愿意交出丞相印绶,辞职归里,为国家栋梁之材让道。"

但是,汉武帝要的就是这种充当摆设的丞相。于是,他拒绝了石庆:"最近河水泛滥,将十多个郡的堤岸冲毁了。朕已经派人去救险,但至今成效甚微,当地官员玩忽职守,导致流亡失所的百姓越来越多,丞相不去追究地方官的责任,反而打算辞职,朕对你十分失望啊。"

在石庆担任丞相期间,汉武帝什么都不让他管,可一旦他准备辞职,汉武帝又死活不放,将所有责任都推到他身上,他觉得自己简直就是汉武帝的"背锅侠"。

由于担心自己小命不保,石庆又只好留了下来,老老实实地待着。对此,汉武帝是开心的。

汉武帝是一朝被蛇咬,十年怕井绳,他害怕丞相再次将他的权力抢走,于是通过不断地削弱丞相的权力来巩固自己大权独揽的神圣地位。

强干弱枝,解决了豪强势力

打击地方豪强势力,就是打击分裂割据势力的社会基础,是从经济、政治上加强中央集权不可或缺的措施。汉武帝采用"强干弱枝"的政策,解决了豪强问题,使社会治安得到了明显改善。

　　豪强又指豪族,是指那些胡作非为、欺男霸女的地方恶势力。有的豪强本身就是官僚、贵族,譬如齐诸田,楚屈、昭、景,晋公族以及燕、赵、韩、魏的后人;有的豪强则是汉代新兴的权贵和富豪,譬如灌夫。有的豪强虽然没有爵位,却占有大量土地,还有很多门客;有的豪强从事铸钱、煮盐、冶铁等工商业活动,大发其财,聚敛暴富。

　　在一般情况下,这些豪强势力总是聚族而居,倚仗财富和暴力逃避赋税,横行霸道,杀人越货,与官府对抗,可以说是作恶多端。

　　地方豪强的各种恶行让当地百姓苦不堪言,也让中央政令难以施行。汉武帝为了缓和阶级矛盾,巩固西汉政权,采用了"强干弱枝"的政策。首先,他采用汉初迁徙的政策来兼并地方豪强势力,还任用酷吏对豪强进行诛杀。

　　在汉武帝打击藩王的时候,主父偃和徐乐被宣入朝,他们的工作就是制订打击藩王的计划。但他们显然没有领会到汉武帝的意图,呈递上的奏折厚厚一沓,说的都是如何打击民间豪强,与打击藩王没有丝毫关系。

　　被这两个书呆子一搅和,中国历史上最为出名的侠客郭解倒霉了。

　　郭解,河内轵县(今河南济源南)人,他的父亲曾经是一位游侠,在文帝时期被诛杀。他生性残忍、作恶多端,性情暴躁。据说走在路上,如果有人看了他一眼,他就会立马将对方全家杀掉。

　　刚开始的时候,郭解杀人还能找出点理由。到了后来,他杀人上了瘾,就不需要理由了。

　　某次,一个儒生到当地酒馆喝酒,听到郭解的几个门生在夸郭解:"那郭大侠真是一位大英雄,太了不起了!只要是他看上的女人,没有抢不到手的;只要是哪个男人多看了他一眼,他二话不说就将其干掉了。"

　　儒生看他们"三观"不正,情不自禁地插嘴道:"照你们这么说,我觉得他不仅变态,还心胸狭窄,这种人称什么大英雄?狗熊还差不多!"

　　郭解的那几个门生听了后,沉默不语地离开了。很快,郭解的弟子们杀了过来:"刚才是哪位兔崽子公然诽谤郭大侠的?是不是你?你是不是活腻啦?"

　　说完,大家一拥而上,将这位儒生砍死,并割下了他的舌头。

　　儒生的家人去衙门告状,地方官叫来郭解,问道:"实话实说,那个儒生是不是你杀的?"

郭解哈哈大笑道："我郭解是当代大侠，我杀人难道用得着自己动手吗？"

地方官问："那到底是什么人杀的？要不你把他们都交出来？"

郭解无奈地说："大人，你这是太为难我了。杀人这种事情，谁会承认呢？就算是我的门生干的，但是如果他们不承认，我又有什么办法呢？你说是不是？"

地方官叹了一口气，说道："以后杀人这种事情，尽量不要闹出那么大的动静，这次就算了。"

但是，主父偃和徐乐一入朝，就把这件陈年旧案翻了出来。

主父偃上书，请求汉武帝下令把关陇豪强全部迁到茂陵。首先，这可以对京城的人口进行补充；其次，此举可以预防祸端。为何说可以预防祸端呢？因为在一般情况下，搬迁会消耗巨大的财力，到了那时，豪强们想要呼风唤雨，也是心有余而力不足了。

汉武帝一听，当即批准，下令各郡家中财产在三百万之上的人家，都要迁往茂陵。本来郭解一家是达不到迁徙的标准的，但当地官员看到他如同猫见到老鼠般，巴不得他迁走，于是他家就出现在了官方的迁徙名单上。

但这个时候，汉武帝的小舅子卫青站了出来，替郭解说情。

卫青说："陛下，名单上有一点差错。那个郭解善良忠厚，家中十分贫寒，达不到迁徙的标准，不如抹去他的名字吧。"其实，卫青如果暗地里找负责迁徙的官员，抹去郭解的名字，就能神不知鬼不觉地帮助郭解，但他不懂官场规矩，来找了汉武帝。

汉武帝是何其聪明的一个人，听完卫青的话，说道："卫青，你忘了朕刚登基，手中没有实权的时候，是不是游历过江湖？朕那时就听说过郭大侠的名头。还有，他一个普普通通的百姓，竟然能让将军来朕这里替他说清，这恰恰说明他家不但不贫穷，反而还有一定的势力。只要是有势力的人，都在迁徙的范围之内。"

就这样，郭解迁徙到了茂陵。临走前，有人出钱千余万，愿他一路顺风。后来，郭解知道是轵县杨季主在县里当官的儿子使的绊子，让他名列迁徙榜首。但他还没动手，他的侄子就把这个官员杀了。从此，杨家、郭家就结了仇。

郭解到了关中后，那些关中豪强不管是否了解郭解，都争抢着与他结交，郭解家的门槛都快被他们踏破了。

不久后，杨季主也被人杀死了，杨家人去申诉，不曾想再次被杀。原本因为卫青的求情，汉武帝就对郭解产生了浓厚的兴趣，现在再加上这么一笔，郭解门生虐杀儒生的事就被抖了出来。

很快，朝廷专门为郭解召开了一次会议，重审儒生被杀一案。在审理过程中，狱吏出身的公孙敖站了出来，说了一段决定郭解命运的话。

他说："郭解这个人，杀了很多人，并且他杀人是没有理由的，甚至是他走在路上，有人看了他一眼，都会被杀。说回儒生被杀这个案件，虽然儒生是为郭解的门生所杀，不是郭解所为，但比郭解亲自杀人还要严重，因为这说明他在地方上实力强大，已经成了隐患，如果陛下不以大逆不道之罪论处，他将来一定还会捅出更大的娄子。"

汉武帝点点头："此言甚合朕意，传旨，郭解满门抄斩。"

捕吏破郭解宅门而入，郭解的门客们顿时纷纷秀出飞檐走壁的绝技，一哄而散。大侠郭解被捕，与家人一起被斩杀。

郭解作为一个典型例子，给豪强们敲响了警钟，其他如同郭解那样的豪强纷纷收敛了自己的行为。

迁徙关东豪强到关中，算是汉武帝打击豪强的一种较为柔和的手段了。此外，他还任用酷吏对豪强进行诛杀。

义纵，河东（今山西夏县西北）人，强盗出身。他的姐姐义姁擅长医术，得到了王太后的赏识。在王太后的干预下，汉武帝任命义纵为中郎，很快就让他担任上党（今山西长子）的县令。而后，他先后担任长陵令、长安令、河内都尉、南阳太守、定襄太守。义纵以治政严酷而出名，依法办事，执法不避权贵。

义纵这人有多狠辣呢？

当时函谷关有一个名叫甯成的都尉，凶残暴戾，是汉武帝执政时期的第一代酷吏。

甯成，南阳人，在汉景帝时期担任侍卫，性情暴戾，争强好胜。他做下级，一定会欺负上级，不把上级搞得名誉扫地绝不罢休；他做上级，一定会苛刻地对待下级，不把下级搞得家破人亡绝对不收手。因为其手段毒辣，即使是皇亲贵族都畏惧他三分。为了除掉这个危险分子，皇族宗室团结在一起，站在统一战线上，搜集甯成的犯罪证据，联名举报他。

汉景帝把甯成交给官吏处理，他被判处剃发和以铁缚脖子的刑罚。在当时，官员罪行严重的会被判处死刑，罪行轻点的会被赦免，并没有其他刑罚。所以，对甯成的处罚算是打破了当时的惯例，这让他极为愤怒，认为自己成了官官相斗的牺牲品。

于是，甯成私自解脱刑具，逃到函谷关，暗暗发誓："我一定要当大官，发大财，成为人上人！"他借钱买了一千多顷土地，并把这些土地出租给贫苦百姓。几年后，他积累的家产多达几千斤黄金，出门必带几十名骑士。

到了汉武帝时期，他起用甯成，让他担任都尉一职。当地的百姓和官吏见到甯成，就如同老鼠见到了猫。有这样一句话在当地流传："宁愿出门遇到母老虎，也不要遇到甯成发怒。"总之，在相当长的一段时间内，甯成成为恐怖的代名词。

但甯成充其量不过是酷吏，义纵却是"甯成2.0"，比甯成更为严酷。即便是甯成，听了义纵的名字，也会情不自禁地两股战战。

在长安担任县令时，义纵依法抓捕了王太后的外孙、汉武帝的姐姐修成君的儿子孙仲。孙仲仗着自己是皇亲国戚，在京师横行霸道、胡作非为，汉武帝对他极为不满。

汉武帝看到义纵抓了孙仲，认为他很勇敢，有治民的能力，于是给他升职加薪。每到一个地方，义纵一上任便会杀伐立威。

义纵做了南阳太守后，巡视函谷关，比猛虎还厉害的甯成立马变成了一只温柔的小猫，胆战心惊地匍匐在路边迎接。义纵无动于衷，先将甯成的家人抓起来，杀掉了一批，对当地的豪强和百姓产生了极大的威慑力。

汉武帝曾经多次抗击匈奴，每次出兵都会途经定襄郡，此地的社会秩序十分混乱。汉武帝看义纵精明能干，便把他调到了这个难以管理的地方。

义纵到任后，看到定襄郡大牢中犯下重罪的死囚犯有两百多人，每天都有不少亲朋好友来探望他们，这些探视的人又多达两百多人。

义纵看这四百多人极为不顺眼，他想了想，便依照汉代"为人解脱，与同罪"的法令，将这些探视的两百多人一网打尽。

很快，义纵便把这四百多人处死了。由此，郡中豪强，以及与豪强结交的犯罪分子们无不两股战战、瑟瑟发抖，从此夹起尾巴，老老实实做人。

与义纵同一时期的王温舒也是一名酷吏，他也是强盗出身，后来被县令任命为亭长，官至广平（今河北鸡泽东南）都尉。他在郡中精挑细选了十几个勇士，让他们专门捕捉盗贼，谁不服就灭谁宗室。很快，广平百姓安居乐业。

汉武帝听说了王温舒的英雄事迹后，立马把他调到河内当太守。

王温舒一到任，就开始进行调查，发现河内有不少豪奸之家，于是下令道："马上给我准备五十匹好马，慢一点就要你们的命！"

马匹准备好之后，王温舒快马加鞭，带领侍从赶往当地势力强大的豪强之家，先将人全部抓起来，再慢慢搜集罪证。罪名大一点的人，他就将其灭族；罪名小一点的，他也会将当事人杀掉。用三个字来总结他的这次行动，就是"快、准、狠"，让那些想托关系、走后门的人束手无策，因为在礼备齐之前，人已经被处斩了。

在极短的时间内，王温舒灭门了当地一千多户。经过这次打击，河内的治安得到了明显改善。

王温舒这个人没有什么爱好，也没有什么情趣追求，一心一意扑在工作上，而他的工作就是杀掉有罪之人。

到了当年十二月，王温舒已经杀光了河内郡中的盗贼。接着，他把追捕范围扩大，去了河内的周边地区。但是春天已经到来，大汉法律要求百官要体会春天的生机，停止用刑。当时王温舒急得都哭了，跺着脚说："陛下啊陛下，您为何这般仁慈呢？再给我半个月的时间，我就能杀光这些人。但现在，我的任务只完成了一半，心里难受啊！"王温舒这次是典型的杀人杀少了，不过瘾。汉武帝知道这件事情后颇为感动，立马给王温舒升职加薪。

汉武帝对这些酷吏的重用，极大地打击了地方豪强势力。

汉武帝对豪强的打击，不仅在经济、政治上加强了中央集权，并且对社会安定、缓和阶级矛盾、削弱地方豪强对百姓的压迫等都起到了积极作用。

分解蚕食，在诸侯国实施推恩令

在汉武帝执政时期，地方诸侯也是一个不安定的因素。汉武帝登基后，大臣们开始推行前朝抑制、打击诸侯王的策略。为了削弱诸侯的势力，主父偃提出了"推恩令"，给予诸侯王把自己的封地分给所有儿子的权力，顺利地解决了汉武帝时期的诸侯问题。在这个时期，主父偃还凭借一己之力除掉了两个诸侯王，为汉武帝加强中央集权立下了汗马功劳。

打击了豪强势力之后，汉武帝长长地吁了一口气。看着主父偃和徐乐，汉武帝突然醒悟过来："不对，朕是让你们来打击诸侯的，不是打击民间豪强势力的。"

主父偃慢悠悠地回答道："陛下，臣已经想好了。"

"什么办法？"

"推恩令。"

对于西汉王朝来说，主父偃是一个至关重要的人。在汉武帝削弱诸侯势力这件事情上，他立下了汗马功劳。

主父偃家境贫寒，草根出身。为了改变自己的命运，他从小勤奋好学。等学得差不多了，他便背着铺盖去山东一带寻找赏识自己的伯乐。但伯乐没有找到，他反而遭受了书生们的排挤。至于书生们排挤他的原因，他也不知道，应该是情商不太高。

　　主父偃十分生气，于是决定报复。他选了一个名气大的人作为报复的目标，这个人便是董仲舒。

　　董仲舒是一个足智多谋的人，他一门心思读书，真正做到了大门不出二门不迈，家中有一个花园，他从来没有进去过。功夫不负有心人，不到三十岁的时候，他就声名显赫、开班讲学了。

　　董仲舒讲课有自己的一套特色。每当上课时，他就坐在一张帘子后面，讲得有声有色，学生们则听得昏昏欲睡。讲课多年，他的学生多得不计其数，可以用桃李满天下来形容。

　　后来，董仲舒被汉武帝拿来对付窦太后，然后又被派去监督吴地江都王刘非。

　　既然把董仲舒作为自己的目标人物，主父偃便一路跋山涉水，也来到了吴地。

　　董仲舒把主父偃视作游历之人，体恤他的辛苦，不仅热情地接待了他，还与其秉烛夜谈。谈完之后，主父偃恭恭敬敬地告辞，董仲舒就出门了。

　　等董仲舒前脚一走，主父偃后脚就从一棵树后面跳了出来，悄悄钻进董仲舒的书房，开始翻箱倒柜起来。

　　主父偃找的是董仲舒所写的文章，他翻了一篇又一篇，最终找到了一篇像是奏疏的文章，顿时乐开了花。

　　这篇文章是围绕皇宫所发生的火灾展开的。董仲舒认为，这场火灾之所以会发生，是因为人间的皇帝错杀了忠臣，惹怒了上天。

　　"等我把这个交给皇帝，你董仲舒就完蛋了！"

　　于是，主父偃偷走了这篇文章，快马加鞭地赶到京城，想方设法见到了汉武帝，把偷来的文章呈递了上去。

　　汉武帝一看，气得喘不过气来。

　　"好你个董仲舒，居然诽谤朕，实在是太可恶了！"

　　汉武帝立马把董仲舒的学霸弟子吕步舒找了过来："来，你看看这篇文章写得怎么样？"

　　在交给吕步舒之前，汉武帝故意抹去了作者的信息。

　　吕步舒看了后，哈哈大笑道："陛下，写这篇文章的人实在是愚蠢至极。"

　　"那你认为应该怎么处置写这篇文章的作者呢？"

　　"微臣认为应该满门抄斩。"

　　汉武帝一听，开心地笑道："好，既然你这么建议，那么朕就满足你，将你的老师满门抄斩！"

　　"老师？"吕步舒一头雾水，"这和我的老师有什么关系？"

汉武帝说道："哎，傻孩子，这篇文章的作者正是你的老师。"

吕步舒一听，吓傻了，立马跪在地上，苦苦哀求道："陛下，刚才微臣都是胡说的。微臣的老师是一个有大智慧的人，后来去给江都王当什么国相，当傻了，竟然写出如此不明事理的文章。陛下，您一定要原谅我的老师啊，他对陛下一向没有二心，就是读书读傻了。"

汉武帝面带微笑地说道："吕步舒，你再求情，朕就让你去抵罪。"

"拿臣抵罪？如果这能让陛下消气，臣毫无怨言！毕竟臣能有今天，全托了老师的福。"

汉武帝听后，拂袖而去，下令将董仲舒抓回京师，查他写这篇文章的动机。

办案官员将董仲舒打得死去活来，董仲舒受不了，只好承认了自己的罪行，但不承想罪行是越承认越多。最后，办案官员将董仲舒判了个死刑。

与此同时，吕步舒四处奔走，给朝廷中但凡有点权力的人送礼，央求他们联名上书，请汉武帝原谅董仲舒，直到自己倾家荡产为止。

等董仲舒被押到刑场，汉武帝才不紧不慢地下发了免他死刑的诏书，书呆子董仲舒终于捡回了一条命。

主父偃凭借一己之力差点要了董仲舒的命，通过这件事情，汉武帝敏锐地察觉到主父偃可以为己所用。在汉武帝的赏识下，主父偃平步青云。此前他穷困潦倒，受到排挤，现在却摇身一变，成了朝廷新贵，人生境遇如同坐上了火箭。

可能是之前吃了太多苦，主父偃的个性很是扭曲。得势后，他疯狂敛财，过着穷奢极欲的生活，仿佛要把之前吃过的苦全部弥补回来。除此之外，他还无所顾忌地羞辱朝中官员，一副小人得志的模样。

与主父偃关系好的人曾经就他大肆收取贿赂的事情劝道："做人要给自己留后路，不要太'锋芒毕露'，要低调一点。"主父偃回答说："大丈夫如果活着不能享受醉生梦死的生活，那死了干脆去享受被烹煮的酷刑好了。"

虽然主父偃的人品、情商、个人作风等都有问题，但这不妨碍他是一个绝顶聪明的人。

在纠正了董仲舒思想上的问题后，汉武帝开始担心：这个董仲舒的思想不会对江都王产生什么不好的影响吧？

江都王刘非是汉景帝的第五个儿子。事实上，汉武帝对他的怀疑并非全无道理。他力大如牛，爱逞威风，喜欢斗殴，是一个天生的军事家。更为关键的一点是，他最爱招揽四方豪杰。

元朔元年（公元前128年）冬天，刘非患病死亡。得知这个消息后，汉武帝松了一口气。

根据汉制，诸侯王都是"立嫡、立长"，次子和庶出是没有继承权的。汉武帝担心诸侯王的势力过大，对自己的统治造成影响。

这个时候，主父偃上书道："在古代，诸侯王所拥有的封地不过百里，根本无法与朝廷抗衡，当然威胁不到朝廷的统治。但现在，一眼望去，有的诸侯王拥有的城池竟多达几十座，封地面积多达千里。如果陛下对他们好点，他们便会蹬鼻子上脸；如果陛下对他们严格一点，他们便会联合起来造反。由此可以看出，'光明正大'地削弱诸侯的势力是行不通的。陛下，您想过这个问题没有，现在的诸侯生活太好了，动不动就生十几个孩子，但能够继承爵位的只有嫡子一人，那么其他孩子都去了哪里呢？臣向陛下建议，给诸侯们一个特权，让他们可以把自己的土地分给自己所有的儿子。如此一来，大家不都享受到了陛下的恩泽了吗？而诸侯的势力必定会减弱。这道推恩令一下达，陛下就能把心搁在肚子里，不用再担心诸侯势力过大发生叛变，诸侯问题也就能迎刃而解了。"

主父偃的一席话让汉武帝禁不住对他竖起了大拇指。这个推恩令不仅从根本上解决了诸侯割据的问题，而且巧妙地避开了"削藩"带来的负面影响。

推恩令下达后，第一个挨刀的是燕王刘定国。燕王刘定国，西汉燕敬王刘泽的孙子、燕康王刘嘉的儿子。刘定国是一个丧尽天良、淫乱变态之徒，他与自己父亲燕康王的姬妾通奸，生下一子，又把亲弟弟的妻子抢了过来。最为变态的是，他与自己的三个亲生女儿通奸。总而言之，他喜欢挑战人类的伦理极限。

很快，燕国肥如县的县令、为人正直的郢人知道了刘定国这些乱七八糟的事情。为了避免郢人向朝廷揭露自己的丑事，刘定国准备给他一些封口费，没想到吃了闭门羹。刘定国十分生气，干脆一不做，二不休，以莫须有的罪名处死了郢人。

干完这些丧尽天良的事情后，刘定国的心情好极了。

郢人的弟弟们为了替哥哥申冤，想揭露刘定国的这些罪行，他们托了很多关系，终于见到了主父偃。

主父偃与燕王刘定国很早就有纠葛，这还要从他早期的游历说起。主父偃最开始是学长短纵横之术的，但人到中年，汉武帝登基了，他听说汉武帝罢黜百家，独尊儒术后，立马改学《春秋》《周易》等百家之言。对于主父偃见风使舵的行为，齐国的儒生们相当不齿，纷纷排挤他。无奈之下，他只好离开齐国，前往燕国和赵国等地碰碰运气。但显而易见，他在燕国和赵国等地也没有谋得富贵。燕王和赵王根本看不上他，导致他一度连饭都吃不上，过着看人脸色的生活。

听完郢人弟弟们的申诉后，主父偃拍案而起，立马把这件事情应承下来，给汉武帝呈递了一封奏折，燕王刘定国的丑行和罪行才得以揭露。自己的宗室里出了这么个变态的家伙，汉武帝颜面无存。他十分愤怒，立即为他单独开了一次朝廷会议。

经过讨论，大臣们一致认为燕王刘定国还比不上禽兽，论罪当诛。刘定国很快得知了这个消息，于是畏罪自杀了。刘定国自杀后，汉武帝将燕国改为郡。

刘定国犯下的种种罪行，无疑应该诛杀，但当时的诸侯们大多都是淫邪之徒，论变态程度，刘定国不一定能排上第一。汉武帝对其痛下杀手，除了有主父偃的一份功劳外，还是因为他自己想完成一次行政区划的变革，为汉朝和匈奴的大战腾出充足的战略空间。燕国被改成郡，这是因为燕国是西汉抵御匈奴南下的第一道防线。之前燕国因为政令不一致，导致营救渔阳失败。汉武帝这么做，就是为了统一政令，不让旧事重演。

按理说，主父偃为郭人申冤是做了一件大好事，因为此举除掉了大奸大恶的变态燕王。但可惜，由于他的人品不好，所以大家都认为他是在报燕王刘定国的"有眼不识泰山"之仇。

主父偃再战成名，于是兴高采烈地挑选齐国作为自己的下一个打击目标。

刚开始的时候，主父偃消灭齐国的想法并不强烈，事情的起因还得从王太后给外孙女找女婿说起。

皇太后王娡早年进宫之前，已经嫁给了平民金王孙，并为其生下了一个女儿。但是王娡的母亲臧儿野心大，将王娡送进了王宫，于是金王孙失去了妻子，他的女儿失去了母亲。汉景帝还在世时，王娡对流落在民间的女儿闭口不提。等丈夫去世，儿子刘彻登基，王娡才语重心长地对刘彻说："皇帝啊，母亲和你说一句贴心话吧，咱母子俩可以说是享尽了荣华富贵，但你还有一位大姐，在民间一直受人欺负啊。"

"什么？朕还有一位大姐？"汉武帝诧异地问道。于是，王娡告诉了他事情的来龙去脉。

于是，汉武帝立马派人去寻找那位流落民间的大姐。找到后，将其封为修成君。

儿子爱护家人的态度让王太后十分受用，她开始沉浸在天伦之乐当中。当时，修成君已经生下了一个女儿，王太后抱着自己的外孙女说道："这孩子天生丽质，得赶紧给她物色一个好婆家了。"

王太后未雨绸缪，想给自己的外孙女找一个好人家，而一个名叫徐甲的宦官想拍马屁，便主动对王太后说："我觉得诸侯当中，齐王刘次昌还算是出众的。

我原本也是齐国人，不如我去说个媒，让他亲上加亲？"

当时在各个诸侯国中，齐国的势力算是比较强大的，因此徐甲的这个建议王太后很是喜欢。很快，徐甲便开始收拾行李，准备去齐国。但这件事情很快被主父偃知道了，他打起了小算盘：自己的女儿也到了该出嫁的年纪，如果借此机会把女儿许配给齐王，岂不是一件极其风光的事情？他当时的想法是：这件事情肯定能成，因为自己现在可是汉武帝身边的大红人，那些曾经看不起他的诸侯，现在应该认清形势，来巴结他了。

主父偃找到徐甲，徐甲想这不过是顺手的事情，于是爽快地答应了下来。

但令徐甲没有想到的是，他到了齐国后，还没说正事，只是稍稍放了一个口风，就让齐国的纪太后勃然大怒："齐王有王后，嫔妃也足够了，不要再弄什么女人到宫里来！"

这就相当于事情还没开始就已经结束了，徐甲当时真想找个地缝钻进去："早知道就不拍王太后马屁了，真是搬起石头砸自己的脚，这该如何是好？"

很快，徐甲就听说了齐国后宫中的一些丑事，他立马有了主意，然后打道回府。

回到长安之后，徐甲火速去拜见了王太后，说道："太后，我和齐王说起这事，他开心坏了，立刻就答应了。但我听说了一些不好的事情，齐国后宫里头也有燕国那样的事情……"

王太后一听就明白了，徐甲是在暗示她，齐王也在干一些乱伦的事情。于是她立马下令，不许任何人再提起自家外孙女和齐王结亲的事情，徐甲轻而易举地就化解了这次危机。

那么，齐国宫里的丑事究竟是怎么一回事呢？

齐王的母亲纪太后是一个野心勃勃的人，为了让自己的娘家人一直受宠，于是她像当年的薄太后一样，给儿子包办起婚姻来，强硬地要求儿子齐王娶了自己的亲侄女，并立其为王后。但齐王对自己的这个表妹没有丝毫兴趣，甚至因为这个与母亲纪太后赌起气来，故意冷落王后。纪太后十分生气，于是把自己的大女儿找了过来，让她"整顿后宫"，其实就是让她盯着自己的弟弟，不让其他妃子靠近齐王。但事情的发展出乎纪太后的意料，齐王不仅没有宠幸王后，还和自己的亲姐姐乱伦了。

徐甲说媒的时候，纪太后正在为这件事情发愁，因此才对徐甲破口大骂。

由此可见，在野心驱使下所干出来的事情，真没有几件是好的。齐王和自己的亲姐姐乱伦的事情，归根结底，是纪太后自食恶果。

　　王太后的外孙女，那是"皇帝的女儿不愁嫁"。因此，虽然这次亲事没成，但是王太后并没有生气，反而感激徐甲，幸亏他及时发现了猫腻，才没有让外孙女跳进火坑。但是，主父偃的情况就完全不一样了，他当初是本着抱大腿的想法去的。

　　于是，主父偃派人再次去找齐王刘次昌，说道："主父偃，天下智识之辈也，是如今皇上依赖的中流砥柱。齐王你失欢于陛下久矣，何不娶主父偃的女儿为后，让主父偃做你在朝中的内应，重新赢取陛下的欢心呢？"

　　齐王刘次昌说道："哎，主父偃让本王娶他女儿啊，哎，本王正与自己的姐姐处于'蜜月期'，我姐姐既爱吃醋，脾气还暴躁，最讨厌本王移情别恋……哎呀，说漏嘴了。这个事情，事关重大，需要问问母后大人。"

　　齐王的母亲纪太后听说主父偃要把女儿嫁给自己的儿子，哈哈大笑起来："你可拉倒吧，主父偃的那个傻丫头，土里土气的，连脚丫子缝里的泥都没有洗干净。就她，有哪点配得上我儿子？我儿子可是正儿八经的龙子龙孙，我们丢不起这个人。"

　　联姻失败，主父偃愤怒到了极点，恨恨地说道："齐王啊齐王，我给你机会了，是你自己不珍惜的。你无情，就甭怪我无义了，我必须要曝光你和你姐姐乱伦的事情！"

　　很快，主父偃上奏汉武帝："陛下啊，现在朝廷中的人都知道了一个见不得光的龌龊事情，那就是齐王和自己的姐姐通奸。齐王身边从来都是姬妾成群，他的姐姐更是不缺男人，但他俩偏偏玩起了变态游戏，这事关皇家颜面，陛下您一定要除掉这个祸害啊。"

　　汉武帝诧异地看着主父偃，说道："该你操心的你不操心，现在匈奴对我大汉发动进攻，朕忧心忡忡，如同热锅上的蚂蚁，你说你怎么就这点出息呢？天塌地陷了，你跟没事儿人似的；一听到姐弟通奸，你就欣喜若狂。既然你对通奸乱伦之事那么感兴趣，那也好办，朕任命你为齐国丞相，去给齐王清理门户吧。"

　　打发主父偃去齐国，原因在于，汉武帝发现他虽然身居高位，但思想觉悟太低，鼠目寸光。

　　就像汉武帝所说的那样，主父偃是一个祖国荣誉感不强的人，对匈奴大战一点感觉都没有，一心只想在揭人隐私中寻找快感。

　　汉武帝对主父偃杀心已起，但主父偃没有丝毫察觉，他开心地奔赴齐国。到达齐国后，他立马展现出了自己睚眦必报的个性。为了搜集齐王的罪证，他找到了那个带齐王去他姐姐寝宫的太监，对其进行严刑拷打。

太监被打得死去活来，只好按照主父偃的要求，详尽地叙述了齐王与其姐姐通奸的过程，主父偃连忙用笔记录了下来。

齐王刘次昌是一个年轻的小伙子，没经历过什么大风大浪，见闹出的动静这么大，再联系到前燕王刘定国的事情，忐忑不安起来。没过多久，他就因为压力过大而喝毒药自杀了。

齐王没有儿子，在他自杀后，汉武帝便收回了其封地。

主父偃以身弑两王，顿时声名大噪。诸侯们对他极为恐惧，其中，汉武帝的七哥赵王刘彭祖更是胆战心惊，因为当初他也没有重用并无视主父偃。主父偃报复完燕国和齐国后，下一个目标肯定是自己。最让刘彭祖心虚的是，自己的世子也与姐妹通奸。

为了避免成为主父偃新的攻击目标，刘彭祖决定先下手为强，向汉武帝揭发主父偃大肆收受贿赂、欺瞒天子的事情。

汉武帝就等这个了，二话不说，立即下令将主父偃抓了起来。

办案官员对主父偃严刑拷打，不承想，主父偃小时候吃苦吃多了，骨头比较硬，只承认自己收了一丁点儿贿赂，但坚决不承认是他逼齐王自杀的。

主父偃坚决不认罪，大家便拿他没辙。

于是，汉武帝把白发苍苍的公孙敖找了过来，问道："主父偃死活不认罪，要不放了他？"

这是一个考验人品的时刻，但可惜的是，满朝文武官员几乎都被主父偃得罪了，他的人缘极差。

公孙敖说道："陛下，从来只有错抓的，哪有错放的？主父偃这家伙入朝以来，欺君压臣的事情没少干。曾经有大臣对他说：'主父偃，你太过分了！'陛下知道主父偃是怎么回答的吗？他说：'不好意思，我主父偃游历了四十多年，没有什么成就，舅舅不疼姥姥不爱，被嫌弃够了，到了一把年纪才实现人上人的梦想，难道我不能快意恩仇，活得痛快点吗？你们都别劝了。'陛下您听听，这是人说的话吗？"

汉武帝一听，哈哈大笑起来，说道："这个主父偃，果然不是个人。那好吧，甭管他招不招了，先满门抄斩了再说。"

主父偃死了，究其原因，还是人品太差，情商堪忧。

诛杀主父偃，开了汉武帝诛杀谋臣的先河。

主父偃凭借一己之力，为汉武帝解决了燕国和齐国两个大诸侯国，让汉武帝在加强中央集权的路上迈出了一大步。但是，推恩令才开始发挥作用，很快，又有两个诸侯王被连根拔起。

元朔五年（公元前 124 年），也就是主父偃死后两年，汉武帝又接到了一封状告诸侯王的信，这次的主角是刘彻的叔叔淮南王刘安。其实汉武帝一直对他不太放心，究其根源，就是田蚡曾经对淮南王说过大逆不道的话，而淮南王竟然对其感兴趣。

而王太后在上次给外孙女找女婿失败后，立马把目光投向了淮南王刘安的世子刘迁。

淮南王刘安的好奇心特别重，什么都想尝试。他想长生不老，于是醉心于炼丹，在炼丹的过程中，他发明了豆腐，因此他被当地百姓奉为"豆腐神"。

王太后的外孙女嫁过来之前，刘安找自己的世子刘迁谈了一次话。

"儿子，你的世子妃是陛下派过来充当间谍的。"刘安说道。

世子刘迁脾气暴躁，并且也不太聪明，一听刘安的话，就问："父王，你说我们该怎么办？"

"我先问你一个问题，你爱你的这个世子妃吗？"

"父王，这纯粹是太后乱点鸳鸯谱，我和她连面都没有见过，怎么可能爱她呢？"

"儿子，你既然不爱她，这件事情就好办了。你俩成亲后，你坚决不搭理她，不与她同房。时间长了，她熬不下去了，就会走人，我们就悄无声息地除掉了这个间谍。"

"好，儿臣听父王的。"

与王太后的外孙女成亲后，刘迁果然从来不搭理她，每天只与自己的爱妾快乐地玩耍。时间长了，新世子妃觉得无趣，于是向王太后打报告，要求解除与刘迁的婚姻关系。王太后也觉得刘安一家人十分奇怪，便同意了。

刘迁喜欢剑术，为此找了很多老师。但每次比剑，老师们都极力让着他，甚至夸奖他，这让刘迁误以为自己的剑术天下第一。

与王太后的外孙女解除婚姻关系、恢复自由身的刘迁就到处找人比武，听说郎中雷被的剑术高超，就把他找了过来，强行与人家比剑术。

雷被剑术高超，有着"淮南第一剑客"的美誉，而且颇受淮南王刘安的重视。但是，他本事再大，也惹不起世子刘迁。当刘迁在雷被面前展示自己的三脚猫功夫时，雷被只能拼命躲闪。可刘迁不是善茬，雷被越是躲闪，他就越来劲，拿出以命相搏的架势来。结果刀剑无眼，雷被一个不留神，竟然将刘迁刺伤了。

这下刘迁就不干了，非要杀了雷被不可。雷被意识到淮南已经没有了自己的容身之地，就躲了起来。为了彻底远离刘迁，他想了好久，最后决定响应朝廷的号召，去边关抵御匈奴。

雷被想走，但刘迁不同意啊，他还想算清之前那笔账呢。于是，他火急火燎地去找父亲刘安，对雷被百般诋毁。刘安呢，他自然是站在儿子刘迁这一边的，不仅将雷被免了官，还禁止他离开淮南。

雷被终究是习武之人，乔装打扮了一番，逃离淮南，来到了长安。于是，汉武帝就收到了举报淮南王的信。

雷被因为走投无路，决定与淮南王刘安彻底撕破脸。汉武帝在收到雷被的冤情状时，正值汉军击败了匈奴，紧张的心情缓和了下来。朝中无事，朝中百官窥探汉武帝的心思，认为他一定会先除掉淮南王一家而后快，于是纷纷上奏，请求汉武帝严惩淮南王一家。

淮南王是汉武帝的叔叔，现在他犯了罪，让汉武帝一时之间有些为难。既然百官让严惩，那就调查调查吧。于是，汉武帝派出廷尉、河南郡守去调查这件事情。

淮南王刘安一听到这个消息，立马慌了神，担心世子刘迁被抓走。他急得如同热锅上的蚂蚁，最后决定，如果朝廷真的把世子抓走，那他就发动叛变。

在汉朝，为了更好地控制诸侯国，诸侯国的国相都是由朝廷直接任命的。按照当时的法律，既然有人状告，朝廷也派了人来调查，那当地的县丞就应该把当事人抓捕起来。但是，淮南国都城寿春的县丞没有抓世子刘迁的胆量。国相知道后十分生气，立马向汉武帝上书，要求废掉县丞的官职。淮南王刘安知道后也十分生气，对国相各种威逼利诱，但都以失败告终。刘安一计不成，又生一计，他恶人先告状，给国相安了一个莫须有的罪名。

于是，汉武帝干脆让廷尉两件事情一起调查。廷尉到了寿春后，对淮南王毕恭毕敬，半个字都没提世子刘迁，只是提了一下雷被和国相的事情。见廷尉如此和颜悦色，刘安那颗不安的心才放了下来。

廷尉调查归来后，汉武帝既念及刘安是自己的叔叔，又考虑现在要腾出精力对付匈奴，最终只是小小地惩罚了刘安，削去了淮南国的两个县。

汉武帝的宽大处理让刘安有些意外，他因此暂时打消了起兵造反的念头。但静下心来，他越想越不对劲："我现在是刘氏宗族中辈分最高的人，那刘彻见了我，也得喊我一声'叔叔'，可是就为了这么点事儿，他就削去了我两个县，凭什么呀？我是一个多么善良仁义的人，他怎么能这么对待我呢？"

根据历史记载，淮南王刘安是一个博学多才、性情温和、十分孝顺的人。但在这件事情上，他为什么如此偏激呢？这背后其实另有隐情。

刘安的父亲淮厉王刘长是高祖刘邦和赵姬所生的儿子，当时的赵姬还是赵王张敖的妃子，张敖是刘邦的女婿，他的王后是刘邦的女儿鲁元公主。当年，刘邦被匈奴围困在白登城，险些丢掉性命。脱险后，刘邦马不停蹄地往京城赶。当他经过赵国时，女婿张敖立马出来迎接，对他热情周到、毕恭毕敬。但刘邦不但没有感激张敖，还给张敖脸色看。张敖的手下都看不下去了，想半夜废掉这个皇帝，张敖知道后，严厉地制止了他们。

第二年，刘邦讨伐诸侯王，返京途中经过赵国，再次受到了张敖的热情招待。这一次，张敖还献出了自己的姬妾赵姬，让其给刘邦侍寝。正是这一夜，赵姬怀上了刘长。

当天夜里，赵国的国相贯高等人准备瞒着张敖除掉刘邦。说来也奇怪，刘邦那天晚上总是心神不宁，后来找人一打听，得知他住的这个地方名叫"柏人"。

"'柏人'不就是迫害人吗？这也太不吉利了，此地不宜久留，还是赶紧走吧。"于是，刘邦连夜走了，幸运地逃过了一劫。

后来，贯高等人谋杀刘邦的计谋曝光，刘邦怒不可遏，下令将赵王张敖等抓捕起来。至于赵王的家眷，则被关押在赵国。这些家眷中有怀孕的赵姬，她把自己的事情向上汇报，企图向刘邦求救，但刘邦正在气头上，哪里有心情管赵姬。迫于无奈，赵姬只好向吕后求救，可吕后一向反感刘邦乱搞男女关系，她怎么可能救赵姬呢？不落井下石就算仁慈了。

刘邦的无情无义让赵姬心如死灰，生下刘长后，她便自杀了，守将将婴儿刘长送到京城。当时，张敖的事情已经过去了一段时间，刘邦的气也慢慢消了。看到襁褓中的刘长，刘邦感觉有些对不住赵姬，于是把刘长交给吕后抚养。刘邦死后，吕后对刘邦的妃子和皇子进行大清洗，但刘长因为母亲早逝，又是吕后一手带大的，所以才躲过了一劫。

刘长是一个傲慢的人，在汉文帝登基后，仗着自己与文帝是亲兄弟，整天为所欲为。后来，他的胆子越来越大，竟然想过一过当皇帝的瘾，于是准备联合匈奴和闽越推翻文帝。虽然理想很丰满，但现实却是滑稽可笑的。当时，刘长率领七十多个人，驾着四十多辆车，打算去与匈奴、闽越会合，然后一起攻打汉文帝。结果，这场规模小得不能再小的叛变还没开始，就被人告发了。汉文帝考虑刘长是自己的兄弟，就放过了他，仅仅把他流放到蜀地。但是，一直养尊处优的刘长因难以忍受路途上的颠簸，绝食而死。

刘长死后，汉文帝十分伤心。两年后，刘长的四个儿子全被汉文帝封侯，长子刘安则继承了父亲刘长的爵位，成了淮南王。

刘安是一个孝顺的人。某次，他的母亲生病，吃饭十分困难。为了不让母亲缺营养，刘安便每天用水泡黄豆，然后把黄豆磨成豆浆，喂给母亲喝。对于孝顺的刘安来说，父亲刘长的死，是他心中永远的痛。自始至终，他对朝廷都有一种敌意。除此之外，他尊崇黄老学说，这一点也与汉武帝南辕北辙。在这种种冲突之下，刘安更不可能与汉武帝一条心。事实上，他一直都有谋反之心，但始终没有行动，那是因为他性格懦弱，做事总是犹豫不决。而且，刘安是一个好道之人，一直在琢磨如何才能长生不老，甚至不惜重金，招纳数千术士著书炼丹，谋反的心思就更少了。

雷被向汉武帝状告刘安一事，虽然汉武帝没有深究，却让刘安不安起来。同时，他那想当皇帝的野心也在膨胀。

刘安苦苦思索了好多天，找来了自己的谋士伍被，直截了当地说："我想叛变。"伍被一听，觉得刘安脑子不好使，这种时候，他们怎么能谋反呢？这不是往枪口上撞吗？

伍被替刘安分析道："首先，汉朝国富民强，百姓也过上了幸福安康的生活，王爷谋反，没有民众响应啊；其次，淮南国和汉朝朝廷之间实力悬殊，当年七个诸侯国联手，也没有干掉朝廷，现在你一个小小的淮南国，能掀起什么大风大浪来。"

其实，伍被的分析十分中肯，但无奈的是，刘安根本听不进去，依然想叛变。

"王爷，我求求你了，我觉得我们还是炼丹吧。丹炼得不好，顶多吃坏肚子。可是叛变，那是要命的事情啊。"

刘安勃然大怒，说道："伍被，难道你和我不是一条心？难怪让你炼丹一直炼不出来！来人，把伍被的家眷都关押起来，防止伍被临阵逃脱。"

淮南王只顾和伍被较劲，没想到门外有一个人，将这一切都看在了眼里。

这个人是刘安的庶长子刘不害，他虽然是刘安的长子，但因为是庶出，所以没有机会成为世子。而且，刘不害是一个无能之辈，十分窝囊，智商经常不在线，刘安不喜欢他，刘迁也经常欺负他。

听到伍被和父亲的争吵，刘不害恍然大悟："原来我们家要叛变啊！"

于是，刘不害三步并作两步，回到房内，将这件事情告诉给了儿子刘建。

刘不害的儿子刘建是一个血气方刚之人，他不愿意像父亲那样被人欺负。朝廷颁布"推恩令"时，他认为自己的机会来了，只要父亲能被封侯，他就能拥有自己的地盘，那他一展宏图的机会就到了。但是，早就想造反的刘安不接受"推恩令"，这击碎了刘建的梦想。

虽然遭受了挫折，但刘建依然没有放弃自己的梦想，偷偷地结交一些能人志士，不断扩大自己的势力。刘迁知道了这件事后，狠狠地揍了刘建一顿，刘建于是更恨刘迁了。现在，父亲告诉他爷爷刘安要造反，他灵机一动，向汉武帝递了一个折子，但状告的不是刘安，而是世子刘迁。

为何刘建不状告刘安呢？因为刘安是他的爷爷，如果指控爷爷造反，他们家将会被满门抄斩，自己也会被杀头。而他状告世子刘迁，朝廷很可能会杀了刘迁，却不会连累到自己。到时候刘迁一死，世子之位就是他父亲刘不害的，那么以后的淮南王就是他了。

刘不害平时智商不在线，事实证明，他的儿子刘建同样脑子不够用。他没有想到的是，自己的折子只是一根导火线，朝廷的目标不是刘迁，而是整个刘安家族。

汉武帝收到了刘建的状告信后，再次派出廷尉，去捉拿世子刘迁。

刘安知道了这件事情后，立马慌了神，找来智囊伍被，逼着他给自己想一个造反的计划。

伍被先是苦口婆心地劝了一番，但刘安根本不听，他只好硬着头皮出了一计——伪造皇帝玉玺和各级官员印信，派刺客刺杀大将军卫青和丞相公孙敖，夺取兵权，发动叛乱。

刘安一听，十分开心，立马开始了伪造印玺的工作。突然，他想到了一个事情，问道："伍被，本王要发动天下百姓替本王征战，但怎样才能发动百姓呢？"

"这个啊，"伍被想了一下，说道，"王爷可以先伪造陛下的圣旨，说要迁豪强去充实边疆，逼得越厉害越好，他们无路可走了，就必然会叛变。然后再伪造文件，说朝廷准备把诸侯王的世子和文武百官们都抓起来做人质，如此将天下大乱，我们造反就有希望了。"

"这真是一个锦囊妙计！"

正当刘安称赞伍被之际，廷尉到了。刘安想先杀了他，但又想到朝廷派来的肯定不止一人，杀了他一个，不起任何作用。

此时，淮南王又把希望寄托在了儿子刘迁身上。刘迁武艺高强，同时性情暴躁，这次廷尉前来捉拿他，他怎么可能束手就擒呢？正在这时，忽然有人来报："王爷，世子听说朝廷派人前来捉拿他，吓坏了，准备自杀，我们将其救了下来。"

"什么？"淮南王差点气死了。这个刘迁，仗着自己世子的身份，平日里什么话大就说什么，看谁都不顺眼，就怕来真的。

这个意外事件，让淮南王阵营彻底瓦解。伍被趁机连夜逃走，去往京城，把淮南王想谋反的事情对汉武帝和盘托出，汉武帝立马派兵包围了淮南王的王宫。刘安吓坏了，认为已经无任何回旋的余地，于是自杀了。

淮南王一死，他的儿子刘迁、妃子也都被杀了。

就在淮南王的事情接近尾声的时候，衡山王刘赐也撞到枪口上了。衡山王的情况与淮南王的相似又相反，两件事情都是由两个诸侯王的儿子争夺世子之位导致的。不同的是，淮南王是因为不喜欢庶子导致庶子告密，而衡山王是因为不喜欢世子导致世子告密。

在这种情况下，汉武帝收到了一前一后两份折子。衡山王刘赐状告世子刘爽不孝，准备废掉长子刘爽，立幼子刘孝为世子。而世子刘爽状告其弟刘孝与刘赐的侍女通奸，并且私自制造兵车弓箭，暗示刘孝准备造反。

很容易看出，衡山王的世子刘爽的智商和淮南王的儿子刘不害、孙子刘建的智商不相上下。刘爽指控弟弟刘孝造反，那他父亲刘赐和他自己岂能脱了干系？

这个衡山王刘赐是淮南王刘安的亲弟弟，刘长的第三个儿子。在汉文帝时期，刘赐被封为庐江王，七国叛乱时，刘赐虽然没有参与，但与闽越的关系过于亲密。后来，汉景帝为了防止他们勾结，就把刘赐迁到了北边，让其做衡山王。

衡山王刘赐虽然与淮南王刘安是亲兄弟，但两人的关系并不亲密，几乎没有什么往来。刘赐不是一个有野心的人，之前刘安准备谋反的时候，他根本没想参与，反而一直提防着刘安，担心刘安吞并了他的地盘。

刘赐手下有一个通晓方术的谒者，名叫卫庆。汉武帝热爱方术就如同热爱自己的生命，卫庆知道后，便想去京城示好。

刘赐知道这件事情后十分生气，将卫庆抓了起来，对其进行严刑拷打，给他安了一个莫须有的罪名，准备处死他。当时，衡山国管理民事案件的内史是一个正直无私的人，他不同意衡山王刘赐冤枉人的做法。刘赐勃然大怒，给这个内史也安上了莫须有的罪名。这个内史不服气，把衡山王冤枉卫庆的事情向朝廷和盘托出。恰巧这时，有人向汉武帝上奏折，说刘赐强占民田，毁掉百姓的墓地。汉武帝派人调查一番后，将刘赐任命二百石以上官员的权力剥夺了。

西汉开国时，诸侯王大权在握，国中除了国相和太傅是由朝廷直接任免的以外，其余官员都由诸侯王自己任命。七国叛乱之后，为了加大控制诸侯国的力度，诸侯王只有任命国中二千石以下官员的权力。而现在，刘赐只有任命二百石以下官员的权力，这就相当于在朝中说得上话的人，他刘赐都没有任命的权力。汉武帝直接架空了刘赐，这让刘赐怨恨不已。

元朔五年（公元前124年），在去往京城觐见汉武帝的途中，刘赐去了一趟淮南国,和哥哥刘安促膝长谈,并与刘安和好了,准备一起叛变。但天算不如人算,叛变还没有开始,淮南王和衡山王两家的"后院"就双双起火,还真是亲兄弟共命运。

衡山王刘赐的第一个王后名叫乘舒,在生下两儿一女后便去世了,这三个孩子分别是刘爽、刘孝和刘无采。乘舒去世后,刘赐的宠妃徐来被立为新王后。当时,徐来有一个比较强劲的竞争对手,那就是刘赐的另外一个宠妃厥姬。厥姬在抢夺王后之位失败后,便十分怨恨徐来。她对太子刘爽说,他的母后之所以会死,是因为徐来对她施行了巫蛊之术。刘爽没有调查便相信了,对徐来那叫一个恨。一次,刘爽趁着酒劲,用剑刺伤了徐来的哥哥。如此一来,刘爽和徐来更是水火不容。

刘无采刁蛮任性,出嫁没过多长时间,就因为出轨被夫家休了。回到宫中后,她不仅没有自我反省,反而变本加厉,经常和家中的仆人、客人通奸。刘爽对这个妹妹十分不满,两人经常发生冲突,一度要到了断绝兄妹关系的地步。

徐来十分痛恨刘爽,见这兄妹三人不合,十分开心,有意讨好刘孝和刘无采两人,让他俩故意恶心刘爽。乘舒去世的时候,刘孝和刘无采还小,可以说他俩是在徐来身边长大的,因此两人和徐来的感情还不错。刘孝虽说与刘爽没有直接冲突,但作为次子,他希望借助徐来之手将世子之位抢夺过来。

在利益与冲突的推动下,刘孝、刘无采和徐来站在了一条战线上,开始在刘赐面前百般中伤刘爽。时间长了,刘赐自然讨厌起刘爽来。

一次,刘赐的下人受伤了。在徐来的中伤下,刘赐误认为是刘爽对自己不满,故意欺负自己的下人,于是不管是非曲直,对刘爽一顿痛骂,父子俩的关系降到了冰点。

不久后,刘赐突然生病,刘爽不愿去看望,而到了徐来、刘孝和刘无采的嘴里,就变成了刘爽听说刘赐生病,高兴得不得了。刘赐一听,勃然大怒,叫嚷着要废掉刘爽的世子之位。

徐来呢,也在打着自己的小算盘。她联合刘孝、刘无采兄妹,确实是想把刘爽从世子之位上拉下来,但并不是为了扶植刘孝,而是为了扶植自己的儿子。当感到刘爽的世子之位不保时,徐来就把敌人换成了刘孝,刘孝和刘无采兄妹也是被徐来当枪使了一回。

徐来身边有一个国色天香的侍女,能歌善舞,而且已经是刘赐的人了,只是刘赐还没来得及给她一个名分。徐来便偷偷让这个侍女去勾引刘孝,以此来激怒刘赐。

刘爽见自己世子之位不保，便找来了好友白嬴，商量下一步该怎么走。

两人商量来商量去，最后商量出一个他们自认为是妙计的办法：由刘爽亲自去搞定徐来，事情也许还有转机。

白嬴对刘爽说："兄弟，你一表人才，只要对徐来表示你对她很感兴趣，她肯定会很开心。只要她成了你的女人，你还愁世子之位不保吗？"

听了白嬴的这个馊主意后，智商不够用的刘爽拿起镜子看了看，觉得自己的确是魅力四射。为了世子之位，他决定暂时牺牲一下自己的色相，去勾引那个让自己厌恶的女人。

终于，这个机会来了。徐来的生日到了，刘爽对她发出邀请，徐来答应了。

徐来坐下后，刘爽上前敬酒，趁机一把抱住徐来，表示对她有意思。但没有想到的是，徐来根本不答应，骑虎难下的刘爽准备强来，但徐来拼命抵抗，很快就逃脱了刘爽的魔掌，跑到刘赐那里告状去了。

刘赐一听，立马派人将刘爽抓了过来。到了这个时候，刘爽什么也顾不上了，准备来个鱼死网破。他高声地对刘赐说：

"我们这一家子都不是什么好人，徐来这个歹毒的女人害死了我母亲，刘孝与父王的姬妾乱伦，刘无采和家中的用人乱来。父王你呢？也在准备叛变。不要以为我什么都不知道，如果你想废掉我的世子之位，那你随意，大不了大家同归于尽！"

说完，刘爽转身就走。刘赐愣了半天才缓过神来，派人将刘爽抓了起来，并将其锁在王宫里。

两年过后，刘赐向汉武帝上书，请求废掉世子刘爽，立次子刘孝为世子。刘爽听说后，又找来了自己的猪队友白嬴，让他偷偷去京城，向汉武帝告状。

汉武帝就在这样的情况下，收到了两份让大家哭笑不得的奏折。他派出廷尉，准备将谋反之人刘孝缉拿归案。廷尉按照汉武帝的指示，对刘孝说："现在你被你哥刘爽指控，说你私造武器，这可是犯了死罪。但按照大汉的法律，只要你主动认罪，并勇敢地举报共犯，就能免除刑罚。"

刘孝比刘爽更傻，一听说自首、举报可以减刑，便乱举一通，有的说出来，没有的硬编出来，结果牵扯到的人越来越多。最后刘孝发现，如果不说出父亲刘赐，就很难自圆其说了。

可怜的衡山王和淮南王一样，有造反的想法，但根本没有造反的智商。

最后的结局是，眼见东窗事发，刘赐便走了哥哥刘安的老路，自杀了。徐来因为谋杀前王后，刘爽因为不孝顺父亲，刘孝因为与父亲的姬妾乱伦，全被杀了。

真是一个鱼死网破，大地白茫茫一片，干净了。

汉武帝将两大诸侯王连根拔起，被牵连而诛杀的人多达几万。

处理完刘安和刘赐的事情后，汉武帝便把目光对准了江都王刘建。

这个江都王刘建是刘非的儿子，而刘非是汉景帝的儿子。刘建这个人十分荒唐，穷凶极恶，还是世子的时候，他就和父亲的多名姬妾乱伦，还经常干出一些伤天害理的事情。据说有一次，刘建带着一帮随从在雷陂一带玩耍，突然天降暴雨。刘建心血来潮，找来一条小船，逼两个随从驾船前往湖中央。最后，小船不抵狂风暴雨，翻了，两个随从落入水中，而刘建站在岸边，观看了两个随从被淹死的整个过程，然后哈哈大笑。

刘建第一次被人举报时，老江都王刘非还活着。邯郸人梁蚡准备把女儿献给刘非，没想到被刘建截了胡，强行霸占了梁女。

梁蚡十分不满，四处对人说："这个刘建太无法无天了，连父亲的女人也抢，不是一般的差劲。"

刘建听到传言后，便派人去杀梁蚡。梁家人十分气愤，向朝廷举报，但正好赶上朝廷大赦，这事就这么过去了。

刘建第二次被人举报，举报人是他那同父异母的弟弟刘定国。刘定国的母亲非常希望将刘建从世子之位上拉下来，然后由自己的儿子刘定国取而代之。她发现刘建和自己的妹妹刘徽君私通，十分开心，于是将此事告诉给儿子刘定国。刘定国花钱雇了一个名叫荼恬的人，到朝廷去举报刘建。

这个案件由廷尉调查处理，廷尉十分认真负责，对举报人荼恬一番拷打，逼供道："说，是谁让你举报刘建的？你要是不说，我就打死你！"荼恬被打得死去活来，最后实在扛不住了，只好供出了自己收钱替刘定国举报刘建的事情。

很快，廷尉做出了判决：荼恬收钱举报，将其斩首。江都王刘建和自己的妹妹乱伦，那属于私生活，没有打扰到别人，不予论罪。

经过几次"劫后逢生"，刘建更加肆无忌惮起来：他将宫女关起来，不给她们饭吃，观察她们是如何被活活饿死的；他还强迫人与狗或者羝羊交配，想看看人和动物交配后会生出什么怪物来。

刘建的这些兽性可谓"前无古人，后无来者"，在当时已经激起了民愤，汉武帝却无动于衷。那是因为这个变态诸侯王并不会威胁到他的权力，他自然漠不关心。

在淮南王和衡山王的事情爆发后，刘建有一种不好的预感，感觉到自己的末日要到了。他逢人便说："陛下的诏令迟早要下来，我觉得自己活不长久了。那不如趁我还活着的时候，把我想干的事情都干了。"

于是，刘建暗地仿造汉武帝和文武百官的印鉴，制造武器，准备联合其他诸侯王一同造反。结果，元朔二年（公元前127年），刘建被人举报了，汉武帝派人缉拿刘建。刘建见这次是死罪难逃，便学着淮南王、衡山王自杀了。

刘建虽然死了，但他造的孽全让他家人受了——他的家人均被杀弃市。

不过，汉武帝留下了一个活口，那就是刘建的女儿刘细君，这是汉武帝为匈奴人准备的礼物。

此后，刘细君被汉武帝远嫁乌孙国，为汉武帝联合乌孙国抗击匈奴贡献了一份力。

汉武帝凭借一己之力，将三个诸侯王连根拔起。

在"推恩令"的影响下，各诸侯王接连失去势力，困扰西汉几十年的诸侯割据问题终于得到了彻底解决，汉武帝终于将诸侯手中的权力一点点地收了回来。

重用酷吏张汤，维护君主专制

在汉武帝时期，张汤是最为著名的酷吏，与赵禹为汉朝制定了很多严厉的法律，主张严刑峻法。在对匈奴作战时期，张汤建议汉武帝增加货币的发行量，垄断铁盐生产，以此恢复经济，充实国库，并且极力打压豪强诸侯，颇受汉武帝的宠信。汉武帝重用酷吏，是为了维护君主专制；杀酷吏，同样是为了维护君主专制。

为了维护皇权，实现君主专制，汉武帝大肆任用酷吏。所谓的酷吏，有两个特点，那就是在执法上无情，以及在追责上严酷。从客观上来说，酷吏对帝国的统治是有利的。能够成为酷吏的人一般都政绩突出，还比较清廉，他们对待贵族豪强毫不留情，相对而言，对待百姓则仁慈一些。

在汉武帝时期，从本质上讲，酷吏是他的枪。汉武帝想对付谁，酷吏就对准谁。特别是与汉武帝沾亲带故的王公贵胄，考虑到人情、舆论等压力，汉武帝可能不方便出面，这时就轮到酷吏上场了。因此，他们往往能受到汉武帝的重用，在官场上平步青云。

在历朝历代，酷吏都有着凄惨的命运，事情做得好，是皇帝的功劳；事情做得不好，就是皇帝的替罪羊。有时为了安抚文武百官、天下百姓，有时为了维护自身形象，酷吏很可能沦为皇帝巩固权力的牺牲品。

在汉武帝时期，最有名的酷吏当数张汤。《史记》记载了一件关于张汤小时候的事情。事情是这样的：在张汤小时候，他父亲担任长安县县丞。某天，家里的肉被老鼠吃了。父亲回来时发现肉不见了，十分愤怒，认为是张汤偷吃了，便把他狠狠地揍了一顿。张汤没有为自己辩解，而是等父亲揍完他之后，去搜集老鼠的罪证。他四处搜索，找到老鼠洞并挖开，捉到了那只偷吃的老鼠，并把还没有吃完的肉拿了出来。等准备工作做完后，他就摆了一个简易公堂，模仿平日里看到的审判官判案的样子，开始审起"罪人"来，最后还一本正经地宣布了老鼠的罪行，并将其"五马分尸"。父亲见儿子审案的流程如此完整，十分惊讶，觉得他有当官的天赋，就有意培养他，让他学习断案。从此，张汤就走上了刀笔小吏的人生道路。

后来，田蚡担任丞相时，张汤被征召为丞相史，后被推荐给汉武帝。在田蚡的赏识下，张汤从一个小吏一跃而成为御史。

陈皇后阿娇的"巫蛊案"爆发时，主审官就是张汤。当时的张汤已经敏锐地察觉到了汉武帝的意图，就是想要废掉陈皇后，因此他才对此案严查严办。对于张汤办理此案的速度和态度，汉武帝十分欣赏，认为他很能干，于是将他提升为太中大夫。从此，张汤正式成为汉武帝的心腹之一，踏上了飞黄腾达的道路。

在汉武帝的授意下，张汤同另外一名名叫赵禹的酷吏合作，为汉朝制定了很多严厉的法律。当时，赵禹担任少府，而张汤被升为廷尉，两人的关系十分要好。赵禹清高孤傲，是一个清官。当官以来，他家中没有门客，朝中的文武百官纷纷对赵禹发出邀请，但赵禹从不回应。他杜绝亲友、宾客的邀请，为的是在办案的过程中能够坚持自己的主张，而不受干扰。

张汤这个人就狡诈多了，在担任小吏的时候，便与长安大商人鱼翁叔、田甲等人保持着密切的关系，等到担任九卿的时候，他又开始结交全国各地有名的士大夫。面对汉武帝时，他知道汉武帝喜欢儒学，于是每次判案的时候，就强行扯上儒学的观点。一旦遇上十分复杂的案件，他都会先去探下汉武帝的口风，看他对这案件的看法，然后依照他的态度来判决。所以，他每次办理的案件都会得到汉武帝的夸赞。

对于汉武帝的决定，张汤从来不说"不"。如果上报的案件，汉武帝说不好，张汤就立马认错。特别是对待汉武帝亲自交代的案件时，张汤会先去挖掘他的真正意图。如果汉武帝想从轻处理，张汤就将案件交给忠厚老实、秉公办事的主审官；如果汉武帝想要严惩某人，张汤就会将其交给严酷的主审官。

张汤十分在意自己的名声，为了让自己声名远扬，得到百姓的一致好评，在打击豪强势力方面，可谓下了一番苦功夫。但更多的时候，张汤考虑的是汉武帝的意愿。即便如此，张汤依然获得了百姓的一片称赞。据说有一次张汤生病，汉武帝还亲自去张汤家中慰问他，可见汉武帝对张汤的重视。

与匈奴开战，也可以说是汉武帝一生中最为自豪的事情之一。在大汉数次打败匈奴后，匈奴单于派使者觐见汉武帝，表达和亲的想法。对于到底和不和亲，汉武帝心里没底儿，然后按照老规矩，开了一场朝廷会议。

在会议上，丞相长史张敞想在汉武帝面前展示一下自己的"过人才智"，于是站出来，说道："陛下，我坚决反对和亲。"

"说说原因。"汉武帝说道。

"陛下，我军与匈奴开战数次，已经把匈奴打怕了。只要再来几次小规模的战役，我大汉就能彻底消灭匈奴了。与他们和亲，根本没有这个必要。"

"不和亲，那我们该怎么做呢？"

"容易，我大汉应该抓住这个机会，向匈奴输入我国的先进文化，让他们和我们一般，臣服在陛下的脚下。简而言之，我们要让匈奴成为我大汉的附属国。"

"这太合朕意了。"汉武帝龙颜大悦，"张敞，这个计划的方案就由你来负责了。"

"方案？陛下，微臣也没有方案。陛下，微臣觉得不用什么方案，派一个能说会道的人前往匈奴，说得匈奴诚心来投降，就可以了。"

"能说会道？诸位爱卿，谁有这个本事？"

文武百官纷纷表态："陛下，臣等举荐张敞，他既然有这样的想法，必然已经胜券在握了。臣等愚笨，比不上他。"

汉武帝一听，开心地说道："张敞，那就有劳你去一趟，朕等你的好消息。"

张敞顿时石化了，只好回家收拾行李上路了。

到了匈奴单于伊稚斜那里，张敞劝道："大单于，想必我大汉的雄风，你一定已经见识到了。因此，你们匈奴人应该学习我汉朝的先进文化。如果你抓住这次机会，让匈奴成为我大汉的属国，想必匈奴人会后福无穷的。"

伊稚斜愣住了，反问道："你是不是搞错啦？我让你家天子给我送几个国色天香的公主来，他却给我送来了一个抠脚大汉。既然你家天子这么没诚意，那你就留下，为你家天子承担后果吧。"

"大单于，不能这样啊，一人做事一人当……"

张敞就这样被扣留了。

拒绝和亲的张敞被扣留后，主张和亲的人中，一个名叫狄山的博士站了出来，向汉武帝上了一个折子，主张与匈奴讲和。汉武帝看后十分生气，就问张汤："你对狄山的这个建议有什么看法？"

张汤太了解汉武帝了，一听汉武帝的语气就知道他对狄山不满，于是说道："狄山是一个蠢笨之人，他什么都不懂，陛下不用在意。"

蠢笨之人最讨厌别人说他笨了，朝堂上的狄山听了张汤对他的评价后勃然大怒，反击道："陛下，微臣是傻，但忠心，不像张汤，虽然身为御史大夫，却是一个奸诈小人。"

这回，汉武帝更是一脸的不高兴，于是问狄山："你对朕忠心耿耿，是真是假？"

"臣对陛下的忠心，日月可鉴。"

"那好，朕命你去做一郡之长，你能抵抗住匈奴的进攻吗？"

狄山一愣，自己是一个书生，一次战场也没有上过，怎么抵抗得住匈奴的进犯呢？于是，他赶紧摇了摇头，说道："陛下，微臣做不到。"

"那么，朕让你去管理一个县呢？"汉武帝问道。

狄山还是摇了摇头，说道："陛下，微臣还是做不到。"

"那么，朕让你管理一个要塞呢？"

见汉武帝的脸色越来越难看，狄山明白，汉武帝给他设了一个圈套，如果自己再拒绝，汉武帝肯定会让他去前线当一个小兵，以供匈奴人磨刀之用。无可奈何之下，狄山只好硬着头皮说："陛下，微臣能守住一个要塞。"

"好。你这种只会读书的人，朕喜欢。你马上出发，去守要塞吧。"

只会读书的狄山，就这般被打发去守一座边关要塞去了。一个月的时间不到，狄山就被匈奴杀死了。

百官大惊，从此以后，谁也不敢与张汤对着干了。这件事情也表明，酷吏时代已经到来。

丞相李蔡死后，丞相之位出现了空缺。此时，朝堂上威望最高的便是张汤了。这个时候，汉武帝召见张汤，问他："张汤，你说朝堂中，丞相由谁来当比较好？"

张汤自认为是丞相之位最合适的人选，但他同时明白做人要低调这个道理。

"陛下，由谁来担任丞相，事关重大，请陛下让微臣好好想想。"

张汤从朝堂中走出来后，立马去找太子少傅庄青翟。庄青翟的祖辈虽然也与刘邦一起打过天下，但并没有立下过什么大功，是凭借读书才勉强在朝堂上站稳脚跟的。

张汤问庄青翟道："我对你怎么样？"

"张大人对我没话说。"

"如果我有求于你，你会帮我吗？"张汤又问。

"上刀山下火海，我都愿意。"

"那好，我现在就有一件事情需要你帮忙。刚才，陛下问我谁适合当丞相，我准备推荐你。"

"太感谢张大人了，你是我的大恩人……"庄青翟欣喜若狂。

张汤大为诧异："等等，我的话还没有说完呢。你觉得自己能胜任丞相之职，是吗？"

庄青翟一怔，反问道："怎么就胜任不了呢？"

张汤说道："人要有自知之明。"

庄青翟更为诧异了："张大人，我怎么听不懂呢？你把话说明白。"

张汤说道："你看你这脑子，如何能胜任丞相之职呢？现在，你担任太子少傅，如果不是我平日里罩着你，你早就被轰走了。我就直说吧，你没有做丞相的才能。因此，我偏偏要在陛下面前推荐你，陛下的态度也不用想，肯定是不同意。你呢，就对陛下说，自己的能力不够，还需要学习，坚决不接受。接着，你就推荐我，我的资格比你老多了，这个丞相不由我来做，简直天理不容啊。"

庄青翟叹了口气，失望至极。

张汤继续滔滔不绝地说道："如此一来，你的谦虚，你的自知之明，会给陛下留下深刻的印象，这对你日后的事业大有帮助啊。说不准哪天，你也会和我一样，当上丞相的。"

庄青翟终于明白了过来，说道："我知道了，张大人的意思是，你在陛下面前推荐我，我再推荐你，是吧？"

"聪明。"张汤说道。

"好吧，那就按照张大人的意思来。"

于是，张汤开心地把庄青翟带到汉武帝面前，说道："陛下，微臣想了又想，终于找到了一个适合当丞相的人。"

"是何人？"

"太子少傅庄青翟。"张汤故意将"太子少傅"四个字说得很大声，意在提醒陛下，庄青翟是一个书呆子，是百官中最不适合当丞相的人。

但汉武帝没有领会到张汤的意图，转身对庄青翟说道："庄青翟，你有没有当好丞相的信心？"

"庄青翟谢过陛下的知遇之恩，臣一定竭尽全力，为陛下分忧解难。"庄青翟大声说道。

汉武帝说道："这样最好。"

庄青翟并没有按照张汤的剧本来，而是借坡下驴，一口答应了下来。站在一旁的张汤顿时傻掉了，等回过神来，他恶狠狠地看着庄青翟，心想："庄青翟，你这个不要脸的，看老子以后不弄死你。"

在打算弄死庄青翟的时候，张汤发明了一项既荒唐又残酷的罪状，叫作"腹诽之罪"，第一个受害者是大司农颜异。

颜异，在朝中人脉不广，但有着深厚的背景。他是孔子最优秀的门生颜回的第十代孙子，年轻的时候担任过亭长，因为为人正直清廉，他得以官至九卿。

这些年来，汉武帝一直在与匈奴开战，而战争是非常烧钱的，长时间下来，国库出现了亏空。汉武帝想来想去，发明了一种专门卖给藩王、列侯的新型货币。

这种新型货币名为"白鹿皮币"，是由白鹿的皮制作而成，它最大的优势是无法仿造，因为当时只有汉武帝的御苑才有白鹿。

汉武帝强行规定，藩王列侯们来觐见天子时，必须先购买这个皮币，作为献给天子礼物的陪衬。

这"白鹿皮币"价格昂贵，一张要四十万钱。说直白点，汉武帝是想从藩王列侯们那里勒索钱财，以此来充实国库。

汉武帝让张汤负责皮币的制造，但张汤只懂法律，不懂货币学。于是，他来找大司农颜异。大司农是掌握全国经济的，在制造发行货币上比较有发言权。

等张汤说完自己的来意后，颜异十分诧异，问道："为何要制造这种钱币呢？"

"这是钱啊，难道你不喜欢钱？"张汤反问道。

"治理国家，先要讲信用。弄一张白鹿皮，定一个高得吓人的价格，这样就能让国家强大起来，真是可笑。"颜异回答道。

"你是说，这白鹿皮币属于溢价发行？"

"当然了，一张鹿皮能值几个钱？谁竟然敢狮子大开口，要价四十万？！藩王列侯们进献的上好的美玉，也就只值几千钱。再说了，这白鹿皮币只不过是陪衬而已，没必要把陪衬弄得比礼物贵重。"

张汤说道："我明白了你的意思，等我去问问陛下。"

张汤把颜异的话一句不差地告诉了汉武帝。

汉武帝勃然大怒："朕就知道，每当国家施行什么好的措施时，总有一些存心不良的人跳出来无事生非。颜异这个人，早就对大汉朝廷不满了。好了，这件事情就由你来处理吧。"

"陛下，臣知道了。"

张汤派人去朝廷告发颜异，说颜异犯了法，就这样，颜异被抓了起来。他立在堂下，对张汤破口大骂："张汤，你这个奸诈小人，不就是想诬陷我吗？我告诉你，没那么容易！"

张汤看着他，说道："颜异，你把我看成什么人了？我张汤办案，一向用事实说话。我既然是这起案件的主审官，就一定会做到公平、公开、公正，让你心悦诚服的。"

颜异一脸严肃地问道："那好，那张大人说我犯了什么罪行？"

"颜异啊，你自己应该清楚啊，等我亲自说出来，就没意思了啊。"

"张大人这么说，我就更好奇了，请张大人亲自说出我到底犯了什么罪行！"

张汤翻了一个白眼，说道："颜异，你是不见棺材不掉泪啊。前几天，有人上你家拜访你，那人说陛下政令严苛，对待百姓极其残酷，有没有这件事情？"

颜异说道："当时在场的只有我们两个人啊……我明白了，那个人是你派来的，对不对？专门引诱我进圈套！"

张汤大声斥责道："你只用说，有没有这件事情？"

"有。"

张汤说道："你承认就好。当那个拜访你的人诋毁天子政令时，你有反应没？"

"没有。"

"嗯？没有？"张汤问道。

"你去把那个人叫过来，我与他当面对质，我当时可是一句话也没有回。"

张汤拍案而起，说道："但是，当时你撇了一下嘴。"

"我撇了一下嘴？"颜异反问道。

"是的。"

"就算撇了一下嘴，那又能证明什么呢？"

"证明你不满陛下的政令，腹诽陛下的政令。"

"你在说笑呢？你说我腹诽陛下的政令，我就腹诽陛下的政令？难道你是我肚子里的蛔虫，还知道我在想什么？"

"你承认啦？"

"我承认什么？张汤，这就是你审案的方式？你这纯粹是在栽赃诬陷，并且我大汉根本没有腹诽这条律令！"

"颜异啊，不好意思，我昨晚已经请示过陛下，今天早上刚刚加上了腹诽罪。"

"大胆张汤，你捏造律令，陷害忠良之士！"

张汤拍了一下惊堂木，宣布道："大司农颜异，明明知道政令有不当之处，不向陛下奏明，而是在心中诽谤，犯了腹诽之罪，论罪当诛。"

颜异就这样被处死了。从此之后，文武百官个个心惊胆战，不管见到什么人，脸上都堆满了笑容，生怕被人控告犯了腹诽之罪。

公元前 115 年，张汤成了汉宫一起惊天大案的主角，让人见识到了他的厉害之处。

这起惊天大案的导火线是一个名叫鲁谒居的小人物，他是张汤手下的工作人员。张汤有两个班子，一个是"活命组"，一个是"死亡组"。从名字上看，进入"活命组"的罪犯，最后一定会被无罪释放，即使是当着众人的面杀了人；而进入"死亡组"的罪犯，只有死路一条。

而鲁谒居，就是张汤"死亡组"的骨干人员，他的职责就是到涉案人员的家中，当着涉案人员的面骂朝廷政令，如果涉案人员附和了，这罪名就落实了。不附和也没事，一条腹诽罪，照样能把人送进地狱。

除了给汉武帝当枪使以外，张汤也有自己的仇人，譬如御史中丞李文。李文是河东人，以前与张汤有一些矛盾，成为御史大夫后，他利用手中的职权从官文中寻找张汤做过的不光彩的事情，然后大肆宣扬，企图扳倒张汤。

看到李文盯自己这么紧，张汤叫来了鲁谒居，对他说："谒居啊，这个李文问题不小啊，每天盯我盯得这么紧，我还怎么安心干事呢？你啊，把手中的事情放一放，先处理这件事情吧。"

在张汤的授意下，鲁谒居立马去拜访李文，回来就偷偷找一个人给汉武帝递了一个匿名的折子，控告李文违法乱纪。就这样，李文落入了张汤的手中，被张汤所杀。

张汤杀的人很多，汉武帝从来不过问。但这次，他召见了张汤，问道："你认为这个匿名状告李文的人，是怎么知道李文干了违法乱纪的事情的呢？"

张汤先是心中一惊，然后装作一副思考的样子，说道："陛下，这状告李文的是他的一个旧相识，对他干的那些龌龊事一清二楚。"

汉武帝的怀疑让张汤十分慌乱，他每天吃不好，喝不好，生怕有人把自己陷害李文的事情捅出去。目前，这件事情只有鲁谒居知道，他得先堵住鲁谒居的嘴。于是，张汤马不停蹄地往他家赶。

张汤来到鲁谒居家，诧异地发现，他已经身患重病，马上要死了。张汤的眼泪当时就掉了下来，说道："谒居啊，你这病纯粹是累出来的呀。就说最近颜异的那个案子，要不是你细心，看到他嘴角往下撇，谁会注意到呢？为了那个案件，你整整七天没休息，饿了就啃馒头、喝凉水，困了就趴在桌案上。哪怕是铁打的身体，也经不起这么折腾啊。"

鲁谒居见此也开始掉眼泪，说道："大人，我没什么，勤勤恳恳那么多年，能够得到大人这番公正的评价，也算知足了。"

两人抱头痛哭，张汤接着哭泣道："陛下啊，陛下啊，你知道吗？为了大汉的千秋万代，为了消灭一直对我们虎视眈眈的匈奴，为了筹集战争经费，你让我们制定出严苛的律法。现在好了，仗是打赢了，百姓们对前线的将士感恩戴德，而骂我们是杀人不眨眼的酷吏。可他们不想想，谁不想当个好人，谁愿意当一个遭人唾弃的坏人？谒居啊，我觉得我们真的好冤枉啊。"

哭完，张汤扶着鲁谒居到床榻上，让其躺平，问道："谒居啊，我看你这个样子也活不久了，你还有什么心愿没有完成，直接告诉我，我来帮你完成。"

鲁谒居一听，又开始流泪，说道："大人，我只希望我们大汉能够国泰民安下去。哎，我的脚好痛……"

张汤一看，发现鲁谒居的脚已经肿成了一个馒头。

"谒居，这是淤血吧？"

"大夫说这是因为我长年累月在阴暗潮湿的房间里工作，趴在桌子上写材料，不经常活动，导致淤毒没有排出去。"

张汤叹了一口气，说道："这是我们这一行的职业病啊。现在我的脚也肿了，每天都备感疼痛。"他边说边替鲁谒居揉了揉脚。

第二天，张汤上朝，发现前面一个人在不紧不慢地走着，然后他突然回头，朝张汤微微一笑。张汤如同遭遇了重击，有些站不稳。

这个人是朝中文武百官都惧怕的刘彭祖，他是汉景帝的儿子，汉武帝同父异母的哥哥，比汉武帝大十岁。

刘彭祖性情温和，身上有一种女性美，平时说话都是不紧不慢的，算得上一个安静的美男子。他先被封为广川王，后又被封为赵王。刚开始的时候，有不少人愿意去他那里做国相，但让人诧异的是，所有给他当国相的人，在两年之内，要么自杀，要么被人控告行不轨之事。

刚开始的时候，张汤对刘彭祖的印象非常好。但有一年，主父偃凭借一己之力灭了燕国和齐国，当时诸侯王个个心惊胆战、束手无策，只有刘彭祖挺身而出，除掉了主父偃。

这件事让朝中的文武百官都对刘彭祖敬佩有加，说他是一个正直的诸侯王。只有张汤意识到，刘彭祖表面上给人一种和善、友好、正义的印象，其实是一个心狠手辣之人。

主父偃收受贿赂，从来只有当事人知道，但刘彭祖竟然也知道。

张汤审判刑事案件多年，凭借经验，他明白刘彭祖在朝廷上下都布下了眼线，因此他才得到了主父偃的罪证。也是那个时候，他突然明白了为何刘彭祖的国相任期从来没有超过两年的。事实是，每当一个新的国相来到刘彭祖身边，他要么派人勾引国相做违法的事情，要么搜集国相犯罪的证据。等掌握了国相犯罪的证据时，他便威胁对方替他办事，否则就向朝廷举报。

朝中的文武百官对此一无所知，只有具备丰富办案经验的张汤心知肚明。至于汉武帝是否知道，张汤心里也没底。张汤与刘彭祖有过纠纷，元朔四年（公元前125年），为了充实国库，汉武帝曾收回盐铁事务的经营权，当时刘彭祖十分不满，强烈反对过。张汤为了讨好汉武帝，站了出来，在朝堂上使出浑身解数抨击刘彭祖，二人由此结下了梁子。

张汤从鲁谒居家中出来的第二天，就在觐见汉武帝时遇到了刘彭祖。在朝堂上，刘彭祖又朝他嫣然一笑，任何人见到这种纯净的笑容，都会开心起来，张汤却感受到了阵阵寒意。

然后，张汤就听到了刘彭祖温柔平静的声音：

"启奏陛下，臣有一事不明白。"

"赵王，你有什么事情不明白？"

刘彭祖缓慢地转身看着张汤说道："御史大人张汤身居高位，而鲁谒居仅仅是一个侍从。但是昨天，张大人去了鲁谒居家中，亲自为鲁谒居做足浴。臣想不明白，张大人为何要做出这样一件让人震惊的事情来。我觉得他一定是心里有鬼，或者是做了亏心事。"

顿时，朝中文武百官的目光齐刷刷地射向张汤。张汤瞠目结舌，呈木鸡之态。当时在鲁谒居家中，只有他和鲁谒居两个人，并没有第三个人。

但是，这件事情竟然被刘彭祖知道了，他是怎么知道的？张汤这辈子审过不少案件，从来没有想到最难解的案件竟然让自己遇到了。这刘彭祖难道是鬼？张汤此时除了惊讶还是惊讶。这时，汉武帝凛然正气地问张汤："张爱卿，可有此事？"

此时的张汤已经是六神无主，只是机械地回答说："陛下，有。"于是，汉武帝马上下达了缉拿鲁谒居的命令。

张汤失魂落魄地坐在了地上，心想："这次算是完犊子了，我是跳进黄河也洗不清了。"

廷尉带着侍从冲进鲁谒居的家中，恶狠狠地喊道："鲁谒居，出来！"

屋内只有呜咽的声音，令人毛骨悚然。

廷尉进入内屋，发现鲁谒居已经死了，家人正跪在床前，呜呜地哭着。

廷尉立刻回来向汉武帝汇报，汉武帝看着张汤，说道："张爱卿，不错啊，现在是死无对证了。"

张汤惊慌失措起来，说道："陛下，微臣发誓，微臣与鲁谒居之间只有工作上的关系，绝对没有私情。他死于劳累，跟微臣没有任何关系啊。"

汉武帝威严地下令道："传令缉拿鲁谒居的弟弟。朕和赵王一样，十分想弄清楚，这到底是怎么一回事？"

此时的张汤心如死灰，内心呐喊道："陛下啊陛下，我在你身边服侍了你多年，你还不了解我吗？这种事情，你为什么问别人而不问我呢？哎，陛下，你还是不相信我啊！"

张汤正一声不吭地返回衙司，与被缉拿的鲁谒居的弟弟遇上了。张汤心想："这件事情因我而起，我一定要竭尽全力去救他。"

张汤朝鲁谒居的弟弟挤了挤眼，暗示他别着急，他会救他的。但鲁谒居的弟弟不晓事，见状立马大喊起来："张大人，我是鲁谒居的弟弟，我没有犯下任何过错，大人快替我做证，让他们放了我，我求你了！"

张汤又冲他挤眉弄眼，暗示他别冲动。

鲁谒居的弟弟一下子急了，大喊："张大人，我是鲁谒居的弟弟，你为什么装作不认识我啊。不要再挤眉弄眼的了，替我说句话啊！"

鲁谒居的弟弟太不聪明的样子，这让张汤有点难堪，为了不惹人怀疑，他径直走开了。鲁谒居的弟弟一见，更着急了，生气地叫嚷道："张大人，你属狗的吧，这么快就装作不认识我啦？你要是不救我，我就把你逆谋造反的罪行供出来！"

经鲁谒居的弟弟这么一折腾，局面已经完全失去了控制。

鲁谒居的弟弟埋怨张汤装作不认识他，就向朝廷举报了张汤，说他和自己的哥哥联合起来诬陷御史中丞李文，并犯下了逆谋造反的罪行。

汉武帝把张汤的案件交给了一向与张汤不合的酷吏减宣来审理，减宣的代表作是主父偃灭齐、燕两诸侯国案件。主父偃死得那么快，主要还是遇到了减宣。而他和张汤一向不合，谁都认为自己是酷吏这一行里最厉害的，谁也看不惯谁。现在，张汤落入了减宣手中，他发誓一定要让张汤死得很难看。

但减宣马上意识到，这大概是他这辈子遇到的最难审判的案件，因为在搜集到可靠的证据之前，他无法将张汤缉拿归案。于是张汤每天正常上下班，并按照惯例参加日常会议，与减宣开展工作，与汉武帝讨论国家事务。

在这个关键时刻，一件奇怪的事情发生了——汉文帝陵园陪葬的钱币不知被哪个胆大妄为的家伙偷走了。发生此等重大的事情，负责人丞相庄青翟以及御史大夫张汤都脱不了干系。两人立马坐在了一起，商讨如何向汉武帝汇报。

自从上次张汤假装推荐庄青翟为丞相，却不曾想庄青翟借坡下驴后，张汤和庄青翟就结下了梁子，谁也不愿意理谁。

张汤一直想找个机会除掉庄青翟，但世事难料，庄青翟那边风平浪静，自己这边却半路杀出了几个政敌，难以招架。现在，两人不得不再次坐在一起，这让张汤恨得牙痒痒。

张汤首先发话了："先帝的陵园被盗，事关重大，丞相大人准备如何处置呢？"

"现在的人真是胆大包天，什么都敢写，市场上竟然还有关于盗墓的书籍发行，人们看了后，肯定会蠢蠢欲动的。这件事情已经发生了，我觉得应该先整顿文化市场。"

"一日不见，丞相大人让人刮目相看啊，我张汤实在是佩服，需要向丞相大人学习。"

"张大人过奖了。"庄青翟听得心花怒放。

张汤接着说道："那就这样吧，我们先去向陛下汇报，陛下很可能已经得知了消息，咱俩汇报迟了，恐陛下追究责任。"

"好，那咱们一起去。"庄青翟建议道。

到了汉武帝面前，丞相庄青翟先上前承认错误："陛下，先帝陵园被盗，微臣要负主要责任，微臣虽然之前已经有所警觉，但因为……"

汉武帝看了张汤一眼，张汤立马上前跪拜："陛下，这件事还真不怪丞相，虽然丞相早就发现市场上在卖关于盗墓之类的书籍，知道一定会发生盗墓这样的事情，但谁又料到盗贼如此胆大包天，竟然偷先帝的陵园呢？"

汉武帝脸色铁青，说道："知道这种事情会发生，而不做任何防范。庄青翟，你太让朕失望了！"

庄青翟心惊胆战。

自从上次得罪了张汤后，他就知道张汤一定会报复，所以一直夹着尾巴做人，不让任何把柄落在张汤手里。但刚才的短暂会面，自己只说了一句话，就被张汤利用了，还被诬告成了罪犯，这张汤简直太可恨了。

汉武帝发话了："庄青翟，你要配合张汤，把这件事情调查清楚，知道了吗？"

"微臣领旨。"庄青翟躬着身体，然后退下了，内心对张汤翻了无数个白眼。

为了出这口恶气，庄青翟立马展开了行动——邀请三个在他手底下做事的长史吃饭。三个长史中最为出名的是朱买臣，他是贫苦百姓出身，早些年一直以砍柴为生，后来在同乡严助的推荐下，当上了中大夫。东越地区发生叛乱的时候，他向汉武帝献计，平定了东越地区，因此得到了汉武帝的赏识，被升为会稽太守。差不多一年之后，他再次因为平定东越地区的叛乱有功，而被升为主爵都尉。几年后，他因为触犯法律被免职，之后才当上了长史。

朱买臣在官场上飞黄腾达的时候，张汤只是一个无名小卒，并曾在朱买臣脚下伏跪。但没有料到的是，短短几年里，张汤就官运亨通，地位超过了朱买臣。当朱买臣被免职，后成为丞相府长史时，张汤已经是御史大夫，位列九卿了。虽然朱买臣对张汤心存忌妒，但不至于恨张汤，也没想过要扳倒他。

但是，在朱买臣的职业生涯中，有一个人对他有知遇之恩，那就是严助。但张汤在审理淮南王一案时，把严助牵连了进去，还处死了严助。在平时，张汤见到了朱买臣，总是一副高高在上的模样，肆意侮辱他。多件事情凑在一块儿，导致朱买臣对张汤恨得牙痒。

除了朱买臣以外，另外两个长史，一个叫作王朝，另一个叫作边通。王朝擅长方士之术，性情暴躁，不愿意居人之下。他的工作是，每当有神仙级别的人士来到朝堂之上，他便给汉武帝提供参考意见。张汤十分看不起他，总是想尽办法打压他，因此王朝对张汤同样恨得牙痒痒。至于边通，他专门研究纵横之术，曾两次给淮南王刘安当国相，但从来没有卷入造反事件中。他和王朝一样，之前职位都比张汤高，后来经常受到张汤的羞辱。

这相当于一个失意团伙，反张汤联盟。在饭局上，四个人一起骂张汤。骂完后，庄青翟说："我说你们几个，骂能解决什么问题？如果我们这次饭局上的话题传到了张汤的耳中，想必下一次的饭局，就会少几个人了。"

三人脸色铁青，说道："张汤这个大奸大恶之人，得想办法除掉他。"

庄青翟说道："兄弟们，我们今天最好想个办法。"

三人你看着我，我看着你，说道："他是酷吏，精通律法，想抓到他的小尾巴，十分艰难。"

庄青翟摇摇头，说道："是人，就会犯错。"

三人叹气道："唉，但陛下太宠他了。"

庄青翟说："我想过这个问题，我们要想扳倒张汤，一定要有确凿无疑的证据。否则，三位的下场也会十分凄惨。"

三人十分痛苦："我们都是文官，去哪里找扳倒张汤的证据呢？"

"三位的智商真是让人着急啊，都成为砧板上的鱼肉了，还说出去哪里找证据这种话。"

"丞相，你怼我们有什么用！"

"我说话是难听，那是因为你们太让人着急了，都想着等别人出手整治张汤，自己渔翁得利。大家想想，颜异是一个品性高洁之人吧，他都被张汤弄死了，你们哪一个比得上颜异？张汤正在借陛下的货币政策除掉异己，各位再不出手，很快就要死无葬身之地了。"

四个人的脑袋立马凑到了一块儿，然后很快达成了一致意见。

长安城中，最有名的商贾便是田信。他涉及的领域很广，包括军工、农产品以及生活用品。除此之外，他还非常热爱国家，经常为国家捐钱捐物。自从盐铁商孔仅、东郭咸阳获得官职后，田信对朝廷更用心了。

"我没有读过书，生来蠢笨，为生活所迫，学会了粮草的长途运输。如果国家在这方面需要人的话，我一定在所不辞。"

田信的积极上进，给朝中的文武百官留下了极好的印象，他因此得以自由出入高官家中。某天，财政大臣桑弘羊对他发出邀请，让他参加推荐平准均输经济政策的官员的会议。田信听到这个消息后心花怒放，他研究过朝廷中的技术人员，认为在这个方向上，自己是最厉害的，说不定现在陛下也感受到了他的诚心，下旨让桑弘羊接见他，准备像提拔孔仅、东郭咸阳一样提拔他。

田信匆匆忙忙地让下人准备好马车，一路上，马儿狂奔。突然，疾驰的马车停了下来，田信一个没注意，差点儿从马车摔下来。

"为何突然停车，你们都活腻了吧？"

很快，田信便看见一排黑衣人士站在自己跟前。话还没有来得及问，田信的后脑勺便被人用木棍敲打了一下，晕倒了过去。等醒来的时候，田信发现自己躺在一张沾满灰尘的案几上，房屋内极其昏暗。

"这是哪儿啊？"田信吃力地问道。他的眼前出现了四个人，为首的人说道："田信，你涉嫌盗窃国家机密，囤积大量商品，等待商品高价时卖出，从而牟取暴利。现在陛下已经怀疑你了，我们是奉陛下之命，来对你进行调查。"

调查？田信除了吃惊还是吃惊，然后缓慢地坐了起来，终于认清了四个人之中为首的那个。

"是丞相大人啊，我一向对大汉忠心耿耿，怎么会干出这种事情呢？这中间一定存在误会。"

那为首之人，正是丞相庄青翟，剩下的三人便是朱买臣、王朝、边通三位长史了。这时，庄青翟又开口道："田信，是陛下怀疑你的，你要相信陛下，他耳聪目慧，不会冤枉一个好人，当然，也不会放过一个坏人。"

"那你们赶紧调查啊，我真的好冤枉啊。"田信嚷嚷道。

"上刑。"庄青翟下令道。

"你们有没有搞错，连我这么爱国的人都要遭受这样的刑罚！不要啊，你们真的冤枉我了！"

庄青翟小声地说道："不要慌，走走程序，不会置你于死地的。"

几天后，庄青翟在朝堂上向汉武帝禀奏："陛下，臣有事禀奏。"

"奏来。"汉武帝说道。

"陛下，微臣最近侦破了一起重大案件，涉及朝廷会议机密的泄露。根据涉案人员商贾田信的交代，每当陛下要推行新的经济政策，他都会提前得到消息，因此能够囤积大量商品，等待高价卖出，从而牟取暴利。原因在于，朝廷里有人给他当内应。这一行为直接导致陛下的一番努力付诸东流，也让百姓蒙受新政无法推行之苦。"

"这种事情确实发生在朕的身上，朕也知道身边有人在泄密，但没有逮住泄密之人。每当朕准备推行新的政策时，奸商们总是比地方官员更早地得到精准的消息，从而囤货居奇。张汤在哪里？"

张汤立马出列："微臣在。"

汉武帝问道："张汤，你说是谁泄的密？"

张汤回答："微臣也不知道啊。"

"庄青翟，你接着说。"汉武帝转头对庄青翟说道。

"陛下，微臣手下的官吏向我汇报了这件事情，微臣担心冤枉人，还亲自审问了商贾田信。他信誓旦旦地说，是御史大夫张汤将国家商业机密泄露给他的。朱买臣、王朝以及边通三人参加了提审，可以为此事做证。"

张汤听到这里目瞪口呆，完全失去了反应。

汉武帝严肃地说道："这么说，张汤完全是表里不一的小人啊。张爱卿，你是这样的人吗？"

"陛下，微臣是被冤枉的啊，您一定要明察啊。庄青翟与朱买臣、王朝、边通沆瀣一气，合伙冤枉微臣！"张汤绝望地说道。

"减宣，朕让你调查李文的事情，怎么样啦？"汉武帝没有理睬张汤，而是问减宣。

"陛下，微臣已经查清楚了，是御史大夫张汤与李文私底下有矛盾，李文曾多次想陷害张汤，但都没有成功。后来，张汤派鲁谒居去李文府上搜集证据，证据便是两人的对话，借机处死了李文。"

"陛下，事情不是这样的，您听微臣解释。"张汤慌了神。

"张汤，你可以啊！廷尉在哪里？将田信和李文的案件再审查一遍！"汉武帝下令道。

庄青翟和三个长史状告张汤，主要是个人恩怨，所告之事并没有确切的证据。但减宣告张汤，说的都是事实。两件事情本来没有联系，但刚好凑到了一块儿，让汉武帝对张汤的人品产生了怀疑。张汤立马成了阶下囚，他的生命进入了倒计时。

汉武帝下令成立专案组，但张汤精通律法，伶牙俐齿，专案组人员对他是手足无措。

"张汤，你欺骗陛下，证据确凿，还不认罪？"

"我张汤对陛下忠心耿耿，任凭你们朝我泼脏水，大不了就是一个死。但想用刑逼供，让我招了，那是不可能的事情！"张汤说道。

"你是死到临头了还嘴硬！你和鲁谒居合伙诬告李文，要了李文的命。陛下问你时，你却说是旧友举报，你和鲁谒居是李文的旧友吗？"

"李文一案，陛下也是突然问起的，我每天处理的案件有几百件，哪能每起案件都记得清清楚楚的？细节上有疏忽也是人之常情，这怎么能叫欺骗陛下呢？再说，鲁谒居、李文本来就认识，说是旧友举报，也没有什么不妥啊。"

"哼，勾结商贾，这件事情没有冤枉你吧？"

"这件事情比李文的事情更离谱，纯粹是庄青翟的一面之词，陷害我这个忠良之士。"

"张汤，你是不见棺材不掉泪啊，既然不承认，那就只能上刑了。"办案人员说道。

"哎，无非走几次程序而已。来吧，我张汤要是叫喊一声，就是你孙子。"

很快，办案人员向汉武帝汇报，他们拿张汤没辙。于是，汉武帝让酷吏赵禹接手了这个案子。

张汤与赵禹共事过很长一段时间，并把他当成自己的偶像。赵禹是酷吏中的老人了，为人十分清廉，办案手段十分毒辣。他对钱、色不感兴趣，最大的爱好就是工作。大家怕他怕得要死，但又十分佩服他。

赵禹走进刑房，一脸冰冷地看着张汤。张汤也看着赵禹，一声不吭。长时间的沉默后，赵禹问道："张汤，你有想说的话吗？"

"我是被冤枉的。"张汤说道。

赵禹没有直接回答，而是语重心长地说道：“张汤，你怎么那么不懂事呢？我知道你觉得冤枉，觉得委屈，但这点委屈算得上什么呢？你知道多少人因为你而惨遭杀戮吗？再说，今天状告你的人都是有证据的。你有没有想过这一点：你成为阶下囚，这是得到了陛下的指示的。陛下的意思这么明显，你还看不出来吗？何必死鸭子嘴硬呢？”

张汤是酷吏之中最为出色的人，有着非常高的悟性。听到赵禹的这番话后，他立马幡然醒悟了，原来这次是陛下准备除掉自己啊！正所谓君要臣死，臣不能不死。长时间支撑他的信念坍塌了，他流下了痛苦的泪水。

“我死之前，有最后一点请求。”张汤满脸泪水。

“好，我今天为你破例，答应你这点请求。”赵禹回答道。

很快，赵禹向汉武帝汇报说：“陛下，张汤的案子结了。”

“具体情况是怎样的？”汉武帝问道。

“张汤已经在狱中畏罪自杀了。不过，他留了一封信给陛下。”赵禹说完，将信呈了上去。

张汤的遗书分为三个部分，先是感谢这些年来汉武帝对他的提拔、信任，然后是自己辜负了汉武帝的信任，觉得对不住汉武帝，最后强调，丞相庄青翟和三个长史诬陷自己。

汉武帝没有对张汤的遗书进行评价，而是下令抄他的家。

很快，廷尉回来汇报，张汤虽然身居要职多年，但家徒四壁，一无所有。家里所有的东西加起来，不到五百金，他的财产来源仅有工作的薪水和汉武帝给的赏赐。他那白发苍苍的母亲说：“感谢陛下和百官的厚爱，我的儿子蠢笨，没有逃过奸恶之人的陷害。这种无能、没有出息的儿子，实在是家门不幸，没有用棺材下葬的资格。”最后，张汤的家人用一张草席将张汤卷起，用牛车拉去野外，草草下葬了。

汉武帝听完后，万分诧异：“他身家不到五百金？”

“是的，可以说是一贫如洗了。”廷尉回答道。

“朕知道了，调查商人田信之事。”

很快，丞相庄青翟和三个长史陷害张汤一案被调查得明明白白。三位长史被处死弃市，丞相庄青翟则在狱中自杀。

这就是历史上著名的张汤“以死杀人”事件。从张汤身上，我们能够看出，在汉武帝时代，酷吏是汉武帝用来维护君主专制的有力武器。对汉武帝而言，酷吏是他的心腹，同时又是维护他皇权的“替罪羊”。张汤最后选择自杀，不是因为自己诬陷并杀害了李文，而是赵禹的一番话彻底摧毁了他的意志。

釜底抽薪，桑弘羊的经济改革

汉武帝继位后，国家财政由于对外战争、救济灾民等一系列活动出现了亏空。为了解决经济问题，汉武帝重用了我国历史上伟大的经济学家桑弘羊。统一货币、盐铁专营、均输平准等都是桑弘羊改革经济的最得力的措施。他的经济策略使西汉的财政状况有了明显好转，为汉武帝许多政策的推行奠定了雄厚的物质基础。

元朔三年（公元前 126 年），汉武帝与匈奴作战进入了白热化状态，而战争造成的经济损失也难以计算，财政赤字日渐明显。这个时候，崤山以东地区发生了水患，导致很多百姓被活活饿死。汉武帝立马打开国家粮仓，救济天下苍生。但无奈的是，天下灾民太多了，仅仅打开国家粮仓是无法解决百姓的吃饭问题的。最后，汉武帝只好将七十万受灾百姓迁到函谷关以西，并帮助他们重建家园。几年里，这一政策耗费了上亿钱粮。

战争以及赈灾，让汉武帝不得不面临一个新的问题，那就是经济问题。为了解决这个问题，他找来了东郭咸阳、孔仅、桑弘羊。东郭咸阳是资产达千金的大盐商，孔仅是南阳的大盐铁商人，两人都是平民出身，但富可敌国。朝中的文武百官一看到就眼红，拼命建议汉武帝严厉打压二人。

但汉武帝有自己的一套办事思路，他不但没有打压二人，反而将两人提拔为官员。事实上，汉武帝这么做，是想把二人的企业国有化。换句话说，也就是汉武帝在以权谋私。单单在用人方面，汉武帝把很多其他君王都比了下去。

桑弘羊呢？他是历史上赫赫有名的经济学家。桑弘羊出生于商人家庭，从小衣食无忧，而且受家庭环境的影响，在计算上颇有天赋。他十三岁的时候，家里给他买了一个侍中官职。在西汉时期，侍中不是独立的官职，而是一种加官，文武百官都能加官做侍中，从而跟在皇帝身边。做侍中有一个显而易见的好处，那就是能够时常伴随在皇帝左右，比较容易获得皇帝的赏识。

除了在建功立业、开辟疆土方面保持浓厚的兴趣外，汉武帝还喜欢音乐辞赋、骑马狩猎，但这些都与桑弘羊热爱的经济毫无关系。因此，桑弘羊默默无闻地给汉武帝当了二十六年侍中。

但等国库出现赤字时，汉武帝终于意识到钱的重要性了，明白经济才是国家的命脉，也终于想起了跟随自己二十多年的桑弘羊来。在任用东郭咸阳、孔仅的时候，汉武帝让桑弘羊给他们当助理。

从古至今，盐铁都是至关重要的民生问题。只要掌握了盐铁的生产与流通，就相当于掌控了国家的经济命脉。桑弘羊、东郭咸阳、孔仅等人花了整整一年的时间，才完成了朝廷对盐铁的垄断经营计划。为了将这个计划落到实处，汉武帝派出东郭咸阳和孔仅到全国各地进行考察。除此之外，汉武帝还在朝廷中设置掌管铁盐官营的部门，招聘全国各地有经商才能的人才。

桑弘羊等人的这一计划很快取得了极大的成效，所以，在盐铁官营计划实施三年后，孔仅就被升职为大农令，桑弘羊则被升职为大农令的助理，也就是大农丞。

担任大农丞后，桑弘羊干的第一件事情，就是在全国各地推广算缗和告缗制度。算缗制度，就是从事工商业的人主动向朝廷上报自己的财产状况，朝廷则根据其财产状况从中收取一定份额的税款。这个经济学思想十分超前，与我们现在上班拿工资要向政府纳税相一致。对于小工商业者，朝廷会减免其一半的税费。而家里拥有马车的人，需要向朝廷缴纳"马车税"，但不包括官吏和士兵等人。如果普通老百姓家里拥有船只，朝廷会根据船只的大小来抽税。

告缗制度，则是鼓励群众互相检举那些不如实上报财产状况的人。如果朝廷经过调查，发现情况属实，那么被告发的人的财产会全部归朝廷所有，当事人需要戍守边境一年。此外，朝廷还会将被检举人一半的财产奖励给检举人。

算缗和告缗制度得到推广后，一时间，政府财政收入激增。但这也有一个弊端，就是很多百姓遭到仇家的报复，所有财产被没收，还被流放到边疆当小兵，导致天下之人没有不骂桑弘羊的，骂得他每天晚上都做噩梦。

在桑弘羊为汉武帝解决财政问题期间，民间出现了一个名叫卜式的楷模。

卜式是河南人，以牧羊为生，并以此发家致富。听说国库呈赤字后，他立马向朝廷上书，称："陛下，小民请求捐献出全部身家来支援国家，请陛下收下。"

平日里，汉武帝是费尽千辛万苦才能从商人、诸侯豪强手中抠出一点钱财来，他怎么也没有想到竟然有人会主动捐出家产。看到卜式这封信后，他哼了一声，说道："欺世盗名分子。"之后，汉武帝就把这件事情放在了一旁，不再理会。

很快，汉武帝收到了卜式的第二封信。在信中，卜式依然言辞恳切，请求捐出家产。汉武帝冷笑道："你想捐出家产，又没有人拦着你，直接送到官府就行，为什么三番五次给朕上书？不过是想让朕把你当成忠君的楷模，以此来欺骗全国百姓罢了。"

但没过多久，汉武帝收到了卜式的第三封书信。这次，他派使者去见卜式，问道："你这么做是不是想当官啊？"

卜式一听，立马摇摇头，说道："我从小就放羊，不会做官，也不想做官。"

"那你是不是有什么冤情啊？"使者又问。

"我一向待人和善，遇到家里有困难的同乡，我总会想办法接济他们，乡里的百姓都十分尊敬我。我从来没有与人结仇过，没有什么冤情。"

"那你捐款的目的是什么？"使者十分迷惑不解。

"皇帝要讨伐匈奴，作为臣民，自然是有钱出钱，有力出力。我希望天下百姓都能有我这样的觉悟，把全部家产捐给国家。如此一来，大汉一定能消灭匈奴，更加繁荣昌盛。"

汉武帝想了想，决定还是把卜式当成楷模，以此来冲散桑弘羊这个措施的负面影响。于是，他下了一个诏书，招卜式进京城，任命其为中郎，并昭告天下：

"朕的子民们，现在我们马上就要消灭匈奴了，要过上国泰民安的好日子了。河南人士卜式多次请求捐出全部家产，希望你们都有这样的思想觉悟，这样就能早日把匈奴送到阎王那里了。"

很快，卜式就出现在动员大会的高台上，向百姓呼吁道："你们要向我学习，捐出全部家产。不要对温暖的小家恋恋不舍，要知道，有大家才有小家，何谓大家呢？大家就是我们大汉。"

这样运作了一段时间，汉武帝问桑弘羊："怎么样？国库充盈了吧？够与匈奴打一场大仗了吗？"

桑弘羊一副苦瓜脸，说道："陛下，钱虽然收上来了一些，但还不够打一场仗。"

汉武帝立马拉下了脸，说道："这些短见的刁民，等匈奴恢复过来，大家都甭想活。"

桑弘羊点了点头，说道："是的，我们费尽千辛万苦才击败匈奴，只要再来一场大规模的战役，就能彻底把匈奴消灭掉。哎，能体会陛下的良苦用心的人，真是太少了。"

"少也没关系，接着创新，桑弘羊，朕对你有信心啊。"

桑弘羊还真没辜负汉武帝的一番期待。在汉朝初年，由于朝廷允许诸侯国私自铸钱币，导致国家经济一度陷入混乱之中。针对这一点，在元鼎四年（公元前113年），桑弘羊为汉武帝设计出了一套完整的货币改革政策。

首先，禁止诸侯国私自铸造钱币，货币铸造权归朝廷所有。钱币的材料、样式等都由朝廷决定；其次，诸侯国和个人私自铸造的钱币都要销毁，销毁的钱币材料须运往朝廷；最后，过去在市场里流通的货币都作废，全国市场流通朝廷铸造的五铢钱。

桑弘羊的这个建议有着十分强的针对性，并且取得了一定的成效。人们之所以会私自铸造钱币，是因为这件事有利可图。一旦这件事情变得无利可图，还需要冒着生命危险去做，那么人们就对这件事情不感兴趣了。桑弘羊建议将铸造钱币的材料运往朝廷，如此既垄断了铸造钱币的材料，又能让朝廷专门的部门来负责铸造钱币，铸造出的钱币在纹饰、重量等质量方面都得到了极大的提高。这样一来，人们私自铸造钱币就变得十分困难，并且成本十分高。

在中国历史上，桑弘羊的这一货币改革策略带来了极大的影响，不仅稳定了货币在市场上的流通情况，而且加强了大汉王朝的统治。

之前，盐铁官营的问题一直由东郭咸阳和孔仅来负责，刚开始时，这一举措获得了极大的成效，财政形势明显好转，汉武帝感到十分欣慰。但慢慢地，一些弊端开始显现出来。

在任命盐铁地方官的时候，东郭咸阳和孔仅选择的都是从事过盐铁生意的商人。但事情的发展出乎他们的意料，那些奸商经常利用手中的职权徇私舞弊，牟取暴利。

元封元年（公元前110年），已经是御史大夫的卜式听到了这样的反映：官府卖的盐是苦的，而不是咸的；官府售卖的铁工具十分脆弱，一用就断；虽然官营的盐铁质量十分差劲，但售价十分高昂。如果百姓不愿意买，一些官吏便会使用强迫的手段。除此之外，征收商人的船税太高了，导致经商的人越来越少，日用品数量下降，售价越来越高。

如此，百姓纷纷向朝廷抗议。卜式知道后立马找到孔仅，两人商量一番后，决定向汉武帝汇报。

汉武帝知道后十分生气，认为自己任命了两个废物，便把卜式贬为太子傅，将孔仅免职了。

汉武帝想来想去，最后还是决定让经济学天才桑弘羊负责此事，并将他提拔为大司农。

其实，桑弘羊早就看出了盐铁买卖中的问题，不仅如此，为了能卖出质量差、价格高的盐铁，主管盐铁的官员经常会争夺市场，从而影响了盐铁价格的稳定。他上任后，先认真调查了一番，很快找到了症结所在。随后，他选出几十个大农丞，把他们派往全国各地，负责监督盐铁的质量。他还改革了盐铁的生产销售模式，盐的生产要求不是很高，他便将盐的生产工厂设在各个地方，并派专门的官员来监督其质量。为了防止地方抬高盐的价格，在地方生产出盐后，中央便将其收回，再进行统一售卖。相对而言，铁的生产技术要求较高，他便将铁的生产和销售权全都收回了，由朝廷统一控制。

在汉初，各个郡国每年都要向朝廷上贡当地的土特产品，如果产于其他郡中，还需要派人去很远的地方采购，接着雇人送到都城。事实上，这种做法为商人提供了从中牟取暴利的机会。并且，向朝廷上贡的产品，经过长途运输，会有损耗或者遭受破坏。很多时候，产品的价值还抵不上运输的费用，既加重了百姓的负担，同时也让朝廷蒙受了损失。

为了防止商人从中牟取暴利，增加中央财政收入，桑弘羊将他那伟大的经济思想——均输法和平准法推广到全国。其具体做法为：

首先，在各个郡国设置均输官，他们的任务是运输各个郡国上贡的物品；在京城设置平准官，掌握运到京城的货物以及物价。各个郡国的均输部门和京城的平准部门要互通消息，配合工作。

其次，各个郡国向朝廷上贡的土特产，全部按照当地的市场价购买，然后由均输官将其运输到缺乏这类土特产的地区进行售卖。接着，均输官购买这里的土特产，将其输送到其他缺乏这类土特产的地方，接着售卖。如此辗转运输、销售，朝廷就充当了中间商赚取差价，从而获得了巨大的利润。最后，根据平准官提供的信息，在最适宜的地方购买都城需要的物品，然后运到都城。都城的平准官将各地运到都城的货物，在都城的市场上卖掉，并将所得利润交给国家。他们一直要遵循"贵则卖之，贱则买之"的原则，控制并稳定市场物价。如此一来，既保证了都城百姓的生活所需，又打击了投机倒把的行为。

均输法和平准法在全国推行以后，物价慢慢地稳定了下来，朝廷的支出减少了，还获得了巨大的经济利益。这项经济策略与汉武帝重农抑商的方针政策完全相符。

统一货币、盐铁专营、均输平准等是桑弘羊为汉武帝打响金算盘、改革经济的最得力的措施。这些措施在尽量少地增加百姓赋税负担的情况下，增加了国家财政收入，为汉武帝解决了当时面临的经济难题。

若干年后，到了汉武帝的儿子汉昭帝的时代，朝廷曾展开了一场空前绝后的辩论会。在辩论会上，桑弘羊独自一人大战天下儒生。据说双方辩论十分激烈，吵得难解难分。

这场辩论会的内容被当时的史官记录了下来，西汉桓宽根据史官的记录，将其整理并撰写成《盐铁论》。这本书经常被人提及，但简单文字下隐含的伟大经济学思想，却被人忽略了。

从表面上看，这场激烈的辩论会，是双方在讨论桑弘羊为汉武帝制定的至关重要的经济策略——均输法和平准法，并评价汉武帝时代的经济策略。其实，一个伟大的经济学思想隐含在双方的辩论中，用一句简单的话来概括这个思想，就是：是否存在一个让统治者和被统治者双赢的经济学策略？

"当然有。"桑弘羊肯定地回答道。

"具体的策略呢？"儒生追问。

"这个方法就是官方垄断。只要国家垄断涉及国家经济和人民生活的重大行业，那么全国就会富裕起来。"

儒生生气地反驳道："桑弘羊，你满嘴跑舌头。山野、森林、大海这些自然资源，从古至今都是百姓维持生存的基础，现在你却让官方垄断，剥夺百姓生存的权利，却说什么让所有人都富裕起来。"

桑弘羊很肯定地回答道："就是能够让天下人都富裕起来，如果不能，我桑弘羊随你们姓。"

其实，桑弘羊说的话是正确的，怪只能怪他的经济学思想过于超前，所以当时的大部分人都不能理解。如果我们重新研究桑弘羊的经济学思想，就会吃惊地发现，早在两千多年前，桑弘羊就提出了市场竞争下的宏观经济学与其相互配套的货币政策，只是受限于他的那个时代，这一政策被汉武帝当成敛财的工具了。

广纳贤才，朝堂上的另类奇才

汉武帝是一个十分爱惜人才的君王，只要是有能力为大汉做出贡献的人，不论出身，他都会重用。在人才的选拔上，他独具慧眼。对于他人提出的意见，他会认真听从，从而将国家治理得井井有条。

汉武帝是历史上著名的爱才如命的皇帝。从即位开始，汉武帝就热衷于"选秀"，但他挑选的并不是各色美女，而是天下的贤能之士。在汉武帝的朝堂上，有刚正不阿、直言纳谏的汲黯。

汲黯是濮阳县人，在汉景帝时期，曾经担任太子的侍从官。所以，他算得上汉武帝的老相识了。汉武帝即位后，就将他提拔为谒者。

汲黯是道家学派弟子，做事往往只讲大原则，而不太注重小细节。在担任谒者期间，闽越地区爆发了战争，汉武帝派他前去视察，结果他还没抵达目的地就返回了。汉武帝自然勃然大怒，责备他不认真工作。

汲黯回答说："越人生性野蛮，天生就是好斗分子，不值得我们大汉在上面浪费时间和精力。"

还有一次，河内郡发生了一场大火灾，汉武帝派他前去视察。他到了那里，仔细调查了一番后，回来向汉武帝汇报说："那场火灾我已经调查清楚了，是一户百姓不小心失火造成的。由于当地的房屋建得过于密集，所以导致火势蔓延了开来。偶然事件，陛下不用担心。但是我路过河南郡的时候，发现当地百姓饱受水灾之苦，不少人被活活饿死，于是拿出了陛下授予的使者符节，命令当地官员开仓放粮，救济百姓。陛下，我假传了圣旨，你想处罚我，就处罚我吧。"

汉武帝一听，虽然不太开心，但也打心底佩服汲黯，认为他十分贤良，就免了他的罪行，并将他调任为荥阳县令。汲黯认为这次调任是对他的羞辱，于是以身体不好为由，向汉武帝提出辞职。汉武帝何其聪明，立马知道他话里有话，就将他召了回来，任命他为中大夫。但因为他多次直言劝谏，导致汉武帝常常在朝堂上下不来台。

当时，汉武帝接见大臣时经常一副"屌丝"模样，不修边幅。但是只要听说汲黯来了，汉武帝就如同老鼠见了猫似的，赶紧进入帐内，把衣服穿好，把帽子戴好，然后一本正经地走出来。不然，汲黯见到汉武帝仪态不端，就会气不打一处来，训斥道："陛下，你是什么人？你可是天子，你必须高高在上，让世人景仰、膜拜。你说你这样像话吗？"

窦太后刚去世不久时，汉武帝为了重建自己的政治班子，下令广纳贤才，并经常在文武百官面前大谈特谈自己的理想抱负。某次，汉武帝又开始在朝堂上滔滔不绝地讲述自己的宏图大计，只见汲黯慢悠悠地站了出来，说道："陛下，你心里那么多欲望，表面上却说得像要施行仁政似的，如此表里不一，想要做一个尧舜那样的君王，难于上青天！"

此话一出，不仅汉武帝脸色铁青，连朝堂上的文武百官也个个吓得大气都不敢出。先不管你说得对不对，但人家是君王，你是臣子，哪有当众指责皇帝的？但汲黯不管这一套，他看不惯就说。汉武帝的面子挂不住了，一句话也不说，直接拂袖而去。

回到宫中，汉武帝依然十分生气，对汲黯破口大骂，说道："这个汲黯太不知好歹了，简直是一个蠢人！"汉武帝用"蠢"来形容汲黯，并没有使用"大逆不道""以下犯上"的字眼，可见汉武帝只是生气汲黯不给他面子，对他并没有动杀心。对待忠臣，汉武帝还是十分宽容的。

某次，朝中有官员得知汉武帝对求贤十分感兴趣，就说自己得到了一匹神马，要献给汉武帝。汉武帝十分开心，立马叫来了大才子司马相如，让他作赋，谱上曲子，再由乐工演奏。

正当歌舞升平之际，汲黯出现在了汉武帝面前。汉武帝一看他来了，脑袋都大了。汲黯根本不看汉武帝那张无奈的脸，像是要故意给汉武帝添堵似的说道："陛下，你知道音乐的作用是什么吗？是圣人用来教化百姓的，你竟然让司马相如谱成曲子在宗庙里唱，万民苍生知道他唱的是什么吗？"

汉武帝装作没有听见，没有回答。

汲黯越说越来劲，说道："微臣还有话要说，陛下求贤如渴，不惜代价征求人才，但这些人才只要犯下一丁点儿错误，陛下就毫不留情地将他杀掉。陛下啊，你把人才杀光了，谁来替你治理天下啊。"

汉武帝见汲黯停了下来，便抬起头来，说道："汲黯，朕的这双眼睛最能辨认人才，哪个时代都有人才，并且多得是。但才得用在正途上，不用在正途上，跟没才有什么区别？杀掉也就不可惜了。"

汲黯被反驳得无话可说，他不满地说道："臣无德无才，只会拍马屁，但这点道理还是明白的，陛下不要欺负老臣愚昧无知。"

汉武帝立马接话道："听听，这个汲黯竟然说自己只会拍马屁，这才是正儿八经的胡说。他说自己愚昧无知，还真是恰如其分。"

汲黯的刚直经常让人心惊肉跳，有大臣私底下劝他，让他不要与皇帝抬杠。他回答说："陛下为何要设置百官公卿，难道只是为了让大家拍马屁吗？我不这样认为，现在我位列九卿，就不能因为害怕自己丢了小命而忘记自己的职责，损害朝廷的利益。"

汲黯性格耿直，与自己兴趣相投的，他十分友善；与自己合不来的，他十分倨傲。在他担任主爵都尉时，王太后的弟弟田蚡当上了丞相。田蚡当时的权力可谓一手遮天，朝廷中的文武百官见了田蚡，莫不行跪拜大礼，按照交往的礼仪，田蚡也应该回大礼，以示尊重。但田蚡这人人品不行，十分高傲，经常不回礼，只是偶尔会点头示意。所以，汲黯见到田蚡时，也没有行大礼，而是经常学他的样子，大手一挥，敷衍了事。

卫子夫当上皇后，卫青在对抗匈奴的战役中屡战屡胜时，汉武帝有意抬高卫青的地位，要求朝中的文武百官见到卫青要行跪拜之礼。大家都按照汉武帝的要求去做，只有汲黯根本不理睬，依然与他行平等之礼。有人劝他说："陛下想让群臣居于大将军之下，大将军现在受到了陛下的尊敬、器重，地位更加显贵，你需要行跪拜之礼。"

汲黯一听，立马反驳道："卫青的荣耀都来自陛下，没有陛下，卫青什么都不是。"他这么不给面子，导致卫青一见到他就浑身上下都难受。

某次，汲黯因为刚直得罪了汉武帝，汉武帝将他派到东海郡当太守。在担任太守期间，他只管大事，不管小事，像挑选官员这种事情，他十分严格。等官员上任后，他便选择放权，任由他们发挥。一年之后，东海郡被管理得井井有条，呈现出崭新的面貌，当地百姓纷纷夸赞汲黯。

汲黯体弱多病，有时一请假就是几个月。某次，他病得下不来床，于是让一个名叫庄助的大臣帮他向汉武帝请假。见到庄助，汉武帝问道："你觉得汲黯这个人怎么样？"

庄助想了一会儿，说："我认为汲黯在才能方面比较平庸，并没有什么过人之处。但他是一个忠心耿耿的人，如果让他辅佐幼主，他一定会矢志不移，坚持到底，既能够抵挡得住诱惑，又不会因为幼主的驱赶而离开，更不会因为武力而屈服。"

汉武帝听完，面带微笑地说："是啊，汲黯就是古人口中那种安邦定国的大忠臣。"

由此可以看出，汉武帝对汲黯是又爱又恨，他恨他不给自己留面子，但从内心深处又喜欢他的忠心耿耿，喜欢他的刚正不阿。汲黯之于汉武帝，如魏徵之于唐太宗。

在汉武帝的朝堂上，除了有严峻执法的张汤之类的酷吏、刚正不阿的汲黯，以及屡战屡胜的卫青、霍去病外，还有一个另类奇才，这个人便是东方朔。

在历史上，东方朔十分有名，但又十分没名。在汉武帝时期，他似乎才高八斗，但好像可有可无。他就像一个跳梁小丑，却疾恶如仇。

东方朔祖籍山东，身材矮小，相貌古怪。北方人大部分魁梧强壮，于是东方朔成了骆驼群里的一只羊，很难被人注意到，就算竭尽全力地蹦跶，别人也懒得多看他一眼。他伤心过，难受过，也自怨自艾过："老天给了我才华，却夺走了我最基本的身材相貌。在这以貌取人的社会上，我该怎么活呢？"他研究来研究去，决定不走寻常路，把大部分时间花在如何当一个段子手上。

汉武帝登基后，下诏书广招天下贤能之人。东方朔一看，机会来了：那些外形好的，大部分都是草包一个，别看我外形条件不咋地，但我只要展现出自己一半的才华，就能将那些人比下去。

为了吸引汉武帝的注意，东方朔的参赛文章不谈国事，不谈政治，而是吹捧自己。

"草民东方朔，爹妈死得早，身世可怜；由哥哥养大，懂得报恩。十三岁读书，贫贱不忘上进；喜好文章，志在追随圣人。十五习武为报国，十六学经能济世。二十二万字的经书倒背如流，二十二万字的兵法烂熟于心，因为我喜欢。年方二十二，身高九尺三，眼睛亮得像珍珠，明察秋毫；牙齿白得赛贝壳，人格高洁。若问我是何许人，兼有子路之侠，孟贲之勇，庆忌之敏捷，鲍叔之奉献，尾生之诚信，真是古人的光辉品质集于一身，堪称皇帝的臂膀，国家的栋梁！"

狂妄的家伙汉武帝见过很多，但狂妄到这种程度，还挺少。汉武帝觉得好玩，便留下他做了个替补人员。

在那年，汉武帝在广纳贤才时得到了著名儒生董仲舒和另类天才东方朔。虽然汉武帝对这个另类的家伙十分感兴趣，但他并没有忘记自己广招贤才的初衷。汉武帝给了他一个待诏公车署后，就把他抛之脑后了。公车署是朝廷的一个衙门机构，而所谓的待诏公车署，就是你在公车署这个衙门机构等着，等待天子的召见。

刚开始的时候，东方朔觉得能够取得待诏公车署这样的"傲人"成绩已经很不错了。但是在快被晾晒成鱼干后，他发现汉武帝对他没有半点意思，而与他同期的那些人，一个个都飞黄腾达了。于是，东方朔决定在汉武帝面前刷存在感，整天琢磨怎样才能得到汉武帝的召见。

很快，东方朔想出了一个办法。他先把给汉武帝喂马的侏儒召集起来，一本正经地吓唬他们道："陛下说了，你们这些人什么本事都没有，耕地没有力气，打仗不勇猛，做官没有才华，简直一无是处。陛下已经厌倦你们了，觉得养着你们是在白白浪费国家的粮食，准备把你们全部杀死。"

这些侏儒一听，惊呆了。东方朔于是装出一副同情他们的样子，说道："这样，我给你们出一个主意，一会儿呢，陛下要路过这里，你们就跪在路中间，哭着向陛下求饶。陛下看到你们这副可怜兮兮的模样，说不定就会放过你们。"

等汉武帝经过的时候，这些侏儒果然齐刷刷地跪着，哭成了一片。汉武帝吓了一跳，问清了事情的来龙去脉后，才知道是东方朔搞的鬼。这家伙竟然敢戏弄朕的臣子，真是胆大包天。在这种情况下，东方朔终于见到了汉武帝，他的目的达到了。

"你为何吓唬朕的侏儒们？你是觉得这很好玩吗？"

"让陛下开心，是侏儒们的本职工作；为陛下分忧解难，是臣子应该承担的责任。侏儒们没有做好本职工作，所以害怕；臣子没有尽到职责，因此只能想出这个办法，是想让陛下了解我。那些侏儒，身高只有三尺，薪水是二十四钱，一袋米，肚皮撑破了都吃不完。而我呢，每天饿得前胸贴后背。陛下，你要是觉得我这个人还有一点用处，得先让我吃饱饭，是吧？你要是觉得我这个人没用，就直接罢免我，让我回老家去，这也算是为朝廷省点粮食，做了一点贡献。"

听完东方朔的一番话，汉武帝乐了，立马任命东方朔为学官候补。如此一来，东方朔的级别提高了，薪水自然也就高了。

某年夏天，汉武帝要赏赐文武百官鲜肉。大家一大早就来到宫中，但太阳升起又落下，负责分肉的官员还没来。这个时候，东方朔实在等不下去了，走上前去，拔下佩剑，直接割下了一块肉。他一边割肉一边对大家说："各位，不好意思，这天实在太热了，我先走了啊。"

说完，东方朔拿着肉扬长而去。御膳部门的官员知道了十分生气，立马向汉武帝告状。

次日早朝，汉武帝斥责东方朔，东方朔立马脱下帽子请罪。本来就不是什么大事，见东方朔认错态度很好，汉武帝就准备逗逗他，于是说道："东方朔，你要真心悔改，就当着大家的面自我批评一下，朕就放过你。"

东方朔恭恭敬敬地拜谢汉武帝后，张口说道："东方朔啊东方朔，你没等陛下开口，就擅自把肉拿走了，多么无礼；拔出佩剑，多么潇洒；只切了一小块肉，多么廉洁；一口没吃，全给老婆，多么善良。"

又是一番厚脸皮的自我吹捧，汉武帝被逗得哈哈大笑，朝中的文武百官更是笑倒了一大片。笑够了，汉武帝又赏给东方朔一百斤肉和一石酒，让他带回去给老婆吃。

东方朔是天生的段子手，汉武帝一觉得无聊，就会召见他。凭借着自己的搞笑天赋，东方朔很快就升职为常侍中。但没过多长时间，他便做了一件十分过分的事情，让汉武帝勃然大怒。某次，他喝醉了酒，直接在朝堂上小便，从而遭到了文武百官的弹劾，说他犯下了大不敬之罪，汉武帝直接撤了他的官职，只留了一个待诏宦者署。

当时，有一个人对东方朔说："不少人说你是个神经病。"

"有道理，因为我根本没有把朝廷当成朝廷，而是把它看成了隐居修行的场所。古人避世都选择山里，我则选择在朝廷中避世。"

如果东方朔只是一个段子手，那么历史上是不会留下太多关于他的传说的。从表面上看，东方朔表现出一种娱乐至死的生活态度，但在史书记载中，我们看到了一个完全不一样的东方朔。

汉武帝登基初期，从奶奶窦太皇太后手中夺权失败后，他整天无所事事，只能寄情于游乐。某天，他想扩建上林苑，用于打猎。

　　皇帝想扩建上林苑本来不是一件严重的事情，但问题是，汉武帝把宜春（蓝田县城）、阿城（长安县城）以南，包括整个终南山，一律划为皇家的私有财产。这片山林十分辽阔，面积极大，数万百姓世世代代都生活在这片土地上。如果汉武帝将这片山林划为自己游玩的地方，禁止百姓进入，那么这些百姓只能迁到别的地方重新开垦荒地，这种行为十分扰民。

　　一向神经兮兮的东方朔在这个时候跳了出来，坚决地对汉武帝说"不"。

　　"陛下，这可万万使不得啊，这么多百姓祖祖辈辈都生活在这里，陛下你一句话就剥夺了他们的土地，毁掉了他们的房屋、坟茔，让他们陷入巨大的悲痛之中，无法继续生存下去，这对国家不利啊。"

　　汉武帝听了，一脸惊讶地看着东方朔。过了一会儿，他拍了拍东方朔的肩膀，说道："东方爱卿，你的建议太好了，朕能得到你这样敢于谏言的臣子，是大汉的福分。传旨，封东方朔为中大夫，赏黄金百斤。"

　　东方朔开心地说道："微臣谢陛下隆恩，替天下百姓感谢陛下。"

　　汉武帝说道："你要谢就谢自己的，不用替天下百姓感谢朕，天下百姓与你又没有什么关系。"

　　东方朔听完，回答道："陛下，你肯听微臣的建议，不把他们赶出世代居住的地方，这是多大的恩德，所以微臣要替天下百姓感谢陛下。"

　　汉武帝一听，乐了，说道："朕又没说要放弃，这上林苑还是要建的。"

　　史书上记载的第二件事是东方朔称赞汉武帝杀女婿。昭平君是汉武帝的姐姐隆虑公主的儿子，他还娶了汉武帝的女儿夷安公主。昭平君是一个纨绔子弟，平时飞扬跋扈，是一个闯祸精。隆虑公主身患重病后，十分担心自己的儿子有朝一日会惹下杀身之祸。在临死之际，她拿出很多钱，预先在汉武帝那里赎了一个死罪。

　　隆虑公主死后，昭平君更加肆无忌惮。在一次喝醉酒后，他将妻子夷安公主的下人杀死了。按照当时的法律，他需要拿命来抵罪。由于昭平君是汉武帝的女婿和亲外甥，廷尉将他缉拿归案后不敢下判决书，便向汉武帝上奏。汉武帝一向执法严苛，面对这种事情是左右为难。

　　"杀了他吧，有点对不住姐姐，女儿也成了寡妇；不杀他吧，这些皇亲国戚以后会更加肆无忌惮，无法无天了。"

　　文武百官认为，既然隆虑公主已经为昭平君赎了死罪，那就饶了他。

　　汉武帝想了又想，觉得不能破坏自己一手制定的大汉律法，最终还是判处昭平君死罪。可昭平君在监狱里跟没事人一样，认为汉武帝不会拿自己怎么样，最多就是罚自己一点钱而已。等听到诏令后，他才意识到什么是国法，但一切都迟了。

判处昭平君死刑后，汉武帝悲伤不已，朝廷上下一片凄凄惨惨的样子。这个时候，东方朔跳了出来，说道："陛下你做得实在太好了，但凡圣明的君王，在执政的时候都严于执法，对待百姓和王公贵胄一视同仁。陛下，你这是在为天下苍生谋福祉啊。"说完，他还给汉武帝献上了一杯酒。

汉武帝没有想到东方朔会在他心情不好的时候出来捣乱，一声不吭就退朝了，然后把他叫过去，质问道："朕失去了女婿、亲外甥，你这是故意在朕的伤口上撒盐，是吧？"

东方朔摘下帽子，跪下谢罪道："陛下，天底下只有酒能消除忧愁。今天，陛下如此伤心难过，我为陛下献上美酒，既是恭贺陛下秉公办案，也是希望陛下能一醉解千愁。就是我太蠢笨了，不应该在朝堂上向陛下献上美酒。"

汉武帝何其聪明，立马就明白了东方朔的意思。他哪里是蠢笨，而是担心自己因反悔而收回成命，放了昭平君。他当着文武百官的面敬了那杯美酒，那么他汉武帝想收回成命就难了。

第三件事情，是东方朔阻止长公主刘嫖的内宠入室。长公主刘嫖的丈夫很早就死了，她年纪轻轻就成了寡妇。等到五十多岁的时候，长公主和自己的家奴董偃勾搭上了。她非常喜欢董偃，掏心掏肺地对他好。

在西汉时期，与家奴通奸的公主、贵妇人不少，但这种事情只能偷偷摸摸地进行，不能被人知道。因为在权贵心目中，家奴地位低下，如同猪狗一般。与家奴通奸，无异于自降身价，为世人所不齿。

为了保护董偃，长公主把自己的长门园献给了汉武帝。这个长门园也就是后来长公主的女儿陈皇后被废后所居住的地方，这也算是物归原主了。

等时机成熟后，长公主就安排董偃和汉武帝见了一面，把事情说明了。汉武帝什么样的事情没有见过，十分宽容大度地表示不追究她和董偃之间的事情。

董偃这个人非常会来事，经常陪着汉武帝参加各种娱乐活动。很快，两人的关系就变得十分亲密。

某天，汉武帝准备在宫中的宣室设宴款待董偃和长公主，当时宣室外的保安就是东方朔。董偃来到宣室外，东方朔一看到他，就立马将其拦住，说什么都不让他进去。汉武帝自然十分生气，认为东方朔破坏他们家庭聚会的和谐气氛。于是，他直接质问东方朔："你什么意思？故意搞破坏是吧？"

东方朔朝董偃翻了一个白眼，一开口就历数董偃的罪状："作为家奴，却与公主私通，这是第一条罪行；两人没有结婚就同居，伤风败俗，这是第二条罪行；蛊惑皇帝沉迷于声色犬马之中，这是你犯下的第三条罪行。"

无奈之下，汉武帝只好更换了这次家庭聚会的地点，并奖励了东方朔三十金。从此之后，汉武帝慢慢地疏远了董偃，导致董偃成天怏怏不乐、愁眉苦脸的，不到三十岁便死了。长公主十分伤心，董偃死后没几年也去世了，两个人合葬在霸陵。

从历史书上记载的这三件事情可以看出，东方朔是一个正直而有原则的人。他并不像表面上看起来那样神经兮兮的。他虽然是一个天生的段子手，但敢于直言劝谏。

东方朔在感觉自己命不久矣时，向汉武帝做了最后的进谏："陛下，你一定要远离小人，千万不要相信他们搬弄是非的话语。"

一向嬉皮笑脸的东方朔一本正经地说出如此话语，汉武帝有点不适应："东方朔居然也会那么严肃地说话，就像狗嘴里吐出了象牙，让人难以置信，他这是怎么了？"

几天后，东方朔就生病，很快就去世了。

东方朔一辈子没有当过地方官，几乎一直跟随在汉武帝身边，负责搞笑，但总在不经意之间提醒汉武帝。在汉武帝时期，他是一道最为另类的风景线。

第三章

征战匈奴打持久战

十面埋伏，马邑之围

随着汉朝的不断强大，面对匈奴不断侵扰，登基后的汉武帝决定对匈奴发动战争。大臣王恢献出作战计谋：让汉军在马邑埋伏好，使用诱敌之计，活捉匈奴大单于。但人算不如天算，大单于的警觉性太强，最后让汉军白忙活了一场。自此，大汉和匈奴彻底撕破了脸，兵戎相见成为两个民族无法避免的选择。

公元前 3 世纪前后，当中原七国为争霸而斗得天昏地暗之际，一个强悍的游牧民族正在北方的大漠草原上崛起，那就是匈奴。他们凭借着好骑善射的特点，一直对秦、汉王朝进行威胁劫掠，极大地制约着中原封建社会经济的发展。

在汉朝建立初期，汉高祖刘邦从秦国手中接管过来的天下是破败不堪的。但是在这种情况下，汉高祖刘邦对待匈奴的态度依然是强硬的，高祖七年（公元前 200 年），刘邦曾率领三十三万大军攻打匈奴。结果，刘邦被匈奴围困在白登整整七天七夜，差点有去无回。最终，是他的谋士陈平想出了一个计谋，让使者去贿赂匈奴单于冒顿的皇后阏氏。使者对阏氏说，要是单于不放过我们皇帝，那我们只好给单于送上几个国色天香的中原美女。阏氏担心那些美女与她争宠，就收下了使者带来的礼品，劝冒顿退了兵。

死里逃生的刘邦深刻地认识到了西汉与匈奴之间的差距，只好同意了谋士娄敬的建议，与匈奴和亲。娄敬的想法是，把汉朝的公主送给匈奴单于当皇后，那么汉朝公主生下的孩子便是太子，也就是将来的单于。如此一来，匈奴的首领不就是汉朝的子孙了吗？那晚辈当然不能和长辈开战了。理想是丰满的，但现实是骨感的。

为了换来西汉边陲的和平，和亲的政策一直持续着。到了文帝时期，一场意料之外的事情发生了。

按照惯例，每一次去匈奴和亲，皇帝都会派一些宦官跟随公主前去。这一去，就相当于永别，一辈子都要留在异国他乡，因此想去的人一个都没有。文帝时期，有一个名叫中行说的宦官被选中，要跟随公主去匈奴和亲，他提出各种抗议，说什么都不愿意去。

"陛下，我求求你了，你看我已经是一个六根不全的人了，已经十分凄惨了，你能行行好，放过我吗？"

"派你去，你就去，怎么那么多废话呢？"

没有人在乎中行说的看法，去和亲已经是板上钉钉的事了。

临走之前，中行说发狠说："如果你们非要把我送给匈奴，那么我发誓一定要成为大汉的灾星，让你们所有人都后悔。"

汉朝的文武百官听了，觉得中行说不过是在垂死挣扎而已，没人把这句话放在心上。在他们眼中，一个小小的宦官，能掀起什么大风大浪？但是，中行说说到做到了。

到了匈奴之后，中行说立马当起了汉奸，将自己在汉宫里对付主子的本领全都拿了出来，各种讨好匈奴单于。他这么做，不为权势，不为金钱，就是想出一口恶气，谁让汉室逼着他浪迹天涯的。

中行说还成了匈奴单于的军师，将中原的情况和盘托出，从中挑拨离间，让匈奴对汉朝充满敌意，抵制汉朝的东西，比如丝织品、食物。在中行说的不断努力下，匈奴对汉室越来越傲慢无礼了。文帝十四年（公元前166年）冬天，十四万匈奴兵突然攻打汉朝，杀死了北地都尉，逼近雍甘泉。

这里距离都城长安不到三百里，长安城中的所有人都忐忑不安，一种不祥之感涌上了每个人的心头。

无奈之下，汉文帝只好给匈奴单于写信，请求再送几个公主过去，让匈奴单于放过他们。匈奴单于答应了，又问汉文帝要了几个貌美如花的公主。汉文帝这次是大手笔，送去了四个公主，破了和亲公主数量的最高纪录。

到了汉景帝时期，七国之乱时，匈奴也想趁火打劫。后来，汉景帝成功平定了叛乱，匈奴的计谋没有得逞。

到了汉武帝登基时，西汉王朝经过长时间的休养生息，已经实力大增。年轻气盛的他对待匈奴的态度是矛盾的：骨子里，他不想走祖辈的老路了，但他也知道匈奴人强悍，不好招惹。

建元六年（公元前135年），按照惯例，匈奴派使者来到都城长安，为单于讨要汉朝公主。为此，汉武帝开了一次朝廷会议。

"和亲？讨要公主？要不直接消灭他们得啦？众爱卿，你们说说到底是和还是打？"汉武帝向朝堂上的文武百官发问。

会议上，大家分成了两派，一派主张和亲，他们认为匈奴人逐水草而居，没有固定的住所，也没有堆积的财物需要去守护，因此很难捕捉到他们的主力并歼灭他们。而且匈奴兵以骑兵为主，来无影去无踪，在有利益可图的时候才会发动战争，没有利益可图的时候就后退，并不以逃跑为耻。如果大汉派重兵攻打，后勤运输需要十倍以上的兵力，行进起来会十分缓慢。所以，他们认为应该以和为贵，不宜打仗。

另外一派是主战派，他们认为匈奴人胃口太大，永远不知道满足，经常骚扰大汉边境，送给他们汉朝公主，只能换来几年的和平，不如来个痛快点的，消灭他们，以绝后患。

大家议论纷纷，汉武帝自言自语道："以往，汉朝和匈奴相斗，总是战绩惨淡。众爱卿说说，哪个诸侯王家中有公主？"

"公主？"文武百官你看着我，我看着你。

过了很长时间，一个大臣站了出来："启奏陛下，江都王的儿子刘建倒是有一个名叫刘细君的女儿。"

"刘细君？好名字，朕觉得这次就让刘细君去和亲，怎么样？"

"但是，刘细君才五岁，年龄有点小，担心匈奴单于不同意。"

"才五岁？那就再等等，等她长大了再说。这次咱们还是老方法，找一个宫女，好好打扮打扮，说是公主，给匈奴单于送去。"

汉武帝这次答应与匈奴和亲，不代表他放弃了与匈奴决裂、将其打趴下的想法。

元光二年（公元前133年），汉武帝又召开了一次朝廷会议。

"朕把公主打扮得漂漂亮亮的，还附带了丰厚的嫁妆。但这匈奴单于呢，还是那么傲慢，不知感恩，朕不想伺候他们了。因此，朕决定发兵攻打匈奴，众爱卿觉得如何？"

这次，汉武帝在询问大臣的建议前，先摆明了自己的态度，意思是你们中要是有谁不同意，就是和朕对着干了。其实，汉武帝是在给文武百官施压。

这个时候，主战派代表王恢站了出来，先给大家讲了一个故事：战国时期有一个小小的代国，它的北边是匈奴，南边是中原，可谓四面楚歌。但这个代国十分厉害，在这种情况下，百姓依然安居乐业，匈奴从来不敢侵犯它。

讲完故事后，王恢义正词严地说道："我们大汉比那代国强多了，但匈奴依然不断骚扰我国边境，气焰十分嚣张，这说明了一个什么问题呢？这只能说明我们大汉对待他们的态度不够强硬，太软弱了。因此，我们要灭灭他们的气焰，镇住他们，让他们知道我们的厉害。"

王恢一说完，主和派的代表韩安国就站了出来，先说匈奴是游牧民族，攻打匈奴只能是杀敌一千，自损八百。然后把汉武帝的祖宗刘邦搬了出来，说与匈奴和亲是汉高祖刘邦制定的国策，现在不和亲，难道是刘邦制定的国策有错？

王恢一听，顿时觉得这韩安国太阴险了，他这是在给自己下套啊。他想了想，说道："高祖皇帝和亲,那是因为他心系天下百姓,不忍百姓受苦。但今天的情况和高祖皇帝时的情况不一样了,你看我们给了匈奴人那么多好处,他们知足过吗?感恩过吗?他们依然不断骚扰我国边境,让百姓受罪,苦不堪言。要是高祖皇帝还在世的话,他同样会选择攻打匈奴的。"

王恢的一番话说到汉武帝心坎上了,他一说完,汉武帝就开心地问道："那王爱卿说说,我们如何与匈奴作战呢?"

这次,王恢是有备而来,他立马向汉武帝提出了一个作战方案:先让汉军在边境埋伏好,使用诱敌之计骗来匈奴单于,将其捉住。

这一作战方案是一个名叫聂壹的商人给王恢拟订的。聂壹是一个足智多谋、身强力壮的爱国人士,他住在边境地区雁门郡马邑县,往外走是匈奴地界,往里走是大汉疆土。只要大汉和匈奴开战,就会对他的个人生活带来极为不利的影响。

于是,聂壹整天琢磨,有没有一个一劳永逸的办法,一次性将这些匈奴人都消灭掉?如果将匈奴人除干净了,那雁门郡就安宁了,他们聂家的子孙后代就能一直在这里安稳地生活下去了。

于是,聂壹立刻去拜见了大行令王恢。当时,王恢刚好平定了闽越国,踌躇满志地往北部边境一路狂奔。等他前脚一到雁门郡,大富豪聂壹后脚就到了。

"大人,你来得太及时了,草民有一个想法,你看咱们大汉把匈奴消灭干净,怎么样?"

"打仗是一件简单容易的事情,可目前的问题是,匈奴人在哪儿?"王恢问道。

"匈奴人现在在哪里,我也不太清楚。不光我不清楚,连匈奴人都说不出来,他们一向来无影去无踪。"

"没有人知道他们在哪里,那你说,这仗该如何打呢?"王恢问道。

"虽然不知道他们在哪儿,但我们可以把他们招引出来呀。"

"怎么招?"

"当然是拿财物啊。"

"你当匈奴个个是傻子啊?你拿财物一招,他们就屁颠屁颠地来啦?"

"大人,你要相信草民,他们肯定会来的。我们一定要好好把握住这次机会,错过了,就不会再有了。"

"那派谁去招引匈奴呢?"

"派我去,准能成!"聂壹胸有成竹地回答道。

为了王恢的这个诱敌计谋,汉武帝想了又想,再次召开了一次朝廷会议。

这次韩安国又站了出来,故意恶心王恢:"陛下,王恢的精神有些不正常,不要理他。"

王恢坚持自己的想法，说道："战争太简单了，出动兵力直接打就行。"

这时，早就坐不住的汉武帝催促王恢道："王恢，你就说用什么办法让匈奴上钩？"

"回陛下，我们有聂壹。"王恢得意扬扬地说道。

"聂壹是谁？"汉武帝问道。

"聂壹是雁门郡的土豪，他说他可以去匈奴人的老巢，给他们送财物，把他们勾引过来，然后我们大汉给予致命一击，这样就能够消灭匈奴了。"

"一派胡言，一点可行性都没有！"韩安国愤愤地说。

王恢没有搭理韩安国，只是对汉武帝说道："陛下，你觉得怎么样？"

"反正咱们闲得没事做，要不试试？"汉武帝说道。

这场攻打匈奴战役的准备工作从公元前 133 年 10 月开始，直到第二年的 6 月才完成，整整筹备了八个月。

汉武帝派出了三十万精兵和五名统帅，统帅分别是主将韩安国、骁骑将军李广、轻车将军公孙贺、屯将军王恢以及材官将军李息。统帅当中，文官也有，武官也有，不靠谱的也有。尤其是韩安国，他本来就是主和派，坚决反对战争，汉武帝却把他放在了第一位，这跟胡闹没有什么区别。而且，在出发前，汉武帝没有给这些统帅排个先后顺序，导致这五人谁也看不上谁，谁也不听谁的。

汉军抵达与聂壹约定的地点马邑道后，全都躲进了山谷里，挤在一起，准备匈奴人一到，大家一起杀出去。

等汉军埋伏好后，土豪聂壹出马了。

聂壹独自奔到塞外，见到放牧的人，就问："你好，你知道大单于在什么地方吗？我有事想和他聊聊。"经过不懈的努力，他居然真的来到了大单于的蒙古包前。

"你是什么人？"大单于问道。

"草民是雁门郡马邑县人，叫作聂壹。"聂壹回答道。

"你找我有什么事情？"大单于问。

"是这样的，我们汉朝的窦太后去世了，权力落到了小皇帝手中。他一掌权就推行新政，说什么要重农抑商，专门收拾我们这些小商小贩。草民是有苦说不出，快没有生意可做了，草民的父亲都被活活气死了。"

"你们的事情跟我有什么关系？"大单于漫不经心地问。

"回大单于，这件事情跟你是没有关系，但草民有个想法，就是希望大单于能够助我一臂之力，替草民的父亲报仇雪恨。我先派人杀掉马邑县的县令，将城门打开，大单于就带兵直接冲进去，到时候，马邑县里面数不尽的金银财宝和美女都是你大单于的了。在这个过程中，草民不怕别的，就是担心小皇帝派兵打过来，到那时，草民的小命就保不住了。简单地说，我希望大单于能够保护我，财产归大单于。"

"本单于不喜欢打啊杀啊的，你立刻、马上从我眼前消失，不然我就不客气了。"

"大单于，你就别试探草民了，草民是真心的。如果你担心我欺骗你，我就发誓好了。"

"你是真心的？本单于警告你，如果你要阴谋诡计，本单于一定送你去见阎王。"

"如果草民敢欺骗大单于，就天打雷劈，不得好死！"

"那就出发！"

聂壹与大单于约好时间后便返回了，马邑城的县令早给他准备了几个死囚，等聂壹进城后，死囚们的脑袋就落地了，被挂上了城墙头。聂壹对匈奴的使者说："这就是县令和县丞们的脑袋，马邑城现在无主，快去叫你们大单于，快去！"

匈奴使者立马回去向大单于汇报，大单于开心坏了，立马率领十万大军出发。快到马邑县时，警惕心很强的大单于突然觉得不太对劲。平日里，这茫茫大漠上总有一些汉人在放牧，今天怎么一个人都没有，只有牛羊自己在吃草呢？

原来，这次汉军是好心办坏事，他们担心打起仗来伤及无辜百姓，于是提前赶走了他们。但正是这一仁义的举动，引起了大单于的怀疑。

大单于勒住马，鞭子指向马邑城的方向："如果敢骗本单于进圈套，日后杀你个人仰马翻。传我军令，马邑方向可能有埋伏，大军停止前进，掉转方向。"

于是，匈奴大军转向雁门，途中遇到了一个边防小亭："给本单于轰了这破亭子。"

匈奴士兵一拥而上，顷刻间，这个小亭便成了一座废墟，雁门郡尉史不幸成了他们的俘虏。

"还认得我吗？"大单于看着雁门郡尉史说道。

"认得，是大单于。"雁门郡尉史哆哆嗦嗦地回答。

"想活命吗？想活命就给本单于老实一点，这附近是不是有埋伏？"

"大单于既然已经感觉到了，我也不瞒你了，三十万汉军已经在马邑道旁的山谷中埋伏好了。"

"我的天，我说这一路怎么一个人影都没有，果然有埋伏。能俘虏这个家伙，是长生天在保佑本单于，说明本单于能够长命百岁，哈哈哈！"

大单于认为雁门郡尉史是长生天派来搭救他的，于是把他封为"天王"，然后率领十万大军回老巢了。

这边的王恢还在胸有成竹地等匈奴落网呢，结果那头传来消息，说大单于率领士兵回去了。他着急坏了，想派兵去追，但转念一想，这匈奴人一向狡诈，不会是设下了什么陷阱吧？想来想去，王恢觉得还是退兵稳当。走的时候，王恢也懒得通知韩安国一声，韩安国那边的主力部队就一直苦苦地等着，但始终连匈奴的人影都没见到一个，最后实在等不住了，就打算主动出击。但这个时候，匈奴人早就回去大半天了，想追也追不上了。

"马邑之围"就这样悄无声息地落下了帷幕，可以说是雷声大，但雨是一滴没有。这是汉武帝登基以来第一次对匈奴开战，却遭遇这种结局，让他无颜面对列祖列宗、天下百姓，以及朝廷上的文武百官。

汉武帝当时是龙颜大怒，第一时间把王恢抓了起来，对其兴师问罪。

"王恢，你手中有三万人马，为何不主动发动攻击？你没有出击就擅自撤兵，犯下的是死罪！"

"陛下，微臣手下是有三万人，但这是一支孤军，与主力部队相距遥远。如果我轻易上前追赶，万一匈奴设下陷阱，估计这三万人就会全军覆没。"

"明明你是不敢开战，还狡辩！"汉武帝不想与他说多余的废话，直接将其交给了廷尉，想杀掉他来出出气。

但王恢的求生意识很强，立马派人去贿赂当时还活着的丞相田蚡。中间人是这样对田蚡说的："'马邑之围'失策，不能怪王恢，要怪就怪匈奴，他们太狡诈了，竟然预感到前方有埋伏。请丞相大人主持公道，求陛下不要那么生气，不要杀了对国家有用的人才。"

田蚡左右为难，说道："这是一件大事，谁都知道，这次激怒了匈奴，后面便是无休无止的战争，不知多少人会因此而丢掉性命。这件事情关系着大汉的存亡，你们无功而返，还激怒了匈奴，陛下肯定会找人承担责任，他不找你这个出建议的人，难道他让自己承担责任？"

中间人说："丞相，你的意思是，这些钱和礼物你不想收？"

"收是要收的，谁还跟钱有仇？但是现在陛下那么生气，我也说不上话啊。好了，我去后宫走一趟，让我姐姐王太后出面劝劝陛下吧。"

于是，田蚡去找王太后，说明了情况。王姑呢，还真的来劝汉武帝："皇帝，

'马邑之围'失策不能全怪王恢，你干吗要将他杀掉？"

话音未落，汉武帝怒发冲冠："不怪他怪谁！难道还怪朕？你说说你，连这种事情都听舅舅的。你知道这次失败意味着什么吗？它意味着没完没了的战争，意味着不少人会丧失性命，意味着我大汉再也没有了安宁之日。我这个皇帝很可能会成为亡国之君，你这个皇太后也会成为俘虏。"

"真的假的？"王娡呆住了。

"母后认为呢？"汉武帝说完这句话，直接离开了。汉武帝走后，田蚡鬼鬼祟祟地从纱帐中溜了出来，一声不吭地走了。

田蚡回去后，便把汉武帝的话一字不落地告诉了王恢的家人。王恢觉得自己已经没有活路了，便在监狱里自杀了。

围歼战，汉使四将军出击匈奴

马邑之围后，匈奴人为了报复，不断侵犯汉朝边境，汉武帝忍无可忍，于是派出四位将军：卫青、李广、公孙敖以及公孙贺，每人各率领一万汉军对匈奴进行围攻。最终，卫青不负汉武帝所望，脱颖而出，直捣匈奴的都城龙城，并俘获七百名匈奴人，一战成名；运气最差的飞将军李广，全军覆没，但他最后死里逃生，威震匈奴。

经过马邑之围后，汉武帝意识到大汉已经与匈奴人彻底撕破了脸，除了与匈奴开战，再无其他路可以走，于是整天枕戈待旦。元光六年（公元前129年），为了报马邑之仇，匈奴大单于率领大军杀入上谷郡，烧杀劫掠，无恶不作。

汉武帝等待这一刻，等了整整四年。等匈奴杀入上谷郡后，汉武帝亲自进行部署，封卫青为车骑将军，率领一万士兵，从上谷郡出发；封公孙敖为骑将军，率领一万士兵从代国出发；封公孙贺为轻车将军，率领一万士兵从云中郡出发；封飞将军李广为骁骑将军，率领一万士兵从雁门郡出发，兵分四路围攻驻兵在边关附近的匈奴。

这四路将军中，当时名声最大的便是飞将军李广了。李广是秦朝名将李信的后人，从汉文帝时期开始，李广便成了攻打匈奴队伍中的一员。汉景帝时期，他又参加了平定七国之乱的战争。他擅长骑马、射箭，曾立下赫赫战功。所以这次战争，汉武帝把最难打的地方交给了李广，但考虑到士兵人数不够，李广取得胜利的可能性不大。

除李广之外，当时名气稍微大点的是公孙贺。在汉景帝时期，他就成了军中一员，由于立下赫赫战功而担任太子舍人，时常伴随在汉武帝左右。汉武帝刚登基的时候，就封公孙贺为太仆，并将卫子夫的姐姐卫君孺嫁给了他，对他十分器重。

公孙敖，他就是那个将卫青从长公主刘嫖的家奴董偃手下救出来的人，很早就担任汉武帝的骑兵侍从。

这四个人中，卫青是一个小白，他出身低微，本来是平阳公主家的一个骑奴，一次战场都没有上过，能待在朝堂上，也是沾了卫子夫的光。论名气，论资质，卫青根本没有资格担当此任。在如此重大的战役中，卫青空降，还独自率领一支军队，汉武帝的目的十分明显，就是让他立功，让他成名。汉武帝让卫青率领士兵从上谷出发，上谷后面的五台山峭壁陡立，地势十分险要，大单于根本不会来到这个地方送死，因此卫青几乎没有任何风险。

汉武帝安排这一仗，不仅是为了攻打匈奴，还准备培养一位明星将领出来。

这次出兵的结局也在汉武帝的希望之中，意料之外。卫青率兵势如破竹，一路杀到了匈奴老巢龙城，还斩杀并俘虏了七百多人。

七百人意义不大，但重点在于他"直捣龙城"。龙城是匈奴的政治、宗教中心，相当于都城。在汉朝和匈奴数十年的交战中，汉军从来没有顺利地深入过匈奴腹地。之前韩安国一直主张和亲，说匈奴难打，为何难打呢？匈奴人强悍是一部分原因，更重要的原因是找不到他们，不知道他们在哪里。但是，卫青的这次胜利成功地打破了他们的认知，他率领的一万骑兵就这样轻而易举地杀到了匈奴最核心的地方，这一举动不仅震撼了整个匈奴，还让汉军士气大增，树立了与匈奴抗争到底的信心。

汉武帝对卫青的表现十分开心，虽然他有意将卫青培养为一位明星战将，但没有想到，卫青第一次出场就演绎了一场完美的个人秀。正像汉武帝所希望的那样，卫青是一战成名。

卫青首秀的成功，与他的好运气有一定的关系。卫青的运气体现在，他率领士兵直捣龙城的过程中没有遭遇匈奴精锐，还有他竟然没有迷失方向。要知道的是，从来没有汉军深入过匈奴腹地，更不可能有相关方面的记载。

但是，其中还体现出了卫青的个人能力。卫青能够找到龙城是一个意外，但决定攻打龙城则属于个人决断。龙城是匈奴的都城，是政治、宗教中心，攻打龙城不仅能够镇住匈奴，灭灭匈奴的嚣张气焰，还能鼓舞汉朝士兵的士气。但卫青的士兵只有一万人，他怎么就敢对匈奴的都城龙城下手呢？这体现了他思维的缜密，虽然龙城是匈奴的都城，但汉军从来没有到过这个地方，因此他们想不到会有汉军抵达这里。在与汉军开战期间，龙城反而是匈奴最有可能疏于防范的地方。事实证明，卫青的想法是正确的。

好运气加上个人决断，让卫青打响了这意义非凡的一战，为自己赢得了一个灿烂光辉的未来。

最西边的公孙贺一路顺风顺水，但有些顺利得过头了。他率领大军从云中郡出发，在大草原上溜了一圈后，人影都没有见到一个。他是平平安安地去，到了约定时间，又优哉游哉地回来了。

卫青和公孙贺两人幸福得过头了，这就意味着李广和公孙敖十分凄惨，匈奴的主力全在李广和公孙敖前方。

果然如此，公孙敖率领大军前进时，忽然看到前方的尽头出现了一支数量庞大的匈奴骑兵，他大吃一惊，立马下令："逃，快逃！我们遇到匈奴主力了！"

横在公孙敖面前的匈奴兵力至少有四万人，双方实力相差较大，结果这次战斗是汉军在前面亡命天涯，匈奴军在后面狂追不已。匈奴人擅长骑射，很快就追了上来，公孙敖耳边立马充斥着汉军凄惨的叫声。当时，公孙敖只有一个想法，那就是逃命。唯一幸运的是，他的战马矫健，很快就把士兵远远地抛在身后，而匈奴大军对跑得慢的汉军大开杀戒，一时没注意到前面狂奔不已的公孙敖。

等逃到安全地带，公孙敖终于鼓起勇气看了一眼身后的大军，立马绝望了：一万骑兵，剩下的人只有两千多。

"我该如何向陛下交代啊？哎，这群野兽也太勇猛了。不管怎样，小命还是保住了。"公孙敖自我安慰。剩下的这两千多士兵都受伤了，并且已经被吓得魂都没了，只想着早点回去。

如果说公孙敖的运气差，那李广的运气可以用"糟糕透顶"来形容。公孙敖遇到的不是匈奴右谷蠡，就是匈奴左贤王，匈奴大单于的主力则在李广前方。

飞将军李广率领大军一出雁门关，就遇到了匈奴大单于率领的大军。雁门关这个地方一向由大将程不识把守，他用兵十分保守，很少主动出关攻打匈奴，因此这里对匈奴来说十分安全，并且这里水草茂盛。

当时，匈奴大单于，也就是军臣单于率领的大军至少有六万人，并且他还有一支后援军。不管从战斗力还是从士兵的数量来说，李广与军臣单于完全没有可比性。

最终，李广率领的一万大军全军覆没，他本人也被匈奴人活捉。

"你是谁？为何这么善战？"匈奴人抓到他时，问道。

"我就是飞将军李广！"李广回答道。

"你真是李广？"匈奴人开心得不能自已，"我们大单于有令，捉你时一定要活的。他想和你成为好朋友，你快点投降，不要折腾，我们好回去喝酒。"

李广说："喝酒这事不急，你们的马怎么都没有马鞍呢？这种光溜溜的马，我骑不了。"

匈奴人一听，立马在两匹马中间拉网绳，然后把李广放了上去。走了十多里，等匈奴人放松警惕的时候，李广突然一跃而起，精准地落在了距离他最近的一个匈奴骑兵的马上，一脚将匈奴骑兵推了下去，并将其武器夺走，然后策马狂奔。

这是押送李广的匈奴们所没有想到的，他们着急地大喊："追，赶紧追上李广，不能让他跑了！"

无奈的是，飞将军李广跑得实在太快了，他们怎么努力也没有追上。

李广魂不守舍地回来了，等待他的是一副枷锁。全军覆没，无一生还，那是要追究责任的。李广心乱如麻，回头一看，公孙敖同样戴着一副枷锁。

公孙敖对李广说："李将军，这次咱俩损失了近两万士兵，卫青那边则斩杀、俘虏了七百个匈奴，陛下一定对咱俩十分生气。"

李广横眉怒目，说道："我才生气，我这么能打，一大把年纪了，还没有封侯。"

公孙敖诧异地说道："都什么时候了，我们打了败仗，按照律法，脑袋都不保了，李将军还想着封侯呢。"

李广长长地叹了一口气："每天挣点死工资，省吃俭用，攒了几个活命钱，又要被陛下没收了。"

根据历史记载，李广和公孙敖按律当斩，但两人变卖家产，凑足了赎金，免除了死罪，被贬为普通百姓。卫青则被汉武帝封为关内侯，属军功爵制二等功。

汉军在上谷惨败之后，匈奴人士气大振，认为汉朝的小皇帝不过是废物一个，于是变本加厉地侵扰渔阳。无可奈何之下，汉武帝命令韩安国驻守渔阳。

早在窦婴、灌夫两大家族被灭族，田蚡病死后，汉武帝就任命韩安国为代理丞相。一次，他为汉武帝驾车时不下心从马车上摔了下来，把腿摔断了，成了残疾人士。

连白发苍苍的残疾人士，并且是主和派的主将都被派上战场，可见当时的汉朝是多么缺乏战将。

韩安国去边关不到一年，就遭遇了匈奴的猛烈攻击。秋高气爽的时节，两万匈奴侵扰汉朝边境，杀了辽西太守，并抢走两千百姓。紧接着，他们团团围住韩安国驻守的城墙，不断发动猛烈进攻。韩安国吓得忐忑不安，骂道："好端端的，为什么去招惹那些野蛮人，给他们美女就行了，一个不够，多给他们几个。看看，人家都打到家门口来了，这该如何是好？"

很快，匈奴又去攻打雁门。大将程不识坚守城门，死活不应战，匈奴抢走数千人后撤退了。

匈奴人猖狂得让汉武帝十分生气，他训斥韩安国道："韩安国，你是怎么回事？匈奴人都闹成这样了，你为何不去教训他们一下？"

韩安国是有苦说不出，在忧思过度的情况下，很快就去世了。

韩安国一死，汉武帝身边更没人了。无奈之下，他只好重新起用了飞将军李广。

飞将军李广一走马上任，他所镇守的右北平一带，匈奴人顿时逃得无影无踪。那是因为上次他所带领的军队虽然全军覆没，但他居然能够死里逃生，从而让匈奴人佩服得五体投地。

经过这两次，汉武帝终于明白过来，想凭借小聪明赢得战争的胜利是不可能的。要想彻底解决问题，只有遵循战争的法则。

所谓的战争，不过是杀敌一千，自损八百。战争一旦开始，就意味着双方都会有巨大的损耗。

汉武帝决定再次攻打匈奴，给他们点颜色看看。于是，汉武帝封卫青为车骑将军，率领三万骑兵从雁门郡出发，并让驻守代地的李息将军赶过来打侧翼。在这次战争中，卫青率领士兵斩杀了近千名匈奴人。

卫青有三万人，但只斩杀了不到一千的匈奴人，相当于每三十个汉军只斩杀了一个匈奴士兵。可以说，这场胜利并不耀眼。但是通过这场战争，汉武帝释放出了一个显而易见的信号：首先，参加这次战役的两名战将，一个是卫青，一个是李息，都是年轻而没有战斗经验的小白，由此可以看出汉武帝在有意培养新人；其次，汉武帝这次给了卫青三万士兵，是龙城之战士兵人数的三倍，可见他越来越信任卫青了。

连接卫青和汉武帝之间的纽带是卫子夫。汉武帝对卫青的重视，在一定程度上反映出卫子夫受宠的程度。换句话说，卫青和卫子夫姐弟两人的命运是连接在一起的。卫子夫受到了汉武帝的宠爱，卫青在事业上就会平步青云；卫子夫一旦失宠，卫青的政治生涯也就到头了。元朔元年（公元前 128 年），卫子夫为汉武帝生下了第四个孩子，也是汉武帝生命中的第一个儿子，即皇太子刘据。一个小小的舞女，历经挫折，终于飞上枝头当上凤凰了。而低微的卫氏家族，也终于走向了荣耀。

出其不意，右贤王溃败

张骞出使西域，为汉武帝带来了意外的惊喜。汉武帝意识到匈奴的实力不如往日了，于是决定主动出击。这次的统帅依然是卫青，他出其不意地对右贤王展开进攻，俘虏了三十多名匈奴贵族、一万五千名俘虏以及百万头牲畜。经过这一战，卫青登上了政治的巅峰。

在登上皇位初期，由于没有权力，汉武帝的主要工作便是游山玩水，但他依然在为攻打匈奴做准备。不少在之前的战争中成为俘虏的匈奴人，都受到了汉武帝的重视。他派专门的人收集匈奴人的情报，不少匈奴人也加入了汉军。

一次，汉武帝从匈奴俘虏口中得知，西域有一个叫作大月氏的小国，他们的国王被匈奴人杀掉，脑袋还被做成了酒器。于是，大月氏开始反抗匈奴，但苦于能力不够，一直忍辱负重。

汉武帝一听，觉得机会到了。如果汉朝能够与大月氏结盟，对匈奴进行围攻，那么匈奴的死期就到了。

于是，建元三年（公元前138年），汉武帝开始招聘出使西域的勇士。这个时候，一个名叫张骞的人站了出来。

张骞是汉中固县人，担任郎官，有着过人的胆识。在此之前，他从没有出过边关。在此之后，他成了外交家。大月氏在哪里，他也不知道。幸好当时有一个被汉化的匈奴，名叫堂邑氏，他家中有一个名叫堂邑父的奴仆，愿意给张骞当向导。

汉武帝还为张骞征召了一百多名亡命之徒，陪同他一路西行。这支外交队伍进入河西走廊后就失去了消息，时间长得让汉武帝都忘记了他们的存在。

原来，张骞的队伍进入河西走廊后就遇到了匈奴，被匈奴扣留了下来。

匈奴大单于亲自审问张骞："你们这么多人擅自闯入我国边境，是想打架吗？"

张骞立马上前解释道："大单于，你误会了，我们只是平民，并不是有意闯入的。"

"你们来干什么？"

"大单于，我们只是路过贵国而已，请给我们发一张通行证。"张骞请求道。

"你们准备去哪里？"

"去大月氏。"张骞回答道。

"那地方十分遥远，你们去哪里干什么？"

"有远亲在那边，走亲戚去。"张骞回答道。

"如果我派使者穿越汉朝，去南越，恐怕你们的皇帝也不会答应吧？"

"这个，也是有可能的。"张骞回答道。

"你是张骞吧，我赏给你一个老婆，要保护好她，可别让人抢跑了。"

"大单于，千万别这样，我可是有老婆的人。"张骞惊慌地说道。

"不要矫情了，否则一刀宰了你。"

根据史料记载，第一次出使西域的张骞被匈奴扣留了下来。匈奴单于一直试图说服张骞，让他投降，还强行塞给他一个妻子，想让家庭成为他的绊脚石，让他在匈奴处安定下来。

张骞在匈奴处一待就是十多年，在这十多年里，他从未忘记过汉武帝交给他的使命。前面十年，他过着陪伴妻子孩子的幸福小日子。慢慢地，军臣单于对他放松了警惕。

某天早晨，张骞告诉老婆要办点小事情。一出门，他就和堂邑父跳上早就准备好的马匹，向西狂奔。

在艰难地向西狂奔了几十天后，张骞和堂邑父来到了大宛。张骞见到大宛国王后，立刻表达了汉朝想与其结交的意愿。大宛国王早就听说过汉朝地大物博、繁荣昌盛，一直想与汉朝进行经济贸易，无奈匈奴人从中作梗，百般阻挠，外加对汉朝不熟悉，导致他一直没有如愿。这次汉朝使者主动来到他的面前，他自然是心花怒放，热情而周到地款待了张骞和堂邑父。

张骞请求大宛国王把他俩送到大月氏，日后一定会报答大宛。大宛国王立马同意了，派使者把张骞和堂邑父送往大月氏。

此时，大月氏已经有了新的国王，并征服了繁荣昌盛的大夏，过上了安居乐业、丰衣足食的生活。舒服的日子过久了，他们也就没有了为前国王报仇的心思。因此，大月氏的国王拒绝了张骞提出的联合汉朝围攻匈奴的建议。

无奈之下，张骞只好打道回府，当然不是回匈奴老婆那里，而是要回到汉朝老婆那里。为了躲避匈奴人，张骞和堂邑父准备绕道而行，穿越羌人的地界。但怕什么来什么，他俩又遇到了匈奴人，再次被抓了回去，与匈奴老婆、孩子相聚了。

张骞在匈奴处待了一年，军臣单于就死了，他的弟弟伊稚斜发动叛乱，谋权篡位，自立为大单于。张骞趁乱带着妻子、孩子和堂邑父逃回了汉朝。

去的时候，张骞手下有一百多人，十三年后返回长安时，他带去的人只剩下了堂邑父。虽然张骞没有成功说服大月氏与汉朝结盟，但他同样立下了汗马功劳，为汉武帝带来了情报。

张骞这次出使西域，游历了大宛、大月氏、大夏以及匈奴，还对这些国家周边的国家有了一些了解。因为在匈奴处居住了十多年，张骞对匈奴的情况也非常熟悉。他将这些情况进行汇总，加以详细分析，然后交给了汉武帝。

看到报告的汉武帝应该是大吃了一惊，他意识到匈奴帝国比他想象的强大多了。匈奴帝国东至兴安岭，西至北海，南与燕国、代国接壤。虽然匈奴的地盘有大片沙漠，但总体上说，国土面积已经超过了汉朝。

汉武帝原本以为匈奴只是几个来无影去无踪的小贼，不料对方却是数不胜数的军事集团，这简直是可怕至极。

根据司马迁的记载，匈奴人的历史长达千年。第一个进入中原人视野的匈奴首领名叫头曼。头曼的大儿子是冒顿，按照继承制度，将来将由冒顿来继承单于的位置。但头曼不喜欢冒顿，所以当爱妃为他生下一个小儿子后，他就一直想废掉冒顿的右贤王之位，但始终没有找到下手的机会。还有一点，冒顿一直备受族人爱戴，这对头曼的大单于之位造成了威胁。后来，他想了一个方法，那就是派冒顿去大月氏当人质，然后对大月氏发动猛烈攻击，想借大月氏之手除掉这个大儿子。谁知，英勇善战的冒顿在慌乱之际偷了一匹好战马，逃回了匈奴。

回来之后，冒顿恨恨地想："父王这是想借敌人之手除掉我，让我弟当大单于，那不好意思了，还是我先动手吧。"

于是，冒顿开始严格训练自己的军队。他命令自己的士兵道："我的箭射向哪里，你们必须射到哪里，不听命令者，斩！"

冒顿先拿飞禽走兽做实验，做完实验后，他便拿自己的良马做实验，用响箭射向自己的马，有的士兵犹犹豫豫，没有射向他的马匹，冒顿立马让他的脑袋搬了家。

然后，冒顿把自己最宠爱的女人当成实验品，有的士兵为了保住小命，跟冒顿一起射他的女人，有的士兵仁慈，又犹犹豫豫的。冒顿再次诛杀了没有射箭的人。

后来，冒顿说射向哪里，他的士兵便射向哪里，没有不听从的。某天，他与他的父亲头曼一起打猎，他突然下令："射箭！"很快，头曼身上就插满了箭。

冒顿继承单于之位后，先后征服了很多国家，不断壮大匈奴。他曾经将汉高祖刘邦围困在白登整整七天七夜，因为之前约好的两路援兵没到，加上皇后的劝阻，他就退兵了，刘邦这才捡回一命。刘邦逃回来后，意识到匈奴兵力强盛，再也不敢与匈奴人宣战，改而走和亲路线。

刘邦去世后，冒顿写信给吕后，公然调戏她，要求她侍寝。吕后十分愤怒，找妹夫樊哙一通抱怨。樊哙大声嚷嚷道："我要灭了这群野蛮人，给我十万大军，我一定杀匈奴个片甲不留。"

吕后见到樊哙的反应后十分欣慰，但她还没有表态，季布便站了出来，说道："太后，你应该斩了樊哙，他满嘴跑舌头。当年高祖皇帝率领几十万士兵也没有战胜匈奴，樊哙哪里来的自信，认为十万人就能横扫匈奴？难道他比高祖皇帝还牛？"

无奈之下，吕后只好忍心吞声地给匈奴单于冒顿回了一封信，说自己已经是一个老太婆了，哪里配得上大单于。除此之外，吕后还赠给冒顿一份厚礼。

从此以后，给匈奴送公主并配上丰厚的嫁妆，成了汉朝的一项基本国策。但其实谁也不愿意把女儿送给匈奴人，所以西汉的皇帝们十分窝火，一直在暗暗地积蓄力量，准备把这些强盗打趴下。

到了汉文帝时代，匈奴单于冒顿依然活得好好的。当时，匈奴右贤王攻打汉朝，冒顿给汉文帝写了一封信，他在信中说："右贤王攻打你们，这是你们罪有应得，谁让你们不尊重我们右贤王的？现在我已经惩罚他，让他去了西域。你们呢？最好再送几个美貌的公主来，我就不和你们一般见识了。"

匈奴的强盗逻辑让汉文帝十分震惊，他气得直打哆嗦，要与匈奴开战，朝中的文武百官立马将汉文帝拦住了，劝他说："陛下啊，千万使不得啊，匈奴人刚打败了大月氏，士气正盛，咱们招惹不起啊，还是按照他们的要求，送几个美女过去吧。"

无奈之下，汉文帝只好同意了，送了几个美女给冒顿，并附上了丰厚的嫁妆。总之，匈奴和汉朝和亲，后人将这段历史称为和平史。但其实对汉朝来说，那是一段屈辱的历史。

冒顿死后，他的儿子稽粥继承了单于之位，也就是老上单于。他继承了祖先那"优良"的传统，继续祸害汉朝。

正是这位匈奴单于欺负大月氏，还把人家国王的脑袋砍下来做成了酒器，让大月氏伤心不已，远走他乡。也正是这位匈奴单于让汉文帝送公主过去，汉文帝送公主时把宦官中行说也捎带去了。

老上单于死后，儿子军臣单于继承了王位。这是一位艺高胆大的单于，他一直在琢磨：那汉朝皇帝一向窝囊废，我们匈奴一直在塞外饱受风沙的侵蚀，何不直接攻下长安城，住在汉朝的皇宫里，那该多好！军臣单于说干就干，对汉朝发动了猛烈的攻击。汉文帝成天担心不已，害怕自己成为一个亡国之君，在忧思过虑的情况下，很快就去世了。

汉景帝继位。他在当太子时，与吴王刘濞的世子一起下棋。既然是下棋，必然有输有赢。但因为输了，当时还是太子的景帝十分不爽，直接拿棋盘拍死了吴国太子。等登基后，他没空儿搭理人家匈奴，一心只想与吴王刘濞死磕。

军臣单于趁机勾结吴王刘濞，准备灭掉汉朝。不过，他们的如意算盘还是落空了，汉景帝轻而易举地平定了七国之乱。此后，匈奴依然不断骚扰汉朝边境，让汉景帝不堪其扰。最终，军臣单于收到了三个汉朝公主。

因此，到了汉武帝时期，他决定不再屈辱下去，向匈奴开火。

张骞第一次出使西域返回后，汉武帝心花怒放地发现，攻打匈奴的时机到了。

这一年，军臣单于去世，他的儿子於单继承了单于之位。

但是，军臣单于是一个智商不在线的人。但凡有点脑子的人都知道，把王位传给儿子，一定要先给儿子提供强大的军事实力，这样才能保证儿子的王位不被他人篡夺走。但事实是，军臣单于死后，当时势力最大的并不是儿子於单，而是其弟左谷蠡王伊稚斜。

於单继承单于之位后，左谷蠡王伊稚斜就直接发泄了自己的不满："长子又怎么样？长子就了不起吗？我们匈奴要适应时代的发展，大家和我一起来造反吧！"

左谷蠡王伊稚斜向於单发动了进攻，於单难以抵抗，竟然率领士兵向汉朝方向狂奔，请求成为汉武帝的臣民。

趁这个混乱的时刻，张骞带着妻子儿女以及堂邑父一起返回了汉朝。

看到於单请求归顺，汉武帝欣喜若狂。他猛然意识到，於单的归顺意味着汉朝和匈奴的战争形势将发生逆转，汉朝对匈奴的战争将由防守转为进攻，战争将在匈奴的地盘上展开。

汉武帝为了庆祝这意外的惊喜，大赦天下，并封於单为陟安侯。

但让人诧异的是，於单在成为涉安侯后没几个月就死了，也许是因为他天生身体不好，也许是有人迫害，这就不得而知了。

於单死的那个月，伊稚斜率领士兵侵扰汉朝边境，将代郡太守恭杀死，并抢走一千多当地百姓。当年秋天，伊稚斜率领士兵攻打雁门关，抢走了群众一千多人。

汉武帝于是下令，在北方修建朔方郡城，在东方设立沧海郡，以此来抵御匈奴的侵扰。

元朔五年（公元前 124 年），汉武帝决定对匈奴发动主动攻击，目标是右贤王。因为势力强大的右贤王多次率领士兵侵扰汉朝边境，导致百姓一度生活在水深火热当中，苦不堪言。

在这场战争中，汉武帝任命卫青为车骑将军，卫尉苏建为游击将军，太仆公孙贺为骑将军，飞将军李广的堂弟李蔡为轻车将军，李沮为强弩将军，大行李息和岸头侯张次功为将军。总之，汉武帝这次遵循了战争的法则，派出了超过十万的兵力。六员战将各率领一路兵马，配合统帅卫青，从右北平出发。

右贤王这边毫无准备，当听说汉军冲他而来时，他也根本没有放在心上，认为汉军距离自己十万八千里，从出发到抵达战场，怎么也得好长一段时间，他完全可以优哉游哉地去安排。

但是，在卫青的命令下，汉军马不停蹄地朝右贤王驻扎的营地前进，比正常抵达的时间早了几天。

当天晚上，匈奴右贤王依然沉溺于声色犬马之中，对十万汉军的抵达一点知觉也没有。汉军抵达右贤王大本营前时，夜幕已经降临了。在夜色的掩护下，卫青率领汉军对右贤王的军队发动了猛烈进攻。

右贤王听到外面十分吵闹，夹杂着凄惨的叫声，生气地说道："大半夜闹什么闹，还让不让人喝酒啦？"

一名士兵冲了进来，向右贤王汇报："大王，我们要完蛋了，汉军已经把我们包围了！"

"不要瞎说话，难道汉军个个长了翅膀，直接飞过来的？"

"大王，是真的，属下不敢欺骗大王。这回来的全是精兵，有十多万人，黑压压的一大片！"

"这人也太多了点。爱妃，快到本王身边来，本王带你一起远走高飞！"右贤王对自己的宠妃说道。

右贤王带着宠妃迅速上马，率领一百多名精兵，冲出了汉军的重重包围，向北方逃窜而去。剩下的匈奴兵就遭殃了，右贤王的助理右贤裨王连同三十多名匈奴贵族和一万五千名部落族人都成了汉军的俘虏。

卫青高声下令："所有人听好了，你们现在是汉军的俘虏，马上收拾行李，跟我一起走！"

十万汉军押着一万五千名匈奴人和百万头牲畜，返回了都城长安。

战报很快就传到了汉武帝的耳中，汉武帝眉开眼笑地说道："终于打了一场大胜仗，朕实在是太开心了！"

汉武帝立马封卫青为大将军，还封卫青三个在襁褓中的儿子卫登、卫伉、卫不疑为列侯。

一向谦恭的卫青受宠若惊，立马上书道："这次战争之所以能取得胜利，主要还是仰仗陛下的英明部署，以及各位将领的紧密配合，我卫青岂敢专功？况且陛下已经加封我了，就不要封我的儿子们了，他们还都是婴儿，一点功劳也没有，如果得到陛下这样的封赏，实在是与臣保家卫国之意相悖啊！"

汉武帝听了后，说道："朕怎么会忘了将士们呢？这次出征的将士们都有封赏。"很快，汉武帝便下令封公孙贺为南侯，李蔡为乐安侯，李沮、李息等人也都被封了侯。

听到卫青家中还在吃奶的三个婴儿都封侯了，飞将军李广是五味杂陈。

"陛下也太偏心了，遇到必胜的仗，就不让我上；遇到必败的仗，就让我带兵。"

经过这次战役之后，卫青的人生到达了巅峰，汉武帝对他的恩宠超过了朝中任何一个文武百官。当时，几乎朝中所有的文武百官见了卫青都要行大礼。

卫青加官晋爵的时候有了三个儿子，关于这三个儿子的母亲是谁，我们无从得知，因为历史书上没有任何记载。但可以推测出，此时孩子的母亲要么已经去世了，要么就是与卫青离婚了，总之没有在一起。因为，卫青很快迎来了一门富贵至极的婚姻。

卫青的这位富贵妻子是汉武帝的姐姐平阳公主，平阳公主第一次嫁给了平阳侯曹寿，为其生下一子曹襄。曹寿去世后，平阳公主嫁给了汝阴侯夏侯颇。元鼎二年（公元前 115 年），夏侯颇畏罪自杀，平阳公主再次守寡。

很快，有人做媒，让卫青娶平阳公主。平阳公主听到后，面带微笑地说："这卫青原本是我家的骑奴，现在怎么能让他当我的丈夫呢？"

身边的人听到后，劝道："长公主，这卫青早就不是过去的卫青了，现在的他不仅是大将军，他那三个还在吃奶的儿子都已经是列侯了，前途不可估量啊。"

在大家的鼓动下，平阳公主还真嫁给了卫青。现在的卫青，姐姐卫子夫是皇后，老婆是公主，自己是大将军，风头无两，地位十分高。

一直以来，汉武帝和卫青的关系十分微妙。刚开始，他有意把卫青打造成一位明星战将，但随着卫青的名声越来越显赫，他开始警惕卫青。其实这也很好理解，那就是卫青已经功高震主了。

那么，功德无量的卫青会以怎样的态度面对大家呢？他会犯下仗着皇帝的宠幸而骄横得不可一世的错误吗？

事实上，由于自己私生子的身份，卫青小时候备受虐待，因此他一直有自卑的心理。后来因沾了姐姐卫子夫的光而得到了富贵，对此他一直心怀感激，从来不计较，为人十分谦卑。

当朝中的文武百官争着对卫青阿谀奉承的时候，只有汲黯对他嗤之以鼻，见了他连招呼都不打，更别说行大礼了。但卫青并没有生气，而是夸赞了汲黯一番，说他是一个有主见的人。每次见到汲黯，他都十分尊敬他，偶尔遇到不好解决的事情，他还会向汲黯请教。

不管是对待上司还是对待同事，卫青都是谦虚谨慎的，能忍让就忍让，他也从来没有做过恃强凌弱的事情。

元朔六年（公元前 123 年），也就是卫青当上大将军的第二年，他的部将苏建率领汉军参加了阴山北麓之战，最后全军覆没，只有苏建一人逃了回来。按照朝廷律法，作为上司的卫青是可以直接处罚苏建的。但卫青没有这样做，而是把审判苏建的权力交给了汉武帝。他对汉武帝说："虽然我有权处置自己的部将，但我依然不敢擅自决定，希望陛下圣断。"最后，汉武帝对苏建宽大处理，只是将其贬为了平民。

卫青是聪明的，虽然他有权决定属下的命运，但他依然把大权交给汉武帝。他这么做，不仅让汉武帝对他放下了戒备的心理，还成功地挽救了属下的一条性命。

在为官之道上，卫青一直是小心翼翼的，也许是天性使然，也许是摸准了汉武帝的性情。

实而虚之，漠南战役

匈奴不断挑衅汉朝，汉武帝再次对匈奴发动了漠南之战。为了继续栽培卫青，汉武帝把最安全的仗留给卫青，把最危险的仗留给了赵信、苏建。在匈奴大军的施压下，赵信叛逃，苏建则全军覆没。在这场战役中，年少的霍去病一战成名。

汉朝君臣为攻打右贤王取得胜利而开心不已，匈奴那边则坠入了失败的深渊，他们不仅没有捞到任何便宜，反而被汉军打得落花流水，连牛羊也被牵走了。他们越想越生气，于是向汉朝边境发动了猛烈的攻击，杀死了代郡的都尉朱英，并抓走了一千多人。

汉武帝感到匈奴后劲不足，元朔六年（公元前 123 年），为了歼灭匈奴单于本部以及左贤王部，他选择主动发动进攻。

这次战争的主角依然是卫青，他率领六个部将：中将军公孙敖、左将军公孙贺、右将军苏建、前将军赵信、后将军李广、强弩将军李沮。另外，这次军中还有一个特殊的人物，那就是卫青的外甥，十七岁的霍去病。

虽然霍去病和卫青一样是私生子，但霍去病的待遇比卫青好了很多。他的母亲卫少儿被他的生父霍仲孺抛弃了，但由于卫子夫意外得宠，她的日子变得富足起来，所以霍去病是在蜜罐里长大的，根本没有受什么苦。根据史书记载，霍去病从小就受过专门而系统的训练，擅长骑马、射箭，十八岁的时候就成了汉武帝的侍从，比只能自己去战场上摸索的卫青强了太多。

汉武帝十分喜欢霍去病，就像喜欢卫青一样。所以，他让霍去病空降这次大战役，并且任命其为剽姚校尉。这次战争，汉武帝让卫青率领十万重甲骑兵出战。并且，为了给卫青创造立功的机会，汉武帝把最能打的飞将军李广安排在最后，并且只给负责侧翼的前将军赵信和右将军苏建留了三千人。

几路兵马浩浩荡荡地出发了，卫青的主力十分安全，而侧翼随时都可能遭遇匈奴主力，压力很大，如同泰山压顶，但是统帅卫青也只能按照汉武帝的部署来。结果，负责侧翼的赵信和苏建与匈奴大单于伊稚斜的主力部队相遇了。

在这些将领中，赵信最擅长兵法，见匈奴那边大张旗鼓，浩浩荡荡，估计人数在七万以上，马上意识到即使是逃跑也没戏了，于是立马下令停止前进，摆起阵势，四面迎敌。这一招起到了一定的效果，匈奴兵如潮水般涌了上来，又如潮水般退了下去，他们苦苦攻打了一天，也没有破除赵信的阵法。

这时，大单于伊稚斜骑着马赶了过来，远远地看着汉阵，百思不得其解地说道："这阵法不是我们匈奴的吗？怎么汉军也会？去打听一下，看将领是谁？"

一名骑兵来到汉军阵前，大声喊道："你们先别忙着射箭了，打听一个事情，你们的统帅是谁呀？"

汉军回答说："翕侯赵信！"

"赵信？我从来没有听说过，一定是我匈奴人去汉朝那边改名换姓了，让他出来和我们打声招呼。"伊稚斜说道。

那名匈奴骑兵再次来到汉军阵前，大声喊道："赵将军，麻烦你出来一下，我们大单于找你有点事情。"

赵信骑马出来，用袖子挡住脸，说道："有话快说，我汉军是不会怕你们的！"

匈奴人说道："赵将军，你为何拿袖子挡脸啊？难道是女人上战场啦？"

"一派胡言！"赵信恼羞成怒，一不小心就露出了脸来。

匈奴人见到他，哈哈大笑起来，说道："你什么时候跑到汉军那边去的？你叫那个什么来着？"

赵信勃然大怒道："我愿意给谁干就给谁干，你们管得着吗？"

"赵信，咱们之前是好兄弟，不管你为何去了汉军那边，本单于都有责任，一定是我做得不够好。我希望你回到我身边，如果你回来，咱们还是好兄弟，以后一起吃肉喝酒。如果你不回来，我会下达进攻的命令，但同样不会伤害你，因为你是我兄弟。"伊稚斜说道。

"我需要想想。"赵信心烦意乱地回去了。

这是怎么一回事呢？原来，赵信原本是匈奴人，还是一位匈奴首领，与汉军交战时被俘，后来加入了汉军。因为他的军事能力较为突出，所以被汉武帝封为翕侯。这次出兵之前，他又被汉武帝封为前将军。但在汉武帝眼里，所有的统领都是卫青立功的帮手。在汉武帝的部署下，其他将领根本没有立功的机会，能活着回去已经是大恩。

现在，匈奴大单于伊稚斜把心都掏给了自己，你还僵持什么？赵信心里挣扎了一番，认为此战的最终结果只能是全军覆没，于是率领士兵跟着伊稚斜回去了。

赵信毫无征兆地投降了，他的伙伴苏建的下场就十分凄惨。右将军苏建，与匈奴没有任何情感纠葛，是如假包换的汉人。

苏建面对的是左贤王的三万兵力，而他只有一千多人，力量悬殊，就算他想打这场仗，也根本没法打。

左贤王主动发动了猛烈的攻击，很快杀光了苏建的一千士兵。苏建是个机灵人，知道打不过，当部将与匈奴人相斗时，他专注于逃跑，而且成功了。

赵信回到匈奴处后，被大单于伊稚斜封为自次王，还娶了大单于的姐姐为妻，一心一意地为大单于卖命。在他的建议下，伊稚斜将都城迁到漠北，引汉军深入，打算将汉军全歼于大漠之间。

在这次战争中，卫青给了外甥霍去病一个立大功的机会，让他率领八百骑兵对匈奴发动突袭。他没有辜负舅舅卫青的一番期望，斩获了匈奴军两千多人，其中包括单于的祖父藉若侯产、单于的叔父罗姑比等许多匈奴贵族。

这次出战，汉军共斩获了匈奴军一万多人，损失了三千多人。

总体说来，汉军并没有在这场战争中捞到什么实质性的好处，还让匈奴主力跑得更远了。朝中文武百官议论纷纷，说因为汉武帝太看重卫青，兵力布置严重失衡，才导致苏建全军覆没，赵信逃回了匈奴那里。

汉武帝知道后，立马召开了一次朝廷会议，对大家说："有人说，漠南之战，汉军失败透顶。苏建全军覆没，赵信逃回匈奴，是因为朕给他们的兵力太少了。

朕在这里很负责地告诉你们，他们的兵力不少，那可是整整三千人。他们一个叛变，一个不战而逃，是因为他们没有把我这个皇帝放在心上，对朕不够忠诚。你看看那个小孩儿霍去病，有一次朕对他说：'去病啊，你也长大了，朕给你找个公主老婆，好不好？'你们知道霍去病说什么吗？他说，匈奴还没有消灭，我怎么能够成家呢？说完，他就扛着大刀上战场了，凭借一己之力，斩获了两千多名匈奴，斩杀了大单于的祖父，俘虏了大单于的叔父罗姑比。你们看看，这才是真正的忠君。"

"下旨，封霍去病为冠军侯！"这个爵号是汉武帝专门为霍去病设立的，是"勇夺三军"的意思。

这个时候，汉武帝第二次大赦天下。显而易见，汉武帝认为把犯下死罪的杀人分子关在监狱里是对人力资源的浪费，于是打算把他们送到战场上。

与此同时，掌管国家经济的大司农站了出来，向汉武帝汇报："陛下，我们每次向匈奴出兵，一出便是十万人。等他们立功回来，我大汉便各种赏赐，用去的黄金已经多达二十多万斤了。除此之外，我大汉的战马要么命丧战场，要么被匈奴抢走，十几万战马没剩下多少了，武器、粮草方面的消耗更不用说。现在国库已经空了。"

距离完全消灭匈奴还有很长一段路要走，汉朝的财政却已经出现了赤字，打仗实在是太耗银子了。

汉武帝听完，面无表情地说道："朕已经有了一个好的解决办法了。传旨，从现在开始，全国百姓只要想当官，出银子就行，一级武功爵位需要十七万铜钱，凡是购买武功爵到第七级千夫的人，出任低级官员的机会就会大大地提升。"

此国家政策一出，民间买官的百姓激增，第一天，国库就收入了三十多万斤黄金。

汉武帝十分开心，说道："朕为灭匈奴，已经做到这个份上了。要是依然不能将其清除干净，简直天理不容啊！"

兵分两路，河西战役

为了占据兵家必争之地河西走廊，汉武帝派出了霍去病和李广，霍去病负责对付主战场上的浑邪王、休屠王，李广负责对付分战场上的左贤王。最终，两人没有辜负汉武帝的期望，大胜而归。这一仗下来，汉朝不仅威慑住了匈奴，使匈奴的发展进入衰退期，还镇住了西域各国。

河西又被人们称为河西走廊，原因在于那里有合黎山、祁连山两座大山，两山中间有一条长长的地带，如同走廊。

很早以前，大月氏就在河西走廊放牧，但是某天，匈奴大单于率领士兵杀了过来，砍下了大月氏国王的脑袋，并将其制作成了酒器。于是，大月氏远走他乡。

如今，河西走廊的武威地区由匈奴休屠王管理，酒泉地区则由浑邪王管理。这两个地方的地势十分险要，是个一夫当关，万夫莫开的地方。可以这样说，这两个地方落入谁的手中，谁就掌控了西域诸国。

之前，汉武帝以十万兵力发起河西朔方战役，迫使右贤王带着爱妃远走；然后，他又发动漠南战争，赵信逃走后劝说大单于伊稚斜将都城迁到漠北，导致漠南之地只有左贤王、浑邪王和休屠王。

汉武帝左思右想，准备从匈奴人手中将河西走廊抢夺过来。如此一来，汉朝不仅能够威慑住匈奴，还能镇住西域各国。

元狩二年（公元前 121 年），汉武帝任命霍去病为骠骑将军，率领一万人去攻打居于河西走廊的三个匈奴大王。

当时，仅休屠王和浑邪王手下的兵力就有十万，再加上左贤王和其他小王部落的兵力，匈奴的实力之强可想而知。按理说，霍去病会被打得满地找牙，但最终的战果却是骠骑将军霍去病横扫匈奴五个部落王国。

战争开始后，霍去病率领汉军翻越焉支山，在途中将匈奴人打得落花流水，还斩杀了卢侯王、折兰王以及八千九百名匈奴士兵，俘获了浑邪王的儿子，以及休屠王和浑邪王的相国、都尉等。休屠王和浑邪王伤心欲绝地逃走了。

这场战役的成功，得益于张骞提供的精准情报。要么是张骞本人给霍去病当向导，要么是堂邑父替他完成了这份工作。休屠王、浑邪王虽然对外宣称自己有十万士兵，但大多数是老弱病残，毫无战斗力。霍去病正是掌握了这一精准情报，才敢率领一万士兵去攻打他们。

事实上，这场战争的方案制订者是张骞，汉武帝是总指挥，而霍去病是执行人。

河西战役的第一仗取得了胜利，汉武帝心花怒放。于是他派出了两个给霍去病充当帮手的将领——飞将军李广和博望侯张骞，以他们为诱饵吸引匈奴主力部队，发动了第二次河西战役。

李广和张骞率领一万五千名老弱病残的兵力，任务是消灭左贤王率领的四万兵力。这是第二次河西战役的分战场。而主战场的统帅是霍去病，将领是合骑侯公孙敖、司马赵破奴，他们率领四万精兵，任务是消灭休屠王、浑邪王的部落以及匈奴的其他小部落。

汉武帝的计划是：飞将军李广和博望侯张骞从右北平出发，阻止左贤王支援休屠王和浑邪王；主战场的霍去病以最快的速度消灭一直居住在河西走廊的匈奴各部落，完完全全地夺回河西走廊。

元狩二年（公元前121年），河西战役正式打响了。主战场的霍去病率领四万精兵从甘肃环县、临洮出关。

一进入河西走廊，来到茫茫大漠，公孙敖就惊慌地发现自己找不到路了。但这个时候，大家都有自己的任务，谁也顾不上他。无奈之下，他只好硬着头皮找路。失去了公孙敖的配合，霍去病发挥得更好了，每个士兵拥有的战马不止一匹，身下的战马跑累了，就换一匹。就这样，汉军日行千里，即使公孙敖不迷路，也追不上了。

霍去病率领自己的精锐部队从宁夏的灵武渡口横渡黄河，向北疾驰，翻过贺兰山，横穿茫茫的巴丹吉林大沙漠，进入居延海地区，然后向南疾驰，沿河飞奔，抵达甘肃酒泉地区，接着向东南方向疾驰，进入合黎山、祁连山之间的河水上游。最后，他们来到了匈奴人的后方，发动进攻。

此时的分战场，飞将军李广正带着儿子李敢率领四千骑兵向塞北前进。大家都忧心忡忡，不知道这一去，能否活着回来。

很快，李广便看到前面尘土飞扬。原来，匈奴左贤王率领四万士兵优哉游哉地赶来了。

"李广，这次你是死到临头了。"左贤王说道。

左贤王满脸络腮胡子，身材魁梧，一看便知道他是一个匈奴人。他用他那猛兽般的眼睛盯着李广："你们汉朝多次侵扰我国边境，骚扰我国百姓。今天我报仇来了。"

四万匈奴骑兵镇定自若地散开来，把李广率领的四千士兵围得水泄不通。见匈奴士兵气焰嚣张，汉军吓呆了。

李广见了后，鼓舞士气道："大家不要怕，我最了解左贤王这个人，就爱虚张声势。李敢呢？"

"孩儿在！"李敢应声回答道。

"你带十个士兵，去敌人阵地中探探风。"

"遵命！"说完，李敢带着十个精兵冲进匈奴阵营，匈奴士兵知道他们的厉害，立马让出了一条道。结果，李敢在敌人的阵营转了一圈后便返回了。

左贤王见此，垂头丧气地说道："我军士气低迷，这仗一时半会儿结束不了了。"

正如左贤王预料的那样，李敢率领十人在匈奴阵营中溜达了一圈后，并平安无事地返回了，这极大地鼓舞了汉军的士气。

很快，李广率领士兵摆好了圆形阵势，四面迎敌。匈奴人几次发动猛烈攻击，但都无功而返。

双方进入了僵持阶段。匈奴士兵开始用箭攻，汉军便以牙还牙。

"将军，我们的箭射完了。"

"箭这么快就用光了？我的好搭档张骞啊，你在哪里啊？"李广问道。

当分战场的李广陷入困境时，主战场的霍去病已经率领主力杀进了敌人的阵营。浑邪王和休屠王前一次被霍去病打得满地找牙，这次见了霍去病，更是胆战心惊。他们决定，一看到汉军就撤退。谁知汉军如鬼影似的出现在他们的背后，吓得他们傻掉了。

匈奴一直对外宣称自己的主战场有七万兵力，但其实最多只有五万人。汉军发动进攻的时候，这些匈奴军的第一反应不是迎战，而是冲进自家帐篷里，带着老婆孩子一起逃跑。

只有休屠王和浑邪王的两支精锐部队与汉军展开了战斗，他们保护着休屠王和浑邪王，杀开了一条血路，冲出了重围，杀死了三千汉军。

主战场上，霍去病率领汉军斩杀了三万多匈奴士兵以及部落首领邀濮王，俘获了包括呼于耆王、酋涂王、单桓王、稽且王在内的六十多名匈奴贵族，以及两千五百名匈奴士兵。这一年，霍去病才十九岁。

分战场上，李广率领的四千士兵死伤大半，箭矢也快用光了。这时，李广命令士兵都张着弓，严阵以待。他自己则手拿强弩，对准敌人阵营中的将领，一射一个准。

匈奴人吓傻了，顿时转攻为守。此时，天色已晚，双方停战休整。汉军早就筋疲力尽了，而李广依然神采奕奕，和士兵有说有笑，让他们一定要吃饱饭，好好睡一觉，明天接着战斗。

次日，匈奴人对汉军发动了猛烈进攻，汉军快坚持不住了。这个时候，博望侯张骞终于来了，李广和汉军个个热泪盈眶。

左贤王看着张骞的队伍，心里权衡了一番：如果发动进攻，有胜利的可能，但付出的代价也很大，他可能由大部队的首领变成小部队的首领。

于是，左贤王立马下达了撤退的命令，李广顺利完成了汉武帝交给他的牵制左贤王的任务。

汉武帝下旨，封立下赫赫战功的霍去病食邑五千户；公孙敖错失战机当斩，缴纳赎金，被贬为普通百姓；张骞错失战机当斩，缴纳赎金，被贬为普通百姓；李广以少胜多，但因为没有俘获敌人，功劳过错相抵，没有赏赐，需要继续努力。

经过河西这一战后，汉武帝认为匈奴气数已尽，迟早会被清除干净。这时，他听到了一个天大的好消息，那就是休屠王和浑邪王请求归顺。

休屠王和浑邪王前后两次被霍去病打得满地找牙，已经无法在河西走廊立足，但因为他们是地地道道的匈奴人，虽然失败，但也没有产生投靠汉朝的想法。这时，匈奴大单于伊稚斜不满意了，非要杀了这两人，说第二次河西战争让他们匈奴人蒙受了灭顶之灾，必须要他们以死谢罪。休屠王和浑邪王提前知道了这个消息，两人商量了一下，表示都不想死，那么只有一条路可以走，那就是投靠汉武帝。

于是，休屠王和浑邪王立马派出使者，拦住边境过往的汉人，说道："你们不要害怕，我不打你们。我是休屠王和浑邪王的使者，这次是来告诉你们，我们家两个大王要投靠汉朝皇帝，麻烦你们去通报一声。"

大行李息是最先接到消息的，他知道汉武帝做梦都想消灭匈奴，做一个名垂青史的皇帝。现在休屠王和浑邪王来归顺，意味着匈奴内部已经出现了矛盾，匈奴帝国即将崩塌，汉朝很快就能彻底消灭他们了。于是，他快马加鞭，第一时间把这个消息告诉了汉武帝。

汉武帝听到这个消息时，感觉心跳都要停止了，朝廷文武百官则个个惊呆了。

缓了好久，汉武帝才冷静下来，说道："匈奴人一向诡计多端，休想让朕上当。"

文武百官问道："陛下，你是说匈奴诈降？"

"可不是？你们看上次那个赵信，朕对他多好啊，他说叛变就叛变了，招呼都不打一声。休屠王和浑邪王前来投降，有可能是诈降，我们要防着点。"

文武百官纷纷称赞道："陛下英明。"

汉武帝问李息："休屠王和浑邪王还说了什么？"

李息说："休屠王和浑邪王说部落人多，牲畜多，搬家比较费劲，行走缓慢，请求汉军到河西走廊接受他们的投降。"

"你们听听，让我汉军去河西走廊，要是那里有埋伏，我军一定会挨打的。传旨：骠骑将军霍去病率领一万骑兵，去河西走廊接受匈奴投降。不过，纵使休屠王和浑邪王真心想归降，但其中必定有不想归顺之人，因此一定要保持警惕，随时防止情况有变。"

汉武帝果然聪慧，这边霍去病还没有出发，匈奴那边已经乱了套。

接连派出几名使者请求归顺汉朝后，休屠王和浑邪王整天愁容满面地喝着闷酒。

"哎，其实我真不想离开自己的故乡，我是喝马奶、吃羊肉长大的，这一去汉朝，得吃米饭、喝豆浆了，想想就觉得可怕！"休屠王打破了长时间的沉默。

"你的担忧简直就是多余，在大家眼中，我匈奴属于落后的蛮荒之地，汉朝是文明之都，拥有的资源可比我们匈奴多多了，汉朝那个花花世界多好玩！"浑邪王反驳道。

"你看看你说的都是一些什么话，什么匈奴才是落后的蛮荒之地？汉朝人不野蛮，汉朝不落后？你简直是我匈奴民族的耻辱！"休屠王打嘴仗道。

休屠王"咕咚咕咚"地又一通猛喝，道："我说，我大匈奴人身强力壮，勇猛善战，但在柔弱的汉军面前总是大败而归，实在不应该啊。我这几天一直在想这个问题，现在我终于明白根源了。"

"明白了什么？"浑邪王问道。

"都是因为你这个匈奸，你个叛徒，我说为何汉军能那么容易找到我们，就是你在给他们带路，我恨不得将你碎尸万段！"休屠王恨恨地说道。

说到这里，休屠王一脸凶相，抽出身上的佩刀，朝浑邪王砍去。

"你先别那么生气，看，外面谁来啦？"浑邪王说道。

休屠王扭头朝营帐外看去，突然，一阵剧痛袭来。

休屠王倒了下去，捂着鲜血汩汩而出的胸口，大骇地问："你都对我做了什么？"

"咱俩说好一起归顺汉朝的，现在你却玩命和我打嘴仗，还想杀我，真是找死！"浑邪王气得直打哆嗦。

休屠王死后，浑邪王就把他的军队收编了。但是，归顺汉朝只是休屠王和浑邪王两个部落的大王商议出来的，士兵和百姓根本不知道。如果大家知道是他杀了休屠王，并且他还准备归顺汉朝，那么一场大暴乱就会发生。浑邪王现在是焦灼万分，不断地催着汉军快点抵达河西走廊。

此时，霍去病朝浑邪王驻扎的营地飞奔而去。

看到了汉军马匹奔腾扬起的尘土，浑邪王这才对部落所有人说道："本王有一个好消息要告诉大家，我们再也不用在荒凉的沙漠中求生存了，汉朝愿意给我们提供生存资源，我们马上就能过上安定幸福的日子了。看前面扬起的尘土，那是汉军来了，来保护我们来了。本王奉劝所有人都乖乖地归顺，除非是不想活了！"

直到此时，大家才知道浑邪王已经向汉朝投降了，顿时呆住了，一个个手足无措。

看到匈奴的队伍杂乱无章，霍去病意识到浑邪王是真的归顺。但为了镇住匈奴人，霍去病依然命令队伍井然有序地向前推进，整齐的马蹄声响彻天空，震得匈奴人心跳加速。

突然，一支匈奴队伍炸开了，大家发出惊恐的尖叫声，原来是一些不愿归顺汉朝的匈奴趁乱跳上马背，逃窜开来。

看到匈奴人乱成一团，霍去病心里有底了：这是一支没有战斗力的队伍。他果断率领精兵冲入匈奴阵营，喊道："浑邪王在哪里？"

"我在这儿！霍将军不辞辛苦，远道而来，有劳了。"浑邪王赶紧上前说道。

霍去病一脸认真地问道："浑邪王，你归顺我大汉王朝，是真是假？"

"霍将军，你看我们匈奴人这个样子，像是在欺骗你吗？"

"嗯，算你识相。"霍去病对着人群大喊一声，"所有归顺我汉朝的，站在原地，不要动。违令者，斩！"

一部分匈奴人被镇住了，还有一些匈奴人无意归顺，企图逃跑。一万名精锐骑兵立马对疯狂逃窜的匈奴人展开了大屠杀。这次，汉军斩杀了八千名匈奴人，吓得剩下的四万多匈奴人不敢再动。

霍去病抓住这个时机，对浑邪王说道："陛下颁发了圣旨。"

浑邪王"嗯"了一声，看着霍去病，等待他接着往下说。霍去病却又不说了，只是盯着浑邪王，弄得浑邪王以为自己头上长角了。

就这样，空气凝固了。突然，他明白过来，赶紧从马上下来，学着汉人的样子匍匐在地上，说道："臣，领旨。"

只听见霍去病大声朗读道："朕听说浑邪王诚心归顺我大汉，不胜欣喜，已派沿途军民车骑相送，钦此。"

浑邪王还没来得及从地上爬起来，就被两名身强力壮的汉朝士兵架了起来，他们迅速将他扶上马，马儿开始飞奔起来。

其余的匈奴人都惊呆了，一种凄凉感油然而生：休屠王消失了，浑邪王又被架走了，匈奴这边连个首领都没有，想要突出汉军的重围已经不可能了。

霍去病面带微笑地说："现在，本将军带领你们回汉朝，你们一定要乖乖听话，违令者，杀无赦！"

剩下的匈奴人被汉军骑兵押送着，进入了中原。

直到浑邪王被押送到长安城，汉武帝那颗悬着的心才落了地，他立马下旨道："浑邪王仰慕我大汉，率领部下来归顺，就赏给他黄金万镒吧。"

这个时候，大臣汲黯上前劝阻道："陛下，你给的赏赐太多了，我们国库哪来那么多钱？要省着点用。"

汉武帝接着下令："传旨，浑邪王食邑万户！"

汲黯更生气了，说道："陛下，投降就封万户侯？霍去病那个小孩儿立下了多大的功，你才封人家五千户侯。陛下，你不能偏心啊！"

"偏心？"汉武帝说道。

"再给霍去病加五千户。"汲黯说道。

"霍去病小孩儿一个，有的是大把的机会。这样，再给他加一千七百户吧。"

汲黯无奈地说道："陛下就不爱遂人愿。"

汉武帝把归顺的匈奴部落迁到黄河以南，安置在沿边五郡的旧城塞，分为五个属国，按照自己的生活习惯安居乐业。

委以重任，重用金日磾

金日磾谨小慎微、性情忠厚，几十年"未尝有过失"，所以深受汉武帝宠幸。对于汉武帝的知遇之恩，金日磾心存感激，对其忠心耿耿。儿子弄儿违反朝纲规矩，他亲手杀死了儿子，可谓忠诚到极致。汉武帝临终之际，他被委以重任，成了托孤之臣。

汉武帝夺回河西走廊后，匈奴人失去了繁衍栖息之地，开始走下坡路。汉朝的国土面积向西绵延了两三千里，百姓从此过上了安居乐业的生活。

汉武帝完成这一丰功伟绩后，心终于踏实下来，开始享受生活了。一天，他想欣赏自己的御马，就下令马奴牵着马从自己眼前经过。当时后宫的嫔妃凑热闹，个个穿得花枝招展，陪着汉武帝一同欣赏御马。

马奴们牵着马匹经过殿上时，纷纷忍不住偷看汉武帝那些美艳的姬妾。就在这时，一个身材魁梧、容貌威严的年轻人不紧不慢、目不斜视地牵着一匹膘肥体壮的马匹经过殿上，视这些美女为无物。

"你停下来，你牵着马经过朕面前，表情严肃，给朕摆谱是吧？你犯下了欺君之罪，可知罪？"

"陛下，臣不敢。"那人弯着腰说话。

"你叫什么？"

"臣名日碑，字翁叔。"

汉武帝想起来了，说："原来是我大汉俘虏的匈奴，下去吧。"

从此，这个人便引起了汉武帝的注意。等这位匈奴马奴下去了，汉武帝开始调查他的身份。原来他是休屠王之子，十四岁时父亲休屠王被杀后，无依无靠，便与母亲阏氏、弟弟今伦归顺汉朝。休屠王还有太子？汉武帝十分诧异，于是把他招来，问道："朕问你一个事情，那天，你牵着御马从朕眼前走过时，为何一直低着头，连眼皮也不抬？朕的其他马奴，第一次见到朕的姬妾时，都忍不住偷看。"

日碑回答："臣虽然来自匈奴民族，但也读过一些圣贤书，知道为人臣的礼节。臣不敢逾越君臣之礼。"

"你虽然是匈奴人，但比朕不少的文武百官强多了，知道君臣之礼。现在朕赐你金姓，你就叫金日碑。朕看你养的马膘肥体壮，封你为御马监。"

金日碑立即下跪，说道："臣谢过陛下赐姓之恩，从此，臣不再是休屠王之子。"

对于在马背上长大的草原之子来说，养马是一件轻而易举的事情，但金日碑没有松懈。从匈奴王子沦落到低贱的养马奴，这中间的痛楚、绝望，他深刻体会过，他必须比别人更用心，如此才有咸鱼翻身的可能。

别人养马时只是在白天喂点草料，到了晚上便去休息了。但金日碑与他人不同，即使是晚上，也是到点起床，给自己喂养的马匹添加草料，然后白天遛马，练出马儿的好体形，他还会定期给马儿梳理毛发，从不偷懒。在他的精心照顾下，他喂养的马匹比其他人喂养的马匹精壮不少。在养马的过程中，他的身体也得到了锻炼。由于人异于常人，喂养的马也异于常马，所以汉武帝一下子就注意到了他。

从此，金日碑从一个奴仆华丽转身，开始了自己在汉朝的仕途之路。

没过多久，汉武帝把金日碑叫到眼前，说："金日碑，朕封你为侍中，以后你别去马厩了，就在朕身边待着吧。"

很快，汉武帝又对金日碑说："金日碑，现在朕封你为驸马都尉，不是让你娶公主，而是替朕掌驾副车。以后，朕坐车出门，你就替朕驾驶后面的副车。"

没有多久，汉武帝对金日碑说："金日碑，你掌握副车，朕都看不到你了。这样吧，朕现在封你为光禄大夫，这个职位非常高，朝中的任何事情你都有权插一腿，快到朕身边来。"

于是，一些皇亲国戚私下议论纷纷："陛下该吃药了。我们对陛下那么忠心耿耿，陛下看到我们就觉得烦。如今来了一个匈奴小儿，陛下却拿他当宝，一日不见如隔三秋似的，真是太伤我们的心了。"

汉武帝耳聪，但凡朝中有什么议论，都能钻进他的耳朵里。听到皇亲贵族的抱怨，汉武帝心花怒放，更加看重金日磾了。这体现了汉武帝的用人标准，比如卫青，出身低微；霍去病，私生子出身。

金日磾入宫以来，他那伟岸的身材迷住了宫中不少的少女。其中有些胆子大的宫女对他挤眉弄眼，各种挑逗，但金日磾始终一副冷冰冰的样子，不为所动。

汉武帝经常把他留在宫中，也有戏弄他的成分在，就是要看他在无数宫女包围下的窘态，但金日磾经受住了考验。

不过，金日磾终究是一个正常人，在汉武帝赐予他宫女的情况下，他很快就有了两个儿子，他们成了汉武帝的开心果。他经常把这两个孩子抱起来，让他们在自己身上爬来爬去。

其中一个孩子名叫弄儿，他在皇帝身边长大，十分骄横，没有尊卑观念。这个时候，金日磾十分痛苦，作为父亲，他希望弄儿成才，所以眼前的一切是他不愿意看到的。要知道"伴君如伴虎"，长时间如此下去，弄儿随时会惹祸上身，祸及家人。

弄儿渐渐长大，整日与宫女们混在一起。令弄儿没有想到的是，自始至终，他父亲金日磾都以饱含深情的目光注视着他，把他在宫女面前的表现看得清清楚楚。

很快，金日磾毫不犹豫地杀死了弄儿。抱着儿子的尸体，金日磾流着泪说："儿子，去吧，去见你的爷爷休屠王吧。"

得知金日磾杀死弄儿后，汉武帝勃然大怒，第一次对金日磾发了脾气。

金日磾跪在地上，泪流满面地说道："陛下，弄儿是我的儿子，这世上，只有我最疼他。但君父之尊，凛然不可侵犯。弄儿在宫中不能把持自己，和宫女乱来，已经触犯了君父之威，犯下了不可饶恕的罪行，即便他是我的亲生儿子，微臣也只能大义灭亲。陛下啊，我的心在滴血，请陛下赐微臣一死吧。不要让我在这人世间再饱受煎熬了……"

"好吧，你为了朕的权威和尊严，不惜杀死自己的亲生儿子，朕又如何忍心责备你呢！但是，朕已经把弄儿当成自己的儿子了啊。金日磾，你要忍着悲痛，继续活下去。朕已经没有了弄儿，不能再失去你了。"

公元前 91 年，汉武帝命令宠臣调查巫蛊案。江充因为与太子刘据有矛盾，就借机陷害太子，太子知道后便起兵诛杀了江充，最终被汉武帝镇压了下来，皇后卫子夫和太子刘据相继自杀。

公元前 90 年，经过一番调查，汉武帝得知太子是被冤枉的，十分后悔，便灭了江充三族。马何罗的弟弟马通当年积极配合江充，在诛杀太子时立下了大功，这时看到江充被灭族，唯恐殃及自己，于是决定和哥哥马何罗先下手为强，起兵谋反。

心细如发的金日䃅发现了异常，躲在汉武帝的寝宫内门后面。当马何罗拿着一把刀冲进来时，他猛地从背后抱住了马何罗，粉碎了马何罗兄弟二人的阴谋，救了汉武帝一命。

金日䃅以小心谨慎、忠孝纯洁的为人处世方式，获得了汉武帝的器重。后元二年（公元前 87 年），汉武帝在病重之际，任命大司马大将军霍光、车骑将军金日䃅共同辅佐幼主刘弗陵。

汉武帝死后，金日䃅全心全意地扶持汉昭帝刘弗陵。始元元年（公元前 86年），金日䃅病逝，终年 49 岁，汉昭帝为他举行了隆重的葬礼，赐敬侯，还亲自送了他最后一程。他的子孙后代也成了汉朝的高官，在王莽攻下汉朝江山后，金日䃅的子孙们为了表达对大汉的一片忠心，纷纷辞掉官职，迁到远方，过起了隐姓埋名的生活。

兵分两路，漠北战役

面对匈奴人的侵扰，汉武帝发动了历史上最伟大的漠北战役。他兵分两路，一路由卫青统领，一路由霍去病统领。卫青和霍去病横扫大漠，直捣匈奴单于王庭，使匈奴元气大伤。

元狩三年（公元前 120 年），匈奴大单于伊稚斜卷土重来，率领几万骑兵，侵扰汉朝右北平、定襄郡，斩掠一千多汉人。

汉武帝接到情报后，立刻宣卫青入朝。

"陛下，臣已经接到了情报，现在漠北地带，只有匈奴单于伊稚斜和左贤王两大部落。在叛徒赵信的怂恿下，他们已经将主力迁到了漠北以北。因为漠北地势险要，他们认为我汉军难以横穿沙漠。哪怕我军侥幸横穿了沙漠，大概也已经是半死不活的了。到了那时，匈奴人一鼓作气，我军一定会被打得落花流水。"

汉武帝说："所以，朕才在休养生息的这几年里，让人精心饲养马匹。现在，这些战马已经多达十万匹，外加将士们自备的战马，我大汉的战马数量在十五万以上。这次，朕还是准备让霍去病先去挑选马匹，他部下的士兵一人三匹马。如此一来，霍去病的精锐之师即使横穿沙漠，也不会变成疲惫之师，依然可以保持战斗力。另外，朕派出十万步兵和十万骑兵负责运输粮草辎重。只要找到匈奴的主力，我们就能消灭他们。"

卫青说："陛下英武圣明，上天一定会保佑我大汉的。臣这次出征想带上公孙敖。"

汉武帝不解。

卫青解释道："上一次，公孙敖因为迷路错失了战机，被贬为平民。这次臣想请陛下给他一个戴罪立功的机会，如果他这次打了一个漂亮的翻身仗，就能恢复爵位。请陛下答应。"

汉武帝说："经过你的提醒，朕倒想起李广来了。"

卫青立马说道："陛下，不要李广跟着我，李广打仗太勇猛了，还有他的儿子，他们父子一出场，别人就没有立功的机会了。"卫青其实是想把立军功的机会留给自己的至交好友公孙敖。

汉武帝又不解。

卫青说道："陛下，李广人品不好。他赋闲在家时，有一次外出打猎，回来晚了，经过霸陵亭，当时喝醉了的亭尉拦住他，不让他过去。李广的下人说：'这是前任李将军。'亭尉说：'别说前任将军，就是现任将军也不能过，法律就是这么规定的。'李广怀恨在心，等他恢复官职后，干的第一件事就是借机杀了这位亭尉。李广是一个睚眦必报的小人，臣不喜欢他。"

汉武帝面露难色："卫青，你说的都是一些鸡毛蒜皮的小事，这种事情谁也不会放在心上的。哎，李广的名声太大，这么大的战役，他不去，朝中文武百官、天下百姓不服啊。"

卫青道："这天下，不是陛下的天下吗？"

汉武帝说道："是朕的天下，但是卫青，你也要替朕着想啊，难道朕能下旨，说李广太急于上战场杀匈奴，因此朕要灭他家门吗？"

卫青回答道："好吧，臣明白了。"

汉武帝嘱咐道："卫青啊，朕只希望你能打一个漂亮的战役，不要辜负朕的一番期待啊。"

卫青回答道："陛下，臣知道了。"

汉朝最伟大的战役——漠北战役即将展开。

汉武帝兵分两路，第一战队的统帅是大将军卫青，将领有前将军李广、后将军曹襄、左将军公孙贺、右将军赵食其、西江太守常惠、云中太守遂成以及公孙敖，兵力五万。

第二战队的统帅是骠骑将军霍去病，将领有骠侯赵破奴、昌武侯安稽、右北平太守路博德、北地都尉刑山、校尉李敢以及归义侯复陆支、归义侯伊即轩，这两位归义侯都是归顺的匈奴王，这次的职责就是充当向导。兵力也是五万。

除此之外，汉军还有十万步兵，负责粮草辎重的运输。卫青和霍去病两路人马，卫青这边的优势是名将多，霍去病这边的优势是优良的战马多。

这个时候，匈奴大单于伊稚斜已经让匈奴军向北撤退，正秣马厉兵，等汉军前来送死。

汉武帝从匈奴俘虏处获得情报，称匈奴主力在西部。于是部署霍去病从和林格尔、内蒙古出兵，对付匈奴主力；卫青则从河北蔚县出发，对付霍去病的外围敌人。

等快要出发时，汉武帝又得到情报，称匈奴主力在东部，于是把卫青和霍去病的出兵位置进行了大调整——他铁了心要把这次立功的机会留给霍去病。

但让人没有想到的是，等两路汉军出发时，汉武帝发现弄错了，白折腾了一回。大调整后，匈奴的主力刚好在卫青的前方。

卫青看着眼前兴奋的李广，下令道："李将军，你回来，和赵食其走左路。"

当时李广就石化了："大将军，我是前锋啊。"

卫青回答道："知道你是前锋，你是不敢走左路吗？"

李广说："大将军，左边是荒凉之地，没有水，没有草，匈奴人自己都不熟悉，他们怎么可能躲在那里呢？"

卫青说："李将军，你敢违抗命令吗？"

李广老泪纵横，跪了下来，苦苦哀求道："大将军，我李广年轻的时候就上战场抗击匈奴，与匈奴单于正面交战是我李广这辈子最大的愿望，请大将军成全，我一定提单于的头来见，否则以死谢罪！"

"李将军，要不你把你这番话和陛下说去？"卫青依然板着脸。

"大将军，什么意思？"

"陛下说，李将军已经老了，不再像当年那样英勇，如果在战场上与匈奴正面遇上了，不要让他与单于交战，否则很可能会因小失大，挫败了我汉军的士气。"

听了这句话后，李广缓慢地站了起来，全身直哆嗦，然后翻身上马，发呆了好大一会儿，才大喝一声，掉转马头。

看着李广远去，公孙敖突然说道："不好！李将军忘带向导了。"

卫青凌厉的眼光扫了过来，公孙敖马上闭嘴了。后面的将领们一声不吭，继续策马前行。

卫青率领大军疾驰了一千多里，横穿了茫茫大漠，正要缓一口气时，发现竟然与匈奴主力遭遇了。

卫青大吃一惊，立马布阵，让武刚车排成环形营垒。这种战车十分坚固，虽然是由木头制成的，但外面包裹了一层厚厚的生牛皮。在汉人眼中，这种车就是战车，能够起到很好的防御作用。

这个时候，匈奴按兵不动，静静地看着汉军忙活，这让卫青心里直打鼓。紧接着，卫青派出五千骑兵，发动试探性攻击。匈奴人立马出动了一万人，准备与汉军交战。

这个时候，太阳西落，大风刮了起来，沙石飞起，无情地打在汉军脸上，打得他们发出凄惨的叫声。

原来，他们遇到了沙尘暴。

很快，天空沙土飞扬，混沌一片，汉军和匈奴军都看不见对方。

趁这个混乱的时刻，卫青立马散开环阵，命左右两翼冲杀过去，对大单于伊稚斜的骑兵进行包抄。

看到这个情景，大单于伊稚斜哈哈大笑起来，说道："今日这沙尘暴就是为掩埋汉军的尸体而准备的！他们日夜不停地行军，现在已经是疲惫之师。我的好儿郎们，给本单于好好打，要让这些弱不禁风的汉人见识到我大匈奴人的厉害！"

听到大单于的话，匈奴士兵的精神为之一振，与汉军展开了激烈的血战。

"兄弟们，与这些汉人拼命了，这是我们立功的大好时机！"

顿时，这沙漠之地变成了人间地狱，士兵们发出凄惨的叫声，沙土上殷红一片。

听到这不绝于耳的惨叫声，大单于伊稚斜感慨万千地说道："本单于从小就与人厮杀，这也是被迫无奈。在内心深处，本单于始终热爱和平，不喜欢打打杀杀。"

说完，大单于伊稚斜跳上一辆由六头骡子拉的车子，率领一百多名精兵，杀出重围，向西北方向逃去，很快就消失不见了。

原来，大单于伊稚斜是一个精通兵法之人，他知道自己打不赢卫青，于是慷慨激昂地鼓舞了一番士气后，便临阵逃走了。

不管是匈奴士兵还是汉朝士兵，都想不到大单于伊稚斜会那么任性。

但是匈奴人与汉人的厮杀依然在继续，直到深夜。这个时候，大家都打累了，认为该休息一下了，于是停了下来。

这时，汉军左翼部落抓到了一个俘虏："报告将军，此人是伊稚斜的铁骑，杀了我们不少士兵。"

"你家大单于在哪里？"卫青恶狠狠地问道。

"我家大单于与天地同在。"

"少狡辩，快说，不然让你脑袋搬家！"卫青拔出了佩剑。

俘虏开始发呆，看着卫青的佩剑，半天才回过神来，说道："算了，告诉你也没关系，人家早就走了。你想要抓到他，那是不可能的。"

"走了，他去了哪里？"

"寘颜山。"俘虏淡淡地说道。

正当汉军与匈奴人浴血奋战的时候，作为首领的大单于却悄悄溜走了。卫青气得七窍生烟，立刻派一支轻骑，抓捕大单于伊稚斜去了，然后命令主力部队撤退，也追大单于去了。

这一追就追了两百多里，但卫青始终没有发现大单于伊稚斜的行踪。到了天亮时分，卫青斩获了一万九千人。很快，卫青抵达了寘颜山，一座城池出现在他面前，他停了下来。

这座城就是历史上著名的赵信城，它是翕侯赵信返回匈奴处，娶了大单于伊稚斜的姐姐后献计而建。

在匈奴人眼中，这座城有着极高的战略意义。赵信把这里当成囤积粮草辎重的基地，他献计时曾说："如果汉军穿越沙漠，我匈奴主力大军可以此城为基地，引敌军深入，以河西走廊的匈奴骑兵为侧翼，双向包抄，一定可以消灭前来侵扰的汉军。"

赵信怎么也没有想到，张骞逃回汉朝后，为汉武帝带去了关于河西走廊的详细军事情报。汉武帝把大单于伊稚斜放在一边，先夺取了河西走廊，匈奴千辛万苦建立起来的赵信城就成了鸡肋，完全失去了战略意义。想守也守不住，弃了又觉得可惜。

这次大家都不知道大单于伊稚斜去了哪里，赵信城的守军在卫青的大军来临前，都作鸟兽状纷纷逃走。卫青把城内的粮草辎重搬了出来，据为己有，然后点了一把火，将赵信城烧成了一座废墟。

被卫青强行打发到荒芜地带的李广和倒霉的赵食其，此时正艰难地前行着。两军由于没有向导，很快便迷路了。经过长时间的摸索，他们终于从地狱中走了出来。

出了地狱，他们与卫青的胜利之师迎头碰上。此时，李广心如死灰。

卫青派人去对李广问罪："李将军，你活了那么久，仗不会打就算了，连认路都不会吗？大将军有令，让你的部将赴大将军处，听候传讯。"

"我拒绝。"李广说。

"看你这个倔脾气，你错失战机还有理啦？"

"我不认为我的部将有罪，大将军这是在羞辱我。"李广说道。

"李将军，你也是战场上的常客，这点常识都不懂？你不让部将去听候传讯，难道想独自承担责任？"

李广自顾自地说道："我李广冤枉死了，我还是少年时就上了战场，这辈子经历的战役有七十多场。我的能力怎么样，天下人都知道，陛下也知道，匈奴人也知道。这次，我十分幸运地与大将军同行，也是第一次有机会与大单于正面交锋，但大将军执意支开我，让我率领士兵走进连匈奴人都会迷路的地段。这次迷路，完全是人心险恶，而不是天意。"

"我已经是六十多岁的老头了，但依然有力气拉强弩，能砍死最勇猛的匈奴。可是，对那些内心险恶，故意陷害我的刀笔小吏却无能为力。"

说完，李广便自刎了。

飞将军李广，骁勇善战，一生征战沙场，为人清廉。每当立功，皇帝给他的赏赐都被他用来赏赐部下。他总是与士兵们同甘共苦，吃一样的饭菜，睡一样的草席。打仗时，他总是冲在最前面。吃饭时，他总是担心士兵们吃不饱；喝水时，他总是担心士兵们不够喝。他担任二千石官多年，但家中一贫如洗，只有儿子李敢偷偷存了一点钱。某次，汉武帝以错失战机之罪判李广死罪，李敢便把这仅有的积蓄拿出来，赎回了父亲李广。

李广唯一的心愿就是死在沙场上，名扬千古。但卫青，将李广的这一梦想打得稀碎。

李广死后，他的部将们失声大哭。消息从战场上传来，汉朝的百姓们，不管是年幼的，还是年老的，个个为李将军流下了伤心的泪水。

飞将军李广就这样走完了让无数人为之感慨、唏嘘的一生，他用他那悲壮的一生，为汉朝抗击匈奴谱写了一曲感动天地的颂歌。

眼见局面失控，卫青立马解释道："我派长史去李将军军中，并不是兴师问罪，而是想与李将军商量，怎么将错失战机的罪行遮掩过去。"

在这场战争中，霍去病依然是天之骄子。

在出发前，他对部队进行了整编。和卫青一样，他也不喜欢别人抢风头。在挑选战将时，他同样支走了那些有着丰富的战场经验的将领，到了最后，他发现身边连个助理参谋都没有。

无可奈何之下，霍去病找来了李广的儿子李敢："李校尉，本将军任命你为大校，当我的助理，怎么样？"

李敢欣喜若狂，万分感激道："小将竟然能得到将军的重用，简直是人生一大幸事，实在感激不尽！"

霍去病心想："老子也是没辙，谁用你感激！"

大军出发后，归义侯复陆支、归义侯伊即靬在前面带路。霍去病要先穿越两千里茫茫大漠，如果没有向导，他会与李广有同样下场。但霍去病有两个从小生活在大漠里的向导，因此，他以最快的速度穿越了大漠。

很快，霍去病来到了左贤王家门口。当时一派祥和静谧景象，匈奴们对死神的来临浑然不知。霍去病先让士兵们去换战马，然后整编好队伍，杀向匈奴。

见汉军以排山倒海之势力冲过来，毫无心理准备的匈奴人顿时吓傻了。

"逃，快逃！"这是他们当时唯一的想法。惊恐万分的匈奴人疯狂乱窜，这吵吵嚷嚷的声音惊醒了烂醉如泥、正在昏睡的左贤王。

"汉军来啦？不可能的事情，他们是无论如何也无法穿越这大漠的。"

贴身侍卫冲了过来，说道："大王，不要问了，快点逃！听说大单于已经遭到了汉军的突然袭击，惨死在马蹄之下！"

"那赶紧逃！"左贤王也来不及穿衣服了，光着膀子冲向了自己的战马。在精锐士兵的簇拥下，他们突出了重围。

左贤王一逃，立马被自己的部下发现了。顿时，匈奴的士气化为零。

部落酋长比车耆王被杀死，韩王和屯头王立马请求归顺。匈奴将军、相国、王子、都尉等八十三人同样选择归顺。

在这场战争中，霍去病斩获了七万多匈奴人，然后追杀左贤王至狼居胥山。

到了狼居胥山，左贤王突然消失不见了，如同人间蒸发了般。在这里，霍去病要替汉武帝完成另外一个重要的使命，那就是举行封禅礼，来庆祝汉军所取得的辉煌胜利。

按理说，这场封禅礼由卫青来负责比较合理。霍去病虽然歼灭了左贤王的部落，但他只是一个大部落的酋长，并非大单于。但汉武帝不按照剧本来，点名由青年英雄霍去病来主持。

其实，在霍去病出现之前，卫青可谓权倾朝野，大权在握。汉武帝一向多疑，为了去卫青化，有意培养霍去病。而现在，霍去病迅速崛起，已经能够与卫青相抗衡了。这就是为何漠北战役开始前，汉武帝非要把匈奴大单于伊稚斜的主力交给霍去病，而把外围左贤王部队交给卫青——他就是要把军功内定给霍去病。

班师回朝后，汉武帝加封霍去病五千八百户食邑，跟随霍去病一起出征的将领同样得到了丰厚的奖赏。

在这场战役中，卫青同样表现出众，但汉武帝以他没有俘虏大单于伊稚斜为由，没有对卫青和他的团队进行任何封赏。

这一年，卫青与霍去病同为大司马，两人的势力旗鼓相当。少年得志的霍去病在短短几年内就与卫青平起平坐，足以看出汉武帝对他的宠爱。但霍去病也有缺点，他自幼显贵，不知民间疾苦为何物，不像李广那样爱护士兵。他出征时，汉武帝犒赏他的大军十几车好吃的，他全部独吞了，回来时，剩下的好米、好肉都腐臭了，只能扔掉。而他的士兵，绝大部分每天都吃不饱，有的甚至饿得前胸贴后背，爬都爬不起来。

那些曾经拥护卫青的人敏锐地看出了汉武帝正在打压卫青而捧霍去病，便迅速转投到霍去病的门下。对此，卫青是不屑的。在他眼中，他们不过是一群趋炎附势之辈。

同时，卫青也是一个聪明人，很快就察觉了汉武帝对自己的打压。面对这一切，卫青做出了一个让人意外的举动。元朔六年（公元前 123 年），汉武帝当时宠爱的妃子王夫人的双亲举办寿宴，卫青送上了五百金作为贺礼，出手如此大方，与贿赂没有区别。

卫青老实巴交，自己是想不出这个主意的，这个主意是一个名叫宁乘的人出的。他对卫青说："大将军，你立下的军功不是特别多，但今天能够享尽荣华富贵，三位公子还被封为侯爷，主要是沾了卫皇后的光。而现在陛下十分宠爱王夫人，但王夫人的亲戚并不风光，你不如把陛下赏赐给你的黄金拿一些出来，送给王夫人的双亲作为贺礼。"

那么，卫青为何听从了宁乘的建议呢？这释放出了一个重要的信号，那就是卫子夫失宠了。如果卫子夫还是那么得宠，作为亲弟弟的他，根本没有贿赂他人的必要。

那么，这个王夫人又是谁呢？根据史料记载，这个王夫人曾经和卫子夫一起得宠，后来卫子夫年老色衰，王夫人便得到了汉武帝的独宠。汉武帝各种栽培霍去病，首先是因为卫青已经功高震主了，然后是因为卫子夫这时已经失宠了。

汉武帝打压卫青，培养霍去病，这对于卫氏家族来说，其实并不是什么坏事。

元狩元年（公元前 122 年），刘彻封嫡长子刘据为太子。后来卫子夫失宠，不少人开始担忧，太子刘据之位是否稳固。

霍去病是卫青的亲外甥，也是卫子夫的外甥，太子刘据是霍去病的表弟，他们是一家人，利益是一致的。霍去病坚决地站在了表弟这一边，为了使表弟刘据的太子之位更稳固，霍去病突然向汉武帝上书，让立已经成年的皇子刘胥、刘旦、刘闳为诸侯王。按照汉朝的法律，皇子被册封为诸侯王后，是要回到自己的封地上去的，不能久居京城。霍去病这么心急让汉武帝立诸侯王，无非是想把汉武帝的其他皇子赶出京城，让他们威胁不到刘据的太子之位。

霍去病上书后，汉武帝还跑去和自己的宠妃王夫人商量了一番。

"你想我们的儿子得到哪里的封地呢？"汉武帝问道。

当时的王夫人生病，有气无力地说道："这事我说了也没用，我说话算不了数。"

"那你希望在哪里呢？"汉武帝问道。

"洛阳。"王夫人脱口而出。

"洛阳不行，洛阳是天下经济文化中心，从来没有一个皇子的封地在洛阳。"汉武帝说。王夫人开始不说话了。

"这样吧，朕还是把天下最富有的地方——齐国封给我们的儿子吧。"汉武帝安慰她道。

王夫人想让儿子的封地在洛阳，可见其是一个有野心的人。但是红颜薄命，王夫人没有成为搅乱天下的祸水。

这一年，刘闳被汉武帝册封为齐王，刘旦被册封为燕王，刘胥被册封为广陵王。没过多长时间，王夫人因病去世，而齐王刘闳也在八年后去世，年少无子，封国被除。

这边的李广自杀后，李广的儿子李敢心中愤愤不平。一天，李敢和卫青相遇了。

"卫青，我父亲是怎么死的？"李敢一脸严肃。

"大胆，你怎么能直呼我的名字？我可是汉朝的大将军！"卫青说道。

"我呸！你还有脸称呼自己为大将军，我父亲一代名将，你却忌妒他的才能，把他从主战场支开，强迫他去那种连匈奴人都会迷路的不毛之地，还没有给他配向导。卫青，你就是杀死我父亲的刽子手，我要你血债血还！"

卫青还没有回过神来，李敢就冲了过来，对着他的脸就是重重一拳。卫青顿时感觉天昏地转，眼前全是星星。

卫青被打倒在地，正准备站起来反击，突然发现不远处有一个人走了过来，他立马放下了那只抬起的手。

次日，汉武帝上朝，看到卫青脸上有伤，于是问："卫青，你怎么受伤啦？朕看你昨天还好好的。"

卫青撒谎说："陛下，臣走路时不小心，摔了一个跟头，磕到脸了。"

汉武帝皮笑肉不笑地说道："你是习武之人，还会犯这种错误？以后小心一点。"

"臣谨记陛下教诲。"

卫青的目光落在了趾高气扬的霍去病身上，心想："李敢竟然敢打我，这仇一定要报。哎，陛下现在不惯着我了，我不能还手。但陛下现在宠霍去病，所以这个仇霍去病可以替我报。"

很快，霍去病知道了舅舅卫青被李敢殴打之事，年少成名的他从来不把任何人放在眼里，为了给舅舅出口气，趁着去甘泉宫狩猎的机会，霍去病直接用冷箭射杀了李敢。

通过这件事情，我们可以看到卫青的聪明。他向汉武帝隐瞒自己被李敢殴打的事情，却让外甥霍去病知道了这件事，是因为他了解霍去病的秉性，知道他肯定会为自己出头，而汉武帝太宠霍去病，肯定不会把霍去病怎么着。所以，他才会想到借霍去病之手除掉李敢。

元狩六年（公元前117年），郎中李敢的家人向汉武帝申诉：

"我们李家冤枉死了，老将军李广被卫青逼着自杀，少将军李敢因为赌气打了大将军卫青一巴掌，就遭到卫青、霍去病舅甥两人的报复，被霍去病大司马射杀，小民坐立不安，请陛下为我们李家主持公道。"

汉武帝接到申诉，一副冷冰冰的模样，他亲自审理这起案件，称："关内侯，郎中令李敢，万夫莫敌，忠心耿耿，在河西战役、漠北战役都立下了赫赫战功。但是不久前，他随朕去皇家狩猎场打猎时，不小心被一头发情的公鹿挑死，这是我大汉一巨大损失，朕深表遗憾。"

汉武帝实在太宠霍去病，不愿为此事追究他的责任，因此替他隐瞒，压制李氏族人，不让他们申冤。

这一年，即元狩六年（公元前117年），霍去病去世。汉武帝对他的早逝十分伤心，下令匈奴浑邪王率领部落人全部身穿黑甲为他致哀。送葬的队伍，把他从长安城护送到茂陵东侧的墓地。汉武帝赐其谥号"景桓"，并仿照祁连山的形状为他修建了坟墓，纪念他抗击匈奴的战绩。

一年之内，汉朝接连失去了两名大将，他们都是那么年轻有为，这成了帝国的一大损失。

与李敢之死相比，少年英雄霍去病的早逝更令人伤感不已。到了今天，他的死亡依然是一个谜，人们对其争议不断：他到底是怎么死的？是因病自然死亡，还是死于谋杀？对此，历史上有四种猜测：

第一种，霍去病死于李广家人之手。飞将军李广一生征战沙场，他的儿子李敢被霍去病用冷箭杀死，虽然汉武帝偏袒霍去病，有意压下此事，但李家人肯定气愤难平，所以很有可能毒杀霍去病。

第二种，霍去病死于匈奴人发动的生化战争，这也是当时人们的一种说法。相传，霍去病大军压境时，匈奴人已经是穷途末路，就把染上瘟疫的战马、牛羊投入水源，霍去病穿越沙漠时，喝了受污染的山水，因此染上瘟疫，最终生病而死。

第三种，死于投降的匈奴复国分子之手。被俘虏的匈奴人中，有不少都不是心甘情愿投降的，他们会伺机报复，杀害汉武帝身边的大将——霍去病，是很有可能的事情。

第四种，霍去病是死于舅舅卫青之手。漠北战争是卫青人生中最后的辉煌，在这之后，他开始遭到汉武帝的打压，霍去病则如日中天。霍去病有着很高的军事天赋，卫青与其相比要黯然失色不少。事实上，他们既是舅甥，也是竞争对手。有了霍去病，就没有了他卫青上战场立功的机会。那么，所有的荣华富贵都将离他而去。如果趁霍去病刚成为朝廷新贵，还没有扶植起自己的势力时，就将他扼杀在摇篮里，就可以稳固自己的地位了。

但，历史在这里沉默了。真相究竟如何，我们无从得知。

匈奴人在头曼单于的带领下不断走向强盛，在冒顿单于时期发展到了鼎盛阶段，最终在卫青、霍去病面前走向了没落。

从此之后，漠北再无匈奴王庭。汉人不仅不用继续生活在对匈奴人的恐惧之中，而且生存空间得到了进一步扩大。

此时，残存的匈奴各部派出人手，到处寻找匈奴大单于伊稚斜。但时间一天天地过去，关于伊稚斜的消息是一点都没有。

显而易见，不太厚道的大单于伊稚斜很可能死了。于是，排在大单于伊稚斜、左贤王两部落之后的第三大部落的首领右谷蠡王当着众人的面宣布："我那长期饱受汉人欺负的子民们，我们要站起来，勇敢地去与汉人抗争，为复兴伟大的匈奴民族而努力！不过，我要告诉你们一个好消息，你们这个伟大的梦想马上要实现了，因为你们要有一个新单于了。"

新单于？一直忐忑不安的匈奴人迅速集聚在了一起，迫切地问道："右谷蠡王，快告诉我们，新单于是谁？"

右谷蠡王回答他们说："瞧瞧你们笨的，这么明显竟然都没有看出来。现在，只有我最有能力来领导你们。"

匈奴人一听，顿时如同泄了气的皮球，但他们现在也只好硬着头皮陪着右谷蠡王玩下去。

于是，右谷蠡王有条不紊地收容各个部落的百姓，安置难民。为了安抚这些魂不守舍的百姓，新的大单于每天都忙个不停。

一天，新大单于正在安置难民，突然听到背后有人和他打招呼："你好，尊敬的大单于。"

新大单于忙得没有回头，问道："你有什么事情？"

"大单于，我们是从战场上撤下来的士兵，请大单于让我们官复原职，统领旧部。"

"我们匈奴民族现在最缺的就是你们这种经历过战争的残酷而没有丧失心智的士兵，本单于不仅要让你们官复原职，还会提拔你们。"新单于大声地说道。

"谢大单于，你看提拔我们一个什么样的官职合适呢？"

直到这个时候，新单于才回过头，仔细地看了一下对方的脸。

"伊稚斜，你是人是鬼？"

"我当然是人了，大单于不欢迎吗？"伊稚斜说。

"大单于你不能这样啊，汉军都撤退了快二十天，你始终躲着不出来。我也是形势所迫，大家看你消失了，就选举了德高望重的我当新的大单于。大单于，你招呼都不打一声就回来了，现在两个大单于，你看这弄得……"

伊稚斜眼露凶光，手按腰间的佩刀，说道："我听新大单于的，大单于说怎么解决，就怎么解决。"

"大单于，有话好好说，别动手啊。大单于能够平安地回来，是我大匈奴人的福气。我现在就辞职，大单于你官复原职，我依然听你的指挥。"

"哼，算你聪明，马奶酒呢？忘了告诉你们一个好消息了，汉朝皇帝完蛋了。"伊稚斜说道。

"完蛋啦？他不是刚打败我们吗？怎么就完蛋了呢？"

伊稚斜说道："汉军这次大举进犯我国，便宜是占了一点。他们之所以占了一点便宜，是因为汉朝这次是倾巢出动，并不是因为他们能打。我仔细地研究了一下，这次漠北之战，汉朝出动了所有的战马共十五万匹，但被我们打死了十多万匹，能够回去的战马还不到三万，并且全都挂彩了。战马是战争中的关键资源啊，汉朝连战马都没有，还打什么打，完蛋了！"

右谷蠡王心里暗骂道："人家是没有战马，我们是连人都没有。"嘴上却开心地说道："大单于果然不同凡响，就让我们继续团结在伟大的大单于身边，给还在垂死挣扎的汉朝皇帝以最后的致命一击吧！"

漠北之战后，汉朝偶尔侵犯一下匈奴的边境，让大单于伊稚斜备受压力。他找到姐夫赵信，诉说着自己的苦恼。

赵信说："眼下的形势对我大匈奴极为不利，经过这一战，汉朝最多三五年就能够恢复过来，但我们等一代人长大，至少需要十年，汉朝肯定是不会给我们任何喘息的机会的。"

"那我们该如何是好？"

"就是让他们给我们送漂亮的公主过来。另外，我们出门抢掠时，要提前做好舆论工作，指控汉朝数次撕毁和平协议，让其他国家站在我们这一边。"

于是，就出现了张骞出使匈奴，号召匈奴学习汉朝的先进文化，最后被扣留的一幕。

恩威并济，汉匈相搏

漠北之战后，汉武帝没有再对匈奴发动过大的战役，但双方的较量依然不断。汉武帝恩威并济，有时是派使者前去劝降，有时是派兵前去攻打。匈奴经过屡次打击，力量被大大地削弱，已经不再是汉朝的大患。作为对匈奴战争的最高决策者、组织者和指挥者，汉武帝建立了伟大的功勋。

霍去病去世后，由于各种原因，汉武帝再也没有对匈奴发动过大规模的战争，将军卫青便赋闲在家，无所事事地待了十四年。元封五年（公元前106年），卫青因病去世，谥号"烈侯"。为了纪念立下赫赫战功的卫青，汉武帝在茂陵东北方为他修建了形似阴山的坟茔。卫青去世后，他的三个儿子因为种种原因相继失去了侯爷之位，显赫一时的卫氏家族走向没落，消失在历史的长河中。

元鼎五年（公元前112年），匈奴大单于伊稚斜死了，他的儿子乌维继承了大单于之位。元封元年（公元前110年），汉武帝在封禅前率领十八万士兵巡视朔方，进行了一次大规模的军事演习，以威慑匈奴。

紧接着，汉武帝派出使者郭吉出使匈奴，示意匈奴乌维单于向汉朝称臣。乌维单于是个暴脾气，将使者郭吉扣留了下来。但乌维单于很有自知之明，知道匈奴兵少马弱，很少去侵扰汉朝边境，而是在漠北地区休养生息，并多次派使者去长安，请求和亲。

元封四年（公元前 107 年），习惯于洞察全局的汉武帝再次派出使者兼间谍王乌，去匈奴那边摸摸底。

这个王乌并不是朝廷官员，只是在朝廷里挂了一个低级使者的职称，家在边境地带，是一个地道的北方人，熟悉匈奴的习俗，还是一个社交达人。

凭借自己良好的社交关系，王乌很快就见到了乌维大单于。按照匈奴人的习俗，他进门之前把汉朝朝廷的符节丢在了门外，一进去就开门见山地说道："大单于，有度数高点的烈性马奶酒没？走了老远的路，我都快渴死了。"

匈奴人生性野蛮，最喜欢不拘小节的粗人。见王乌这么豪爽，乌维大单于十分开心，说道："上酒，让我和这兄弟好好喝一场。"

烈酒一上来，乌维大单于端起一大碗，一口气喝干了。为了助兴，乌维大单于拉着王乌开始纵情高歌，喝醉了，倒头就睡，睡醒了接着喝。

几天下来，王乌和乌维大单于建立了深厚的友谊。某次，乌维大单于对王乌掏心掏肺："兄弟，我实话跟你说，傻子才会跟汉朝皇帝干仗呢。汉朝皇帝太凶残了，一开战就发动所有兵力，根本不管老百姓的死活。汉朝老百姓摊上那么个穷兵黩武的皇帝，真是倒霉透顶。"他这样说的时候，显然忘记了匈奴人对汉朝边境百姓进行的无数次烧杀抢掠，忘记了对付强盗一般的敌人只有一个办法，那就是将其彻底打怕。

"不说这个，喝酒，喝酒。"王乌说道。

大单于乌维继续旁若无人地说道："我一直在想，要想绝对的和平，就只能把我的太子送到汉朝皇帝那里。那时，估计汉朝皇帝那颗悬着的心才放下来。"

"大单于真的是这么想的吗？"王乌大喜。

"骗你是小王八！"大单于乌维说道。

王乌激动得全身颤抖起来。如果他能够成为汉朝和匈奴战争的终结者，那么一辈子的荣华富贵都是小事，千秋万代才是他的未来。

于是，王乌一刻也不想耽搁，以最快的速度回到了汉武帝那里。

汉武帝接到报告后十分开心，如果匈奴单于能够把太子送到汉朝朝廷，那么匈奴人对汉朝的威胁将彻底不复存在，他汉武帝创立的功业将是前无古人后无来者的。

于是，汉武帝派出一名名叫杨信的高级使者再去匈奴大单于乌维那里，商量一下接下来的具体事宜。

当杨信手持符节来到乌维大单于的帐篷外时，匈奴侍卫告诉他："放下你手中的符节，不要破坏我们匈奴人的规矩。"

"你说放下我就放下啊？"杨信断然拒绝，"这是我汉家皇帝亲自授予的，象征着我们汉家皇帝的威严和荣光。"

乌维大单于被气得直翻白眼，但他忍着没发怒，而是请他进去，问道："你找我有什么事情？"

"我奉我汉家天子的使命，来商谈你家太子入我朝当质子的事宜。"

"你汉朝是有羊群，还是有马奶喝？我家太子去了能适应吗？不去！"乌维大单于说道。

"不是已经说好了吗？"杨信嘟囔道。

"我和你说好的？不去！"乌维大单于断然拒绝。

杨信无功而返，汉武帝只好又把王乌找了过来。

"什么？大单于反悔啦？应该不会啊，陛下，你等等，我再去一趟，看看是怎么回事。"

于是，王乌又来到了大单于乌维的帐篷前，依然把符节扔在帐篷外。

乌维大单于看到他来了，大喜，立马让人端上度数最高的烈性酒。喝高了，大单于搂着王乌的肩膀说："兄弟，我想去汉廷和你汉家皇帝结拜为兄弟。"

一般人听到这种喝酒时说的场面话会一笑而过，但整个汉朝朝廷听到这句话后智商降为了零。汉武帝同样信以为真，立马下令在长安建了一座宫殿，弄得乌维大单于十分尴尬。

作为匈奴民族的最高领导人，去汉廷干什么？但酒后说什么，他乌维也控制不住。可是，既然人家已经当真，还为自己盖起了一座宫殿，再说不去，也得找一个合适的理由。

乌维每天绞尽脑汁地想啊想，只好拿出盛气凌人的架势来，一边指责汉朝皇帝没有诚意，派出这么一个低级使者来，一边让一个匈奴贵族跟随着使者去长安。

没有想到的是，匈奴贵族去了汉廷后水土不服，到了长安后，已经是只有出的气没有进的气了。

朝中的文武百官十分焦灼，派出了朝廷里所有名医。名医一会诊，认为这个匈奴贵族只是生了一场小病，喝上两服汤药就会没事。可是，汤药一下肚，之前还在挣扎的匈奴贵族立马一动不动，死透了。

这个匈奴贵族莫名其妙地死了，乌维单于立马抓住这个机会，一口咬定是汉朝皇帝毒死了匈奴贵族，那么就让汉朝皇帝为他修建的宫殿闲置着吧，他是绝对不会去的。

汉武帝派使者路充国等人将这位病死的匈奴贵族送回其祖国，乌维单于扣留了路充国。

乌维单于还以此为借口，不断骚扰汉朝边境。这个时候，汉武帝便封郭昌为拔胡将军，命令他与浞野侯赵破奴驻兵于朔方以东，加强防守。

元封六年（公元前 105 年），乌维单于去世，他那年幼的儿子詹师庐继承了单于之位，号称儿单于。

儿单于虽然年龄小，但桀骜不驯，发誓要与汉朝死磕到底。此后，匈奴民族向西北迁移。儿单于争强好胜，喜欢征战杀戮，导致国内动荡不安。匈奴左大都尉整日提心吊胆，担心这个孩子太坑他爹了，便偷偷联系汉朝，请求归顺。

汉武帝接到消息后十分开心，派将军公孙敖在塞外建立了一座受降城，等待左大都尉的到来。

左大都尉左思右想，决定还是把儿单于杀了比较稳妥，这样他就能让整个匈奴人归顺汉朝了。他的计划当然得到了整个汉朝的支持，为了万无一失，汉武帝还派出大将赵破奴率领两万骑兵从朔方出发，向西推进了两千多里，抵达浚稽山接应左大都尉。

不承想，左大都尉低估了儿单于的实力。他很快发现了左大都尉的计谋，果断率领自己的士兵杀了左大都尉。儿单于杀了叛徒，还不解恨，面对送上门的赵破奴，准备来个守株待兔。

左大都尉一死，赵破奴没有了可接应的人，想着反正闲着也是闲着，就顺手歼灭了一个匈奴部落，俘虏了两千人。

这是赵破奴与匈奴作战多年，俘虏人数最多的一次。他满面春风地班师回朝，行走到距离公孙敖建立的受降城四百里的地方，只见一条黑线越来越浓。等他看清楚那是什么的时候，顿时吓傻了——那是不少于八万人的匈奴骑兵。

此时的赵破奴内心是崩溃的，他只有两万骑兵，既没有粮草，也没有援军。

赵破奴立马下令安寨扎营，准备与匈奴杀个天昏地暗，大不了死在战场上。对于军人来说，死在战场上是一种荣耀。

双方先是弓箭对射，然后是肉搏战，打得胳膊腿儿横飞，地上殷红一片。由于人数悬殊，汉军很快就坚持不下去了，赵破奴被匈奴人生擒。

儿单于派人前来招降："汉军兄弟们，你们的主将已经归顺我们了，你们也快点过来吧，大家一起来喝酒。"

汉军面面相觑，主将被擒，这是死罪，他们这两万人一回去，准会被汉武帝一个个杀了来解气。但投降也不行，汉武帝最讨厌士兵临阵投降，会诛杀他们三族的。

不能投降，也不能回去，那他们只能与匈奴玩命到底了。最后，汉军全军覆没。紧接着，儿单于率领骑兵攻打公孙敖建立的受降城，抢走了不少百姓。自此，两国签订的和平协议被撕毁，边疆的纷争又开始了。

太初三年（公元前102年），儿单于去世。儿单于虽然年纪轻轻，但英勇善战，先平左大都尉之乱，再歼灭了赵破奴的两万精兵，本事了得。如果他再多活几年，汉朝肯定要吃大苦。儿单于如同一道闪电，虽然耀眼，但瞬间就消失在历史的长河中。

被匈奴人视为希望之光的儿单于英年早逝，他死的时候，他的儿子还在穿尿不湿。于是，匈奴人便立儿单于的叔父右贤王句黎湖为单于。

句黎湖单于在位一年也死了，由于他的儿子年幼，匈奴人便立句黎湖单于的弟弟且鞮侯为新单于。

且鞮侯大单于是一个年轻人，他对汉朝派来的使者说："我是晚辈，汉家皇帝是我长辈，我这个晚辈怎么能打长辈呢？来，把之前扣押的汉朝使者都放了。"

汉武帝十分开心，立马派中郎将苏武和副使张胜，带着一份厚礼前往匈奴处，去接回那些被扣押的使者。

苏武是杜陵人，苏建将军的二儿子，他才华出众，十分有节操，颇受汉武帝的赏识。

天汉元年（公元前100年），苏武率领一百多人出发了，汉武帝和文武百官为他送行。

到了城门处，苏武等人翻身下马，向送行的人拱手表达感谢之情。御史大夫杜周，代表汉武帝向他举杯，苏武接过来，一饮而尽。

"陛下祝你们一路顺风，相信你们一定能够完成陛下交代的使命。"

"请陛下放心，我苏武一定不负众望。"说完，苏武便带上使者团踏上了征途。

此时的苏武刚刚四十岁，手持旌节，骑着高头大马，走在队伍的最前面。这次出使匈奴，苏武知道肩上的担子十分沉重。汉朝和匈奴交恶多年，并且匈奴人一向诡计多端，这次且鞮侯大单于的真正目的是什么，他们还不得而知。

经过一个多月的长途跋涉，苏武一行人终于来到且鞮侯大单于的门前。一见到匈奴单于，苏武便毕恭毕敬地把礼物递了上去。

单于立马眉开眼笑，面露狂色，扭头对身边的人说："汉家皇帝在讨好我……"

苏武十分反感，明明是匈奴单于自称为晚辈的。但想到自己的使命，他不卑不亢地说道："我大汉愿意与匈奴互通往来，结为友好。大单于在信中自称晚辈，我汉家皇帝十分赞赏。"

"哈哈，匈奴人是晚辈吗？我大匈奴人本来就在中原生活，是你们汉家皇帝把我们轰到这里来的，我们一定会打回去的。"

"我们一直在自己的土地上生活，赶走的是一些豺狼。"苏武义正词严地反驳道。

"请问你说的是我们大匈奴人吗？"

"你认为呢？漠北、河西走廊不是我们的地盘吗？"苏武说道。

"那是你们的地盘吗？"

"有万里长城为证。"苏武说道。

"我迟早把那个什么万里长城拆掉。"大单于不屑地说道。虽然大单于一直在和苏武打嘴仗，但内心深处还是对他充满了敬佩之意："来人，摆宴，给汉使接风洗尘。"

苏武在匈奴这里住了一阵子，正琢磨着什么时候回汉朝时，却发生了一件意外的事情。

前汉朝有一个人叫卫律，本是匈奴人的后代，是协律都尉李延年的旧友。在李延年的推荐下，汉武帝派他出使匈奴。后来，李延年因罪下狱，卫律担心受到牵连，便归顺了匈奴。

卫律十分熟悉汉朝，并且足智多谋，正是匈奴最需要的人才。卫律的一个名叫虞常的下人，是被迫跟随卫律一起归顺匈奴的，对汉朝的家人们甚是想念，一直想逃回汉朝。

等苏武抵达匈奴处时，虞常对苏武的副使张胜表示了热烈欢迎。

"我的心永远属于汉朝天子。"虞常说道。

"那你为何在这里呢？"张胜问道。

"我是被迫留在这里的，那些匈奴人可凶了，把我看得贼严贼严的。"虞常回答道，"我听说陛下知道卫律归顺了匈奴，十分生气。所以，我准备干掉卫律，到时候，你在陛下面前多替我说几句好话，让我也当个候爷过过瘾。"

"我看合适。"张胜觉得这可以立功，便一口答应了。

虞常与张胜达成一致后便离开了，一出门，便遇到了苏武。两人点头示意了一下，便各干各的事情去了。

"我回来时看到虞常，他找你干什么来啦？"苏武问道。

"没啥事，叙叙旧。"

张胜为何要对苏武隐瞒这件事情呢？他无非想独占军功。在接下来的时间里，虞常秘密联络了七十多人，称这些人都是他拜把子的兄弟，十分靠谱。

这其中就刚好有那么一个不靠谱的，在虞常动手的当晚，那个不靠谱的人向卫律告发了。匈奴骑兵立马包围了虞常以及他的同伙，虞常被俘，他的同伙被杀。

知道事情严重了，张胜立马来找苏武："和你说个事，前阵子虞常来找我，说要刺杀卫律，不过失败了，你想个办法摆平这件事情。"

"什么？这么大的事情，你怎么不提前告诉我呢？"苏武当时就石化了。

"现在告诉你也来得及啊，你赶紧想个办法。"厚脸皮的张胜说道。

"匈奴人要羞辱我们了，陛下最痛恨这种事情，这该如何是好？不如在受辱之前，我自行了断！"

大家急忙上前阻止，而这个时候，匈奴大单于正在营帐中开会，商量如何处置作乱的汉朝使者。

大单于十分生气，建议将苏武他们统统杀掉，而左秩訾上前劝解道："我有一个两全其美的办法，不如劝他们投降，让他们苟且地活着，既可以羞辱汉朝，还能让他们为我们卖命。"

"好，那就让他们归顺我们。"大单于同意了，于是让卫律把苏武等人叫来，表达招降之意。

苏武一听，立马急了，说道："我是汉朝的使臣，如果丧失了节气，辱没了使命，即使苟且偷生，又有什么颜面面对陛下呢？"

说完，苏武拔出佩剑，刺向了自己的胸口。卫律大吃一惊，急忙抱住他，将他手中的剑夺了下来，但苏武的胸口鲜血直涌。

卫律赶紧喊来医生，将苏武从阎王那里拉了回来。过了好久，苏武才苏醒过来。没有办法，大单于把张胜等人抓了起来，让苏武慢慢养伤，每天派人前来问候。

某天，苏武睁开眼，发现眼前跪着两人，虞常和张胜。卫律对苏武说："苏武啊，你的气节着实让大单于钦佩，他决定不对你进行审讯了。但是呢，这个降是要投的。你看虞常和张胜都跪在你眼前，你能否认自己的罪行吗？"

"我是真的不知情啊，你要我如何证明我没有做过的事情呢？"苏武说道。

"证明不证明无所谓，重要的是你要投降。你要是不投降，我就一刀砍死他。"

"一码归一码啊。"苏武无奈地说道。

卫律一挥剑，虞常的脑袋落地了。

紧接着，卫律走到张胜身边："苏武，你投不投降？再不投降，你的搭档就没命了。"

　　这时的张胜吓得直打哆嗦，立刻说道："我愿意投降，我愿意投降，别杀我！"

　　"又没问你，你多什么嘴？苏武，你到底投降不？"卫律又问。

　　苏武上前阻止道："卫律，别闹，这种事情开不得玩笑。"

　　卫律向大单于汇报了苏武的态度。

　　大单于是一个惜才之人，听了苏武的话后更钦佩他了，降服他的心更加强烈。但苏武性情刚烈，大单于拿他也没辙。当时冬天来临，天空飘起了鹅毛大雪。

　　"本单于十分钦佩苏武，但本单于想知道他到底怕不怕死。你把苏武扔到那边露天的大窖中，不要给他吃的，也不要给他水。"

　　苏武当时又冷又饿，但他不屈不挠，求生意识很强，他要让匈奴人看看他那铮铮铁骨。于是，他饿了就吃衣服上的毡毛，渴了就吞雪。

　　过了几天，大单于跑到大窖前看苏武是否还活着。发现他还活着，大单于让人把他抬了出来。"这样有毅力的汉人，如果不为我用，也不能放他回去。"单于心想。

　　"苏武，苦吃够了吗？如果你归顺我，我一定会重用你，让你这辈子享尽荣华富贵。"

　　苏武头一歪，说道："宁死不屈！"

　　"你这样的人，本单于倒是第一次见到。本单于有一件事情，特别适合你去做。"

　　"什么事情？"苏武问道。

　　"去北海放羊。"

　　"去放羊可以，什么时候放我回去？"苏武问道。

　　"等这群羊产奶了，你就可以回去了。"

　　等苏武到了北海，发现了一件不好的事情，那就是他放的羊都是公羊。

　　"我看这些羊怎么都是公羊啊？"苏武问道。

　　"公羊又怎么啦？你看不上？"大单于回答道。

　　"不是，公羊怎么产……"

　　"别废话了，快去放羊吧。"

　　在北海的寒风中，苏武被冻得瑟瑟发抖，他手持旌节，向东大喊道："陛下，我苏武在此发誓，绝不有辱汉节！"

　　苏武冒着寒风在岸边找到了一个废弃的草棚，把羊赶了进去，然后拔一些荒草来喂羊。他又去挖老鼠洞，掏一些野草籽来填肚子。晚上，他就蜷缩在羊群中，让羊毛来温暖自己。

就这样，苏武每天手持旄节在北海边上放牧，春去秋来，一年又一年，苏武的白头发越来越多，身体一天比一天消瘦，但目光依然如炬。

春天到了，北海岸边的杨柳泛着新绿，在微风中飘舞。

苏武手持旄节，一边放牧，一边望着远方，他实在是太想念中原，太想念亲人了。他眼前浮现了儿子在山坡上追赶羊群的情景，儿子摔了一跤，哇哇大哭起来，他跑过去，抱起儿子，温柔地摸了摸他的脑袋。

"哎，不知老母亲和妻儿现在怎么样啦？我的儿啊，父亲实在太想你了。"

突然，一阵马蹄声传来，一群打猎的队伍来到他跟前，准备在这里狩猎。

一个像是部落首领的人走向苏武。

"看你的衣着像是汉人，难道你就是苏武？"

"正是，我就是大汉天子的使臣苏武。"

"失敬，失敬。"那人从马上跳了下来，施礼道，"我是且鞮侯大单于的弟弟於轩王，之前听大哥提起过你的大名，今天有幸见着，十分荣幸。"

"幸会，幸会。"苏武施礼道。

於轩王把苏武邀请到他临时搭的帐篷里吃肉喝酒："这么艰苦的环境，你也能活下来，实在是佩服。"

"我是汉朝的使臣，责任就是忠于职守。"苏武回答道。

"了不起！来，喝酒。"

於轩王去苏武的草棚里参观了一下，动情地说道："你太苦了，我的帐篷留给你了。"

"不，不用。"苏武说道。

"苏大人，这不是大单于给你的，是我以个人的名义送给你的，你不用介意。"

於轩王走的时候，又给苏武留下了一些食物。但是，某天，苏武放羊回来，发现食物和帐篷被偷走了，只好又回到原来的那个草棚里。

一年又一年，苏武手上的旄节的毛掉光了，他的头发、胡子全白了。他还是手持旄节，向汉朝的所在方向望去，等来了他的好友李陵。李陵劝他归顺大单于，这是他人生最痛苦的时刻。

李陵是飞将军李广的孙子，李广的长子李当户的遗腹子，年轻时便在朝廷上班。他擅长骑马射箭，礼贤下士，汉武帝说他有其爷爷李广之风。他曾经率领八百骑兵深入匈奴腹地两千多里侦察，立下军功，被任命为骑都尉。

汉武帝下令李陵招募五千壮士，让其担任教官，教以骑射。这五千勇士个个力大如牛，可以徒手抓老虎；射箭技术精湛，百发百中。李陵奉命驻扎在酒泉、张掖等地。李陵十分爱惜自己的士兵，士兵们都愿意为他拼命。

几年后，汉武帝派贰师将军李广利征伐大宛，命李陵率领士兵随后。到了边塞，汉武帝又命李陵率领五百轻骑出敦煌，到盐水，去迎李广利班师回朝，然后继续驻扎在张掖。

天汉二年（公元前99年），李广利率领三万骑兵从酒泉出发，攻打在天山一带活跃的右贤王。正在酒泉、张掖一带训练士兵的李陵被汉武帝钦点，为李广利运送粮草。

李陵接到命令时，肺都要气炸了。

"陛下，臣是上战场杀敌的，干不来运送粮草的活儿，请陛下收回成命！"

"你就是不甘于居人之下啊，但骑兵朕都给李广利了，你要冲锋陷阵，朕没有兵力给你啊。"汉武帝说道。

"我不用骑兵，带上那五千步兵，一样可以擒拿右贤王！"李陵自信满满。

"好，朕就喜欢你这样的勇士！这样，朕给你找个搭档，让老将路博德率兵在中途等你。"

但这路博德和李广曾是同事，李广、李敢父子都死了，连孙子都要与他成为同事了，而他依然在战场上养老，这表明他是一只千年老狐狸。

路博德知道和谁成为搭档都行，但就是不能和李广一家沾上边。因为李广一家英勇善战，都是当世名将，但每到关键时刻，都会死得不明不白，找人说理都没地去，还会连累了身边的人。

于是，路博德向汉武帝上书道："陛下，秋天到了，正是匈奴兵肥马壮之际，最好不要与匈奴开战，请陛下劝李陵不要急躁，到了明年春天再说吧。"

汉武帝见了十分生气，怀疑是李陵后悔了，不愿出兵，而指使路博德上书，于是命令路博德走西河，守住钩营。

汉武帝又传诏李陵，让他走浚稽山，顺着涅野侯赵破奴走过的路线，抵达受降城后，少作休整，用快马传回军情。

于是，李陵率领他的五千士兵从居延出发，向北行走三十天，抵达了浚稽山，安寨扎营。他观察山脉的走向，画成地图，对手下陈步乐说："陈步乐，你是所有人中跑得最快的，把这份地图送回长安，交给陛下。"

陈步乐飞快地朝长安的方向出发了。陈步乐还没有走多久，李陵就遭遇了匈奴主力。

"哈哈哈，来呀，我们把汉军打个落花流水。"大单于说道。

"冲啊。"三万骑兵朝李陵的五千步兵冲了过来，如同一群饿狼扑向了小羊羔。

见匈奴如潮水般涌过来，李陵对士兵们说："都听好了，我们今天就来实战一下，如何以少数步兵战胜多数骑兵。不要慌，按照我之前教你们的方法，列好队形。"

李陵以大车为营垒，前排士兵手持戟和盾，后排士兵手持弓弩，下令道："听到击鼓就进攻，听到鸣金就收兵。"

匈奴人看李陵人少，就直接扑向了汉军营垒。李陵挥师搏击，千弩齐发，匈奴士兵纷纷倒下。

"怎么回事？我大匈奴骑兵怎么被这些光脚板兵干掉了？"大单于大惊地说道。

"大单于，李陵布阵，是以长矛兵和盾牌兵为前锋，弓箭手居后。我们的骑兵冲过去，不是被他们的长矛兵刺死，就是被弓箭手射死。所以，大家就倒下了。"视力好的匈奴贵族说道。

大单于急了，说："这李陵不按套路出牌啊！来，让他们见识一下我们的厉害。"

八万匈奴军从山谷中绕了出来，如饿狼般扑向李陵。

李陵见此，哈哈大笑道："兄弟们，还记得我之前是怎么教你们的吗？与阵法相比较，什么更重要？"

"逃！"士兵齐声说道。

"你们掌握得不错，大家赶紧逃。"李陵说道。

李陵率领士兵边逃边布阵，大单于却誓死要抓住他们，率领八万骑兵在后面穷追不舍。

连日苦战，李陵这边的士兵全都挂了彩。他下令，三处受伤的人，手拿武器坐在车上；两处受伤的人，一边驾车一边战斗；一处受伤的人，继续结阵战斗。

就这样，汉军在匈奴骑兵的重重包围下，顺着龙城古道缓慢地前进。过了几天，他们斩杀了三千多匈奴军。过了四五天，他们来到了一大片长着芦苇的沼泽地前。

大单于看到后，大喜，说道："把李陵这群人统统赶到芦苇丛中，烧死他们。这仗越打越丢人。我们八万精兵，还奈何不了人家五千光脚板兵。要是让别人知道了，我匈奴人还怎么混？"

看着李陵的士兵退到了芦苇丛中，匈奴人开始放火。刹那间，熊熊火焰升起。

等火焰快要熄灭时，大单于说道："全给本单于让开，让本单于看看，这群汉人变成灰了没有？"

不看不知道，一看吓一跳，大单于指着前面问道："那是什么东西？"

"单于，是李陵和他的步兵。"

"不可能！"大单于尖叫了起来，"火这么大，他们为什么没被烧死？"

匈奴人认真研究了一番，说道："大单于，应该是这样的，我们在上风头放火，李陵在下风头放火，他们烧出了一大块空地，我们的大火蔓延到他们那边时，没有可烧的，就熄灭了。"

大单于发了狠，说道："无论如何都要锤死他们！"

大单于命令他的儿子率领骑兵向李陵发动猛烈攻击，李陵的步兵与匈奴骑兵开始血拼。

"大单于小心！"

只听到"嗖"一声，一支箭射穿了提醒大单于的侍卫。大单于的反应十分机敏，立马双手抱头，顺着山坡滚了下去，然后逃走了。李陵就这样丧失了最后的机会，很快就陷入了绝境之中。

一天，匈奴人抓到了李陵部下一个叫管敢的人。其实，管敢是主动叛变的，因为他的上司逼他在毫无胜利可能的情况下继续战斗，他实在受不了，于是叛变了。

管敢告诉大单于："李陵是主将，副将是韩延年，这边没有后援，箭矢和粮草已经用光，已经到了山穷水尽的地步。"

大单于一听，大喜，立马把这个消息公开了，匈奴军顿时士气大涨，他们日夜不停歇地向李陵发动猛烈攻势，要熬死这支汉军。

"李陵，投降！韩延年，投降！"

听到匈奴人喊自己助理的名字，李陵便知道匈奴人掌握了他们这边的情报，汉军大势已去。这个时候，李陵还剩下三千士兵，但人人伤痕累累，武器打烂了，于是斩断车轮辐条，一边战斗一边撤退。很快，他们来到一座大山的峡谷间，站在高处的匈奴人推下礌石，砸死了不少汉军，将李陵困在了山谷中。

眼看不能前进，夜幕降临时，心乱如麻的李陵身穿便衣，走出营帐，对随从说："你们谁也不要跟着我，我要单枪匹马去活捉匈奴单于。"

内心崩溃的李陵出去遛了一圈后回来了，说道："败局已定，只求死在战场上。"

李陵下令士兵砍断旌旗，将军中财物埋在地下，叹息道："只要有几十支箭，我们就能扭转败局了。可现在无武器再战，天一亮就会被敌人生擒。我们现在只有一条路可以走，那就是分散逃走。如此，也许有人能够逃回去，向陛下汇报情况。"

李陵命令将士们一人拿上两斤干粮，约定在边塞遮虏鄣会合，准备午夜时分击鼓分散逃走。但是，鼓没有被击响。

李陵和韩延年率领十多名精兵突围。突围是成功了，但几千匈奴士兵在后面穷追不舍。韩延年战死，李陵仰天长啸："我何来颜面去见陛下！"说完，他下马投降了。

李陵投降，震惊了整个汉朝。朝中的文武百官个个唾骂李陵，汉武帝就李陵之事问太史令司马迁，司马迁说，李陵是一个孝子，善待士兵，常常不顾个人安危奔赴国难。今天他一战败，那些奸佞之臣便攻击他，实在令人心痛。李陵只有五千步兵，深入匈奴腹地，搏杀了几万匈奴士兵。他转战千里，箭矢都用光了，士兵们赤手空拳，冒着敌人的箭雨奋勇杀敌。部下以死效命，古代名将也不过如此。他立下的战绩足以让他名扬天下，之所以没有自杀，是想留得性命，戴罪立功，来报效朝廷。

最初，汉武帝只让李陵负责李广利的粮草运输工作，后来李陵与匈奴主力部队迎面遇上了，导致李广利无匈奴可打，没有立下任何战功。

汉武帝认为司马迁是在维护李陵，诋毁李广利，便把他扔进了监狱，并处以腐刑。司马迁被处以腐刑后便化悲痛为力量，写出了一本千古名作——《史记》。

很久之后，汉武帝才意识到没有珍惜李陵是他的一大损失。本来有了能打的李陵，他就能实现开拓边境的梦想，驱逐匈奴人到千里之外，但自己没有给他派援军，不顾他的死活，才导致了现在的局面。

让汉武帝更为担忧的是，如果能打的李陵为匈奴人卖命，弄不好形势逆转，匈奴人就会强大起来。

天汉四年（公元前 97 年），汉武帝为了迎回战神李陵，派李广利率领二十一万士兵深入匈奴腹地。匈奴人见这么多汉军要来家门口，于是与汉军玩起了捉迷藏，导致汉军无功而返。

汉武帝坚信李陵是想回家的，只是被匈奴人困住了，那是因为李广的一个孙女目前正在太子宫受宠。如果李陵返回汉朝，那他就成汉武帝的亲家了。

很快，汉武帝派出了公孙敖，让他去接李陵。但公孙敖是卫青的人，当年卫青就是为了让他立功而逼死了飞将军李广。

那么，公孙敖会真心去接李陵回来？要是李陵回来，得到了皇帝重用，一定会为爷爷李广和叔父李敢报仇，他公孙敖就要死无葬身之地了。

公孙敖深入匈奴腹地后，对放牧的匈奴百姓穷追猛打，俘虏了一群惊慌失色的匈奴人，然后对他们进行严刑逼供。

匈奴百姓叫苦连连，说道："大将军啊，你说的那个李陵，我只听说他在帮大单于训练军队，根本不知道他在哪里啊。"

要是来人与李陵无冤无仇，肯定会继续追查下去，找到李陵核实情况后再返回。但公孙敖不一样，他一听，顿时开心坏了："走，我们回朝，向陛下汇报情况去！"

而这个时候，李陵正带着锃亮的匕首，走向了一个名叫李绪的人。

李陵问李绪："你在这里干什么呢？"

李绪回答，"训练士兵呢！"

李陵问："训练士兵做什么？"

李绪哈哈大笑："训练士兵还能做什么？当然是和汉军干仗啊。跟你实话实说吧，我们都是向匈奴投降的人，在匈奴这边没什么地位。想要得到别人的认可，一定要加倍付出才行。但目前的情况是，匈奴人虽然凶悍，但作战技能过于原始。而我们大汉的阵法、兵法，能把匈奴人半条命吓没。现在匈奴人有了咱们两个将领，是他们的荣幸。李将军，赶紧归顺吧，有大好的前程正等着我们呢。"

李绪说完了好半天，李陵才缓缓地说道："李绪，你听我说，咱们投降，那是被迫无奈，现在暂时在这里苟且。毕竟咱们是土生土长的汉人，吃惯了大米，喝惯了井水，现在每天喝马奶、吃羊肉，胃太难受了。"

李绪一脸冰冷，说道："别给我整这个，汉家天子是出了名的冷酷无情。一旦你在战场上投降，人家就不拿你当人了。我们还是理智一点，不要想一些不现实的事情。"

又过了半天，李陵才说："李绪，替匈奴人训练士兵，可不可以三天打鱼两天晒网，别这么卖力？"

李绪说道："这样我还嫌不够卖力呢，我想把匈奴军训练成和你的军队一样所向披靡，勇猛善战。到时候，我就可以亲自率领一支军队杀入长安城，抓住汉家天子，问他为何要这般残忍地对待我们，为何要这样对待我的亲人，为何……"

李绪正说在劲头上，突然胸口一阵剧痛袭来："李陵……你……为何……这样……对我……"

"没错，我杀的就是你，这样你就再也无法替匈奴训练士兵，来对抗大汉了。"李陵狠狠地说道。

说完，李陵步履匆匆地走开，走了好远后，才听到"扑通"一声响——是李绪倒在了地上。这时，李陵听到后面传来细微的响声，猛然回头："是哪位？"

只见一个匈奴人跳上马匹，朝前方狂奔而去。

李陵大惊："你给我站住！"但那匈奴人跑得太快，一会儿便没有了踪影。

眼睁睁地看着匈奴人从自己的眼前消失，李陵懊恼不已，现在自己的意图已经暴露了，匈奴这里是待不下去了，这该如何是好？算了，还是听天由命吧。

果不其然，很快，只见尘土飞扬，大单于率领一支精锐部队赶来。一到李陵面前，大单于就大吼道："大胆李陵，你竟然杀了李绪。"

李陵吞吞吐吐起来："这件事情还真不怪我，要怪就怪李绪拱我火，我一生气，就失手杀了他。"

"你看这事整的，现在事情闹得动静有点大，有人已经向我母亲阏氏汇报，说你一心向汉，不满李绪替我训练军队，所以动手杀了他。我们先不争辩这件事情的真假，反正我母亲十分生气，让我一定要除掉你。"

"要杀要剐，你们随便。"李陵凛然正气地说道。

"这可不行，我已经把你当成我最好的朋友了，不管你的心在哪里，我都向你保证，绝不让我母亲杀了你。李陵你看，"大单于说到这里，顺手牵来一匹马，马上坐着一个人，"她是我女儿，虽然在沙漠中长大，但十分贤惠，也仰慕你这样的英雄。你现在就跟她走，到北方去，等到事情平息下来，我母亲的气也消了，你们再回到我身边。"

"大单于，你别这样……"李陵难为情地说道。

大单于说道："我这人就这样，你不要认为这是我对你的施舍，其实是我女儿一直爱慕你。沙漠中长大的孩子，就是这样爱憎分明、敢爱敢恨。她既然喜欢你，我这个当父亲的，也只能成全。"

李陵除掉了替匈奴训练士兵的李绪，但公孙敖带回来的消息是：李陵正在帮匈奴人训练士兵。这是一个爆炸性的消息，吓住了所有人。

李陵的作战水平那么恐怖，如果他训练出了一支匈奴兵，那汉军就很难对付匈奴兵了。

汉武帝大怒，说道："传旨，将李陵家满门抄斩。"

士兵们怀着对战神李陵的恐惧心理，挥着锃亮的大刀，杀入李陵的府上，顿时鲜血满地，李广的后人就这样消失在了汉朝的国土上。

李陵听说自己全家被汉武帝杀死后，放声大哭。哭完了，就去找在北海的苏武喝酒。李陵来的时候，正值苏武最富有的时候，帐篷里有吃有喝，这些都是大单于的弟弟送给他的。

李陵边喝酒，边失声痛哭："老苏啊，你说咱俩怎么那么苦命啊？不就是想替大汉卖命吗？怎么就那么难呢？在我出征前，汉武帝将你老苏家灭门了：你大哥苏嘉扶着车辇下台阶时，车辕撞到了宫殿柱子，让陛下受到了惊吓。陛下指责你大哥犯下了大不敬之罪，逼着你大哥当场自杀；你的弟弟死得更冤，一个宦官与驸马抢船，宦官把驸马推到河中淹死了，陛下逼着你弟弟去抓根本追不上的宦官，你弟弟担心陛下问罪便自杀了。听说你的母亲已经去世了，你的妻子也已经改嫁了，新丈夫每天都鞭打你的儿子，打得遍体鳞伤。"

苏武多年不知道家中的情况，听到这里，不禁老泪纵横，泣不成声。李陵同情地说道："老苏啊，人生苦短，何必为难自己呢？现在陛下年事已高，反复无常，大臣们无罪也经常被灭门。做臣子的，连安危都保证不了，不值啊！"

苏武的眼圈红红的，郑重地说："我父子本无功德，蒙陛下圣恩，才得以封侯。我时常想为陛下献出自己的生命，今天有了这个机会，即使是死，我也愿意。"

李陵说道："老苏啊，我是坚持不下去了。"

苏武说："少卿，别劝我了，我去看公羊产奶了没有。"

说到这里，轮到李陵号啕大哭。

李陵隔三岔五就去看望苏武，说是看望，其实是为了完成大单于交代的任务，让苏武归降。

"老苏，你何不听我一声劝呢？"

苏武说道："我愿意为陛下去死，请不要再劝了。再劝，我只好死在你面前了。"

李陵仰天长叹："老苏啊，你真是义士，我李陵罪过滔天。"

李陵见苏武生活十分窘困，便让自己的匈奴妻子出面，送给苏武几十头牛羊，又为他找了一个匈奴妻子。苏武想到自己的儿子生死不知，担心绝后，对不住列祖列宗，于是接受了。很快，匈奴妻子为苏武生下一个儿子，让苏武得到了一丝安慰。

后来，汉武帝因病驾崩，李陵又来找苏武，告诉了他这个消息。苏武朝着汉朝所在的方向痛哭，直到吐血，他是在为不能向汉武帝复命而悲伤。

汉昭帝继位后，汉朝和匈奴和亲。在汉朝使者的强硬要求下，匈奴同意放了苏武，李陵摆下酒宴为苏武庆祝。

李陵感慨万千地说："老苏啊，你马上就能回国了，我是既伤心又难过。你守住了汉节，扬名于匈奴，显功于汉朝，能与古书上那些圣贤相媲美。我李陵家人全被诛杀，世人也都唾弃我，我已不再想念汉朝了。你我从此之后就是不同国家的人了，这次分手便是永别。"

说到这里，李陵已经是泪流满面。他离席，高声歌唱：

径万里兮度沙漠，为君将兮奋匈奴。

路穷绝兮矢刃摧，士众灭兮名已隤。

老母已死，虽欲报恩将安归！

李陵唱出了内心的痛苦。

在被囚禁了十九年后，始元六年（公元前 81 年），苏武回到了他朝思暮想的故土。出使匈奴时，他年轻力壮；归来时，他已经是一个白发苍苍的老人。在这漫长的十九年里，他为祖国献出了一颗无比忠诚的心。

第四章

谋略无双征战四方

远交近攻，细君和亲乌孙

细君和亲乌孙，对于巩固汉朝和乌孙的友好关系，使乌孙成为牵制匈奴的一支重要力量，以及发展两国的经济、文化等，都发挥着极其重要的作用。张骞两次出使西域，使汉朝和西方的物质文化交流有了突破性的发展。

葱岭以东，敦煌以西，有一支英勇善战的游猎小国，名叫乌孙。秦朝末期，乌孙的国王名叫难兜靡。公元前177年，邻国大月氏向乌孙发动战争，乌孙战败，国王难兜靡战死，乌孙残部逃亡匈奴。

当时，国王难兜靡的儿子猎骄靡刚刚出生，傅父布就翎侯负责照顾他。在逃亡过程中，一次，布就翎侯外出寻找食物，把猎骄靡藏在一堆杂草之中。当他返回时，发现狼在给猎骄靡喂奶，不一会儿，一只乌鸦衔着一块肉飞来，在猎骄靡身边盘旋。布就翎侯见此异象，认为猎骄靡注定是一个不平凡的人。

到了匈奴那里，猎骄靡被冒顿大单于收养。没过几年，冒顿单于死了，老上单于继续抚养猎骄靡。猎骄靡长大后，勇力过人、足智多谋，得到了老上单于的喜欢。老上单于便把逃亡匈奴处的乌孙人交给他，让他带领士兵南征北伐。

为了报杀父之仇，猎骄靡向大月氏宣战，大败大月氏，并摘下了大月氏国王的脑袋，制成酒杯。大月氏残兵继续西迁，乌孙一族恢复了活力，成功复国。

后来，因为水草之争，乌孙人和匈奴人闹翻。猎骄靡率领乌孙人西迁，来到了祁连山下。

元狩四年（公元前119年），汉武帝取得了河西战役的巨大胜利。张骞认为，如果汉朝联合乌孙国，就能断匈奴右臂，汉朝已经在多次战争中击败了匈奴，前往乌孙的道路几乎没有了任何阻碍。再者，与乌孙结盟后，位于乌孙西边的大夏等国就极有可能成为汉朝的属国。

元鼎二年（公元前115年），以张骞为首的三百多人的使者团出发了，并带上了数以万计的牛羊以及数以千万的财帛。

一路走来，张骞每到一个路口，就仔细询问，准备放下一批副使。但奇怪的是，道路千千万，竟然都是通向乌孙。难道乌孙人堵在了汉朝使者的家门口了？

此时的河西走廊已经没有了匈奴人，张骞的使团一路顺风顺水，很快就抵达了乌孙。

张骞递交书信，想面见乌孙王，等了几天，一点动静都没有，张骞只好前往乌孙贵族的家中。

张骞一见面，便送上了贵重的礼物，请求道："请阁下在昆莫面前多说几句好话，让昆莫接见我们。"

乌孙贵族咧嘴说道："不要急，心急吃不了热豆腐，昆莫总会接见你们的。"

张骞说道："希望速度能快点，我可是给昆莫带了厚礼呀。"

乌孙贵族回答："我先提醒你一下，虽然你们的礼物十分厚重，但你们的国家太小了，所以在昆莫面前可不要乱说话啊。"

"我们的国家太小？我中原可是幅员辽阔啊。"张骞诧异地说道。

"好了好了，你们的国家最大了，好吧？"说完，乌孙贵族哈哈大笑起来。

张骞一脸诧异地出来了，然后一等又是几天。不得已，他再一次用黄金敲开了乌孙贵族的家门。就这样催了几次后，乌孙国王终于同意接见张骞一行人了。

张骞带领一帮副使而来，乌孙则派来了十几个光着胳膊的大汉，用牛角吹起了迎宾曲。走入昆莫的王庭，张骞发现它只有巴掌大小。

很快，张骞就看到了乌孙王。他身材高大，但可能好日子过久了，缺乏运动，满脸横肉。乌孙王傲慢地看着他，并不说话。

"尊敬的昆莫，我是汉朝派来的使者张骞，我汉家天子早就听说了乌孙昆莫的威名，特意派遣我来，希望贵国能够返回故土，与我大汉结为同盟，我汉朝愿意把公主嫁给昆莫。"

"我听说你大汉国也很大啊？"昆莫问道。

"我大汉不是大与小的问题，而是幅员辽阔。"张骞回答道。

王庭中突然爆发出一阵笑声，弄得张骞莫名其妙，心想："难道我说错话了？他们怎么笑成这样？"

过了好久，昆莫才向身边的乌孙贵族示意："好了，他们都是客人，你们不要笑话他们了。"

昆莫再次扭过头来，一本正经地对张骞问道："你们汉朝部落，有十万人吗？"

张骞顿时石化了，过了半天，才说道："昆莫，不要说笑了，我们与匈奴的漠北之战，发动的兵力就有二十万。"

昆莫想了想，问道："你们连老人、女人、小孩儿都上战场了吗？"

"昆莫，你们太不了解我们大汉王朝了，我国从南到北，超过了百万里；从东到西，同样超过了百万里；我汉朝有一百零三个郡，一千五百八十七个县，一百八十八个诸侯国。大郡的人口超过了一百万，小郡的人口也超过了十万；我汉朝每天出生的婴儿在二十万以上。漠北之战，我朝天子只是调动了北部边疆的几个郡县，就打得匈奴大单于伊稚斜抱头鼠窜，从此再也不敢侵犯我国边境。"

张骞说完后，昆莫吃惊地看着他，过了好久，才嘀咕道："嘴上可以跑马了。"

张骞生气了，说道："昆莫，你不相信也罢，我请求昆莫能够派几个使者，随我一起返回大汉王朝。到时候，昆莫自然能够明白，我并没有说假话。"

"好了，我信你了，不要生气。"昆莫说道。

"与汉朝结盟，共同抵抗匈奴"，对于张骞的这一请求，昆莫并没有答应。因为当时的乌孙国已经不是他一个人的乌孙国了，他说的不算数。

昆莫有十多个儿子，长子已经被立为太子。但太子寿命短，死在了昆莫的前面。按理说，大儿子死了，太子之位应该由二儿子大禄来继承，但太子曾在弥留之际，恳请父亲把太子之位留给自己的儿子，也就是昆莫的大孙子岑娶。昆莫实在不忍心拒绝，于是答应了。

大禄可不是一般人，他擅长骑射，骁勇善战，手中有一万多精兵。他知道昆莫要立岑娶为太子后，勃然大怒，立马联合几个兄弟造反了。昆莫担心岑娶惨遭毒手，便让他带领一万多骑兵逃亡别处，自己则率领一万多骑兵与大禄抗衡。如此一来，乌孙国便一分为二了。

乌孙国的事情虽然没有办成，但西域的其他国家，如大宛、大夏、康居还是要出使的。张骞派了不少副使前往这些国家，自己则准备返回长安。

昆莫见张骞要回长安了，便派向导护送，还派了几个使者跟随张骞，带了不少好马前往长安。

张骞一回到长安，就来朝见汉武帝："陛下，我说我大汉幅员辽阔时，乌孙国王昆莫根本不相信。我各种劝说，说得口干舌燥，才把昆莫说动，派了几个使者，跟随我一起来到了长安。一过边关，乌孙使者的眼睛根本不够用。经过一个小县城时，使者说：'张骞，你们汉朝很大嘛，人也挺多的。'我告诉他们，这只是一座小小的县城而已。到了长安城，那些乌孙使者个个张大了嘴巴，眼睛都要突出来了。"

汉武帝先是哈哈大笑，张骞也跟着笑。突然，汉武帝停了下来，问道："张骞，你是不是没有完成任务？"

张骞十分尴尬，说道："陛下，请听我解释。"

汉武帝板着脸说："解释吧。"

张骞说道："陛下，乌孙王昆莫十分蠢笨，毫无志向，对我们大汉一无所知，以为我们大汉不过是一个人数十万的小部落。他已经被匈奴人打怕了，我劝他返回故土，与汉朝结盟，他不表态。不过，等这几个使者回去，那乌孙王肯定会来巴结我们的。"

"乌孙国使者返回，肯定不能让他们空手而归。张骞，朕派你出使各国，不是让你去旅游的，而是让你去弘扬我大汉威严的。现在，朕封你为大行官，去江都，送江都公主刘细君去乌孙和亲。"

刘细君？一听到这个熟悉的名字，张骞才知道汉武帝始终放心不下江都王那边的势力，刘细君的爷爷刘非早年曾是皇位的强力竞争者，父亲刘建曾经有过谋反的想法。在很长一段时间里，汉武帝都视他们为眼中钉，一直提防着。刘建死后，汉武帝就曾提出把刘细君这个可怜的孩子送到塞外蛮荒之地。现在，他终于如愿以偿了。

这些事情牵扯到复杂的皇族内部矛盾，张骞无法为刘细君求情。他躬着身，回答道："臣领旨。不过，臣还有一件事情要汇报。"

汉武帝回答："有话快说。"

"臣在乌孙时放下了一批副使，让他们去往大宛、大月氏、大夏、康居、身毒、安息、于阗等西域国家。刚才臣得知，这些副使不少都没有返回长安，想必他们一定会带来好消息的。"

汉武帝说道："希望如此吧。"

一年后，张骞的副使们陆续返回了长安。某天，张骞正在朝廷里与人商议江都公主刘细君和亲乌孙的细节，有人告诉他："去往大宛的副使回来了，还带回了几匹大宛的汗血宝马，陛下见了特别开心。"

张骞立马步履匆匆地赶到马厩，隔老远就听到汉武帝激动的声音："小心，小心，这可不是一般的马，而是天马，现在朕就称呼它们为天马。"

张骞走过去，见金日磾正牵着一匹汗血宝马。汉武帝见到张骞，说道："张骞，你为朕立下了大功。现在你再派一些使者去大宛，替朕再要些天马来，这几匹有点少。"

乌孙使者在汉朝大开眼界，回国后，将这一切告诉了昆莫，盛赞汉朝是东方大国。昆莫才发现之前自己是坐井观天了，开始重视起与汉朝的关系来。

元封三年（公元前108年），乌孙国送给汉朝一千多匹上等好马，作为迎接刘细君公主的聘礼。当一千多匹马走上长安街时，围观的百姓人山人海，对这种高大、雄健、线条优美的好马不住地发出赞叹之声。

汉武帝十分激动地收下了昆莫的和亲之马，并下令刘细君和亲团即日去往乌孙。圣旨一到，刘细君公主泪流满面。她自幼丧父丧母，父亲刘建和母亲成光被汉武帝以谋反罪处死，她因年幼才得以幸免。她才学过人，画得一手好画，写得一手好字，贤淑聪明。但命运太过残酷，长大后的她要去塞外了，再也回不来了，除了认命，她毫无办法。

到了乌孙国后，贤淑的细君公主把自己带来的财物、丝绸赐给乌孙王昆莫身边的贵族们，借以扩大汉朝的影响力。由于语言不通，外加在吃穿用度上的不同，细君公主很不习惯在乌孙国的生活。想想遥远的故土，看看眼前老得可以当自己爷爷的丈夫，细君公主常常以泪洗面，悲伤至极，作了一首《黄鹄歌》：

> 吾家嫁我兮天一方，远托异国兮乌孙王。
> 穹庐为室兮毡为墙，以肉为食兮酪为浆。
> 居常土思兮心内伤，愿为黄鹄兮归故乡。

乌孙王昆莫死后，他的孙子岑娶继位。按照当地习俗，他要娶公主为妻。公主不答应，向汉武帝求救："陛下啊，我的丈夫昆莫已死，现在大家逼我嫁给昆莫的孙子岑娶，但我是他的奶奶啊，这世界上哪有奶奶嫁给孙子的？请陛下接我回去吧！"

汉武帝回复她说："从其国俗，欲与公孙共灭胡。"细君公主只好同意，在生下一个女儿后，便去世了。

由于张骞在西域各国建立了良好的声望，所以之后出使西域的使者都自称博望侯张骞的使者，各国听说后都会不假思索地相信。

一支又一支汉朝使者团向西域前进，从此，往日荒凉的大漠变得热闹纷繁起来。

张骞前后两次出使西域，虽然没有达到预期的目的，但是打通了东、西方交通路线，促进了东、西方的文化交流，对东、西方文明的发展都做出了很大的贡献。

张骞的使者团从长安出发，经过河西走廊，横穿塔里木盆地，翻过帕米尔高原，通向中亚、西亚，直达地中海的中西通路，全长七千多公里。从此，汉朝和西方有了经济贸易往来，汉朝以瓷器、丝绸为主的工艺品大量涌入西方，人们将其称为"丝绸之路"。

丝绸之路的开发，不仅促进了各国的商业贸易往来，还对文化的交流起着至关重要的作用。汉武帝时期，西域的箜篌等乐器、魔术、杂技以及古印度的佛教传入了中国。

通过丝绸之路，西汉帝国向全世界展示了大汉的风采，并表达了中国人民渴望友好往来的情谊。

征战西域，征楼兰，讨大宛

为了加强与大宛等西域诸国的经济、文化交流，汉武帝先后发动了对楼兰、姑师的战争，清除了通往大宛等国的障碍。然后，汉武帝下令李广利率领士兵两次征讨大宛，使汉家天子的国威威震西域，加强了汉朝对西域诸国的控制。

张骞第二次出使西域，让汉朝与西域诸国建立了联系。与匈奴相比，汉武帝对待其他国家要好得多。因此，不管从什么角度来讲，各国更加愿意与汉朝建立经济往来。

大宛位于帕米尔高原西麓，是中亚古国，盛产苜蓿、葡萄和汗血宝马。张骞第二次出使西域时到过大宛，带回了苜蓿、葡萄的种子。汉武帝下令将其投入种植，并获得了大丰收。

但对于酷爱猎狩、良马宝驹的汉武帝来说，大宛的汗血宝马对他有着致命的吸引力。他一心想要与大宛加强经济、文化交流，其实是想多弄一些汗血宝马过来。但在西域诸多国家中，有两个小国位于汉朝通往大宛的交通要塞上，一个小国名叫姑师，另外一个小国名为楼兰，这两个小国原本是匈奴的附属国。张骞第二次出使西域后，每年出使西域的汉朝使者络绎不绝，姑师和楼兰本来就不富裕，接待汉朝这种上邦大国时难免要摆摆排场，时间长了，他们也吃不消了，并且，汉朝派出的使者多了，素质难免参差不齐，有的使者竟然把汉朝赠送给西域各国的礼物卖给楼兰、姑师。有时，楼兰、姑师拿不出好礼物来相赠时，这些汉朝使者便恃强凌弱起来。所以，这两个小国十分讨厌汉朝使者。

为了表达自己的不满，楼兰率先行动了，抢劫了一个名叫王恢的汉朝使者。有人向汉武帝提议灭了这两个小国。汉武帝同意了，派大将赵破奴率领大军攻打楼兰、姑师。

赵破奴是九原郡人，他在汉朝与匈奴的战役中曾多次立功，因此被封为票侯。但在他当上侯爷那年，汉武帝为了筹集战争经费，下令列侯们献上黄金，赵破奴翻箱倒柜，无比忠诚地献上家底后，却被指金子成色不足，有假冒伪劣的嫌疑，被削去了爵位，贬为平民。没有办法，赵破奴便从零开始，再次参军，又因为多次立下军功，被晋升为匈河将军。

匈河将军赵破奴看姑师、楼兰两个国极小，便由王恢当向导，只率领七百骑兵，气势汹汹地来到了楼兰边境。

楼兰和姑师两个小国加起来，还没有汉朝的一个县城大。因此，赵破奴不费吹灰之力就攻破了楼兰，活捉了楼兰国王，然后又大败姑师。

大汉的军威开始在西域诸国中广为流传。汉武帝将赵破奴封为浞野侯，封王恢为浩侯。楼兰臣服于汉朝后，匈奴那边就不干了，马上派兵攻打楼兰。楼兰的国王十分发愁，一边是匈奴，一边是汉朝，两边都招惹不起。于是，他将自己的两个儿子分别送到匈奴和汉朝做人质，从而换来了一时的安宁。

汉朝的使者再次路过楼兰时，匈奴命令楼兰国出兵，不让汉使通过。楼兰王看着凶狠的匈奴单于，只好照做了。汉武帝知道后十分生气，下令驻守在玉门关的将领出兵，将楼兰王抓到长安。

楼兰王已经在第一次被赵破奴活捉到长安时，目睹了汉朝辽阔的疆域，因此一看到汉朝人就心惊胆战。见汉朝使者闯入楼兰王庭，楼兰王立马赔笑问道："小王恭迎汉朝使者，请问有何贵干？"

"马上收拾收拾，跟我回长安。"使者说道。

"叫小王到长安干什么去？"楼兰王忐忑地问道。

"蹲大狱。"使者说道。

"千万不要啊，有话好好说嘛……"

就这样，楼兰王再次被活捉到长安。

"楼兰王，你可知罪？"汉武帝问道。

"小王无罪啊，我楼兰只是一个小国，夹在大汉和匈奴之间左右为难，你们谁都能不费吹灰之力把我楼兰灭掉。我想了想，决定还是归顺大汉，这样我的百姓才能过上安宁的日子。"楼兰王叹息道。

汉武帝见此，十分开心，为了对楼兰王"推心置腹"的行为进行嘉奖，便把他送回了楼兰。楼兰王回去后，便公开表态与匈奴绝交，还严厉谴责了他们破坏和平、挑起国际争端的行为。当然，这是在汉朝提供军事支持的背景下完成的。从此，匈奴人开始远离楼兰。

征和元年（公元前92年），楼兰王去世，楼兰派使者去汉朝，希望接回当人质的太子，立他为楼兰国王。但由于楼兰太子在汉朝作恶多端，已经被处以宫刑了，汉武帝便谎称自己实在是太喜欢楼兰太子了，不能将其送回，让楼兰另立太子。楼兰也不敢叫板，只好另外立了新国王。

就在楼兰刚立新国王之际，汉武帝立马向楼兰索要新的人质。楼兰的新国王也不敢吭一声，同样派了两个儿子分别前往汉朝和匈奴当人质。楼兰的新国王也很快死了，聪明的匈奴人便提前让在匈奴处当人质的楼兰皇子返回楼兰。果然，这位皇子被立为了新的楼兰王。

新的楼兰王是亲匈奴派,楼兰王的弟弟尉屠耆是亲汉派。尉屠耆归顺汉朝后,和汉武帝说楼兰王表面中立,其实是亲匈奴人。但当时汉武帝已经去世,继承皇位的是他的儿子汉昭帝。当时辅佐汉昭帝的是霍光,他果断派傅介子前去刺杀楼兰王,成功了。于是,尉屠耆成了新的楼兰王,聪明的他立马提出将楼兰的一块富饶的土地献给汉昭帝。于是,汉朝派一名司马,率领四十多人在那里屯田,同时负责监督尉屠耆。自此,楼兰的问题才真正得以解决。

等清除了去往大宛通道上的障碍后,汉武帝派出使者,带着二十万两黄金和一匹用黄金铸成的金马去往大宛,与他们交换汗血宝马。大宛国王毋寡和臣子们为此召开了一次朝廷会议,认为汉朝与大宛距离遥远,中间有一片大沼泽地,北边有凶悍的匈奴,军队想找到补给十分困难。因此,虽然汉朝使者能抵达大宛,但军队想要抵达这里,难于上青天。而汗血宝马是大宛的国宝啊,给几匹意思一下就行了,哪能搞大批发呢?于是,他们便拒绝了使者的要求。

汉朝使者十分愤怒,对大宛国的贵族破口大骂,还把金马砸得稀烂,然后便准备返回长安。大宛的贵族们咽不下这口气,觉得汉朝使者太过飞扬跋扈、狂妄自大了,于是联合郁成国,杀了汉朝使者,抢走了他们的财物,还把宝马藏在了贰师城。

消息传到长安,汉武帝自然是勃然大怒。由于赵破奴曾经以七百骑兵破了楼兰、姑师两个小国,他便从内心深处瞧不上大宛。

出使过大宛的使者姚定汉对汉武帝说:"大宛的兵力十分薄弱,我大汉只要派出三千士兵,一阵强弩过去,就一定可以横扫大宛。"

虽然当时的皇后依然是卫子夫,但李夫人正得宠,汉武帝按照习惯行事,把用卫青时的思维模式套用到李夫人一家身上,把这种十拿九稳的立功机会交给了李夫人的哥哥李广利。

因为汉军这次出兵的目的是夺得大宛贰师城的宝马,汉武帝便任命李广利为贰师将军,率领属国的六千骑兵和出来博取功名的各诸侯国游手好闲的恶少组成了一支数万人的军队,出征大宛。

太初元年(公元前104年),贰师将军李广利率领正官赵始、向导王恢和数万汉军浩浩荡荡地朝着大宛出发了。

但大宛和汉朝相距遥远,等汉军艰难地越过沙漠、雪山、草地时,不少士兵已经在途中丧命。等快抵达大宛时,郁成国对疲惫不堪的汉军发动了猛烈进攻,杀死了不少汉军。

军正赵始建议将军李广利撤军，理由是汉军现在是疲惫之师，连郁成国这种小国都奈何不了，更不用说大宛了，还是撤兵为好。李广利便带领残兵败将狼狈不堪地撤退了，一路上又饿死了不少士兵。等抵达敦煌时，士兵只有出征时的十分之二三了。

李广利派人向汉武帝汇报，表明去往大宛的路途太过遥远，一路上补给根本供应不上，等他们抵达大宛时，士兵已经减少到不足以攻打大宛的数量了，请求陛下暂时收兵。

汉武帝听到汇报后怒发冲冠，认为连小小的大宛都攻打不下来，他还有什么颜面面对西域诸国？于是派使者赶往玉门关，不让李广利的士兵入关，有进关的格杀勿论。

李广利见此，十分害怕，于是留驻敦煌。李广利第一次出征大宛，便以失败告终。虽然作为统帅，李广利负有一定的责任，但这个锅不能让李广利一人来背。首先，汉武帝仅仅因为李广利是自己的宠妃李夫人的哥哥，就让毫无战场经验的他去攻打大宛，太过鲁莽；其次，汉武帝轻信了使者姚定汉等人的话，过于轻敌，根本没有做好打硬仗的思想准备。

第一次出征大宛失败后，很快，汉武帝就发动了第二次对大宛的战争。这次出征不仅是为了抢夺大宛的汗血宝马，更是为了挽回颜面。堂堂大汉被郁成国这种小国打得满地找牙，你让大宛、大夏等西域国家怎么想？以后大汉还怎么混？

第二次出征大宛前，汉武帝做了充分准备。他赦免了天下七种有罪的人，征召了更多的恶少，调集了大量军马，组成远征军，部署了整整一年的时间。

太初三年（公元前 102 年），李广利第二次出征大宛。由于人马众多，沿途的小国见了十分恐慌，纷纷上前劳军，套套交情。只有一个名叫轮台的小国，对汉军无动于衷。李广利立马拿出了大国的风范，挥师灭了轮台国，并进行了屠城。

李广利率领六万多士兵历经重重艰辛，于太初四年（公元前 101 年）抵达了大宛的都城贵山。

贵山城内没有水井，百姓的饮用水都是从外地的河水中引进来的。李广利考虑到了这一点后，便率领士兵挖沟掘壕，把大宛的水源引到了其他地方。顿时，大宛成了一座死城。

大宛国王立马派使者前往邦国康居国，请求支援。但康居国的救援军队始终没有出现，大宛国坚持了四十多天后，汉军攻破了大宛的外城，活捉了大宛将军煎靡。

大宛城中的贵族彻底崩溃了，生怕汉军屠城，于是秘密召开了小会议。

"你说没什么事，招惹人家汉朝皇帝干什么！人家不就想要几匹汗血宝马吗？给他不就行了吗？何必让那么多人殉葬呢？你看那康居国，平时与我们称兄道弟的，关键时刻人影都不见一个！哎，我们不是被汉军活活打死，就是被活活渴死，与其死得凄惨，不如杀了无事生非的毋寡。只要我们把宝马献给汉军，他们自然会退兵。如果还不退兵，我们再浴血奋战也不迟。"

经过一番谋划，大宛国王便成了这些软弱贵族的牺牲品。他们将毋寡的脑袋砍了下来，送到了李广利的军营中。使者对李广利说："李将军，你们为我国的宝马而来，不肯给你宝马的是国王。你看，我们已经把国王杀死了，他的脑袋在此。现在，我们恳请你停止攻打大宛。只要你们退兵，我国的宝马任你们挑选；如果你们不退兵，我们就把所有的宝马都杀死，然后与汉军死战。等康居国的援兵到了，你们就会四面楚歌。"

这个时候，李广利还得到了一个情报，那就是大宛已经抓获了一些会挖井的汉朝士兵，正在昼夜不停地开凿水井，而大宛城中的粮食储备十分充足。万一康居国的援兵到了，汉军必将腹背受敌。李广利意识到再打下去对汉军不利，于是答应了大宛使者的请求。

大宛贵族遵守诺言，打开马厩，让李广利挑选了几十匹汗血宝马，以及三千多匹良马。李广利立亲大汉的大宛贵族昧蔡为大宛国王，与大宛签订了停战协议，然后准备班师回朝。

在攻打大宛之前，李广利还派校尉王申生率领一千多人前去郁成国复仇。由于人数太少，结果很不幸，王申生率领的汉军一抵达郁成国，便遭受了郁成国的猛烈攻击，全军覆没。李广利十分生气，派上官桀前去。郁成国的国王一见到他来，立马逃到了康居国，上官桀对其穷追猛打，追到了康居国，大宛苦苦等不来康居国救兵的原因就在于此。

听说汉军已经攻破了大宛，康居国国王吓得魂儿都没了，于是把郁成国的国王绑了起来，交给了上官桀，上官桀便让四个骑兵把郁成国的国王押到了正准备班师回朝的李广利面前。但四个骑兵出发前商量："这是一个能动会跑的大活人，万一跑了，就没法向大将军交代了，这可是要掉脑袋的呀！"

"这简单，变成死人就跑不掉了。"另外一个骑兵说道。就这样，郁成国国王的脑袋搬家了。

李广利完美地完成了汉武帝交代的任务，他西征大宛告捷，使汉朝国威大涨。沿途的中亚各国纷纷派出王家子弟跟随汉军，去长安做人质。只要汉朝不攻打自己，他们什么都愿意去做。

太初四年（公元前 101 年），李广利率领士兵回到长安。汉武帝封李广利为海西侯，封上官桀为少府。

李广利两次出征大宛，有着极其重要的意义，提高了汉朝在西域的地位。攻破大宛之后，汉武帝在轮台、渠犁等国设置了屯田，不仅将汉朝先进的农业技术传到了西域，促进了西域的农业发展，还进一步加强了汉朝对西域诸国的控制。

兵分五路，平南越叛乱

为了吞并南越，汉武帝先使出美男计，派南越国摎太后的初恋情人安国少季出使南越，说服南越回归，没想到以失败告终。汉武帝不想为了小小的南越国大动干戈，又派韩千秋和摎乐率领两千士兵前往南越，依旧没成事。随即，龙颜大怒的汉武帝派出大军十万，兵分五路围困南越，最终消灭了南越。

越族是华夏族的一支，是我国境内的一个古老民族，支系十分庞大，自战国以来被称为百越，分布在长江中下流以及东南沿海一带。

公元前 221 年，秦始皇统一六国后，前后对百越发动了三次战争，统一了百越，南越便成了秦国的南海郡。秦末大乱时，秦朝大将赵陀割据称王，兼并了象郡和林郡，建立了南越国。

刘邦战胜项羽，建立了大汉帝国，赵陀便向刘邦称臣。后来，赵陀发现刘邦不过如此，于是宣布独立。

汉文帝和汉景帝也为南越操碎了心，时时刻刻都想吞并它，但始终没有如愿。汉景帝登基时，南越的赵陀还稳坐南越国王之位。

赵陀十分长寿，是历史上活得最久的帝王，活到一百零三岁才去世。这就导致他的儿子十分憋屈，活不过老爹，没有了皇帝命。

公元前 137 年，赵陀去世，其孙子赵眜继承皇位。赵眜对汉称王，对内称帝，依然保持独立。

建元六年（公元前 135 年），闽越对南越发动进攻。南越王赵眜向汉武帝求救，汉武帝派王恢、韩安国兵分两路，攻打闽越，阻止闽越吞并南越。没有想到，王恢还没有抵达闽越，闽越就发生了内乱——闽越人担心战争不断，于是杀死了闽越王，向汉武帝求和，导致王恢白捡了一个大便宜。王恢从此就不把打仗当回事了，认为打仗是一件极其容易的事情，因此接受了土豪聂壹的建议：在马邑设围，把匈奴一网打尽。不承想这一计谋被匈奴人看破，从此拉开了汉朝、匈奴大战的序幕。汉武帝追究其责任，王恢吓得在狱中自杀了。

意在开疆拓土的汉武帝，很早便想把南越纳入汉朝的版图，只是北面有强大的匈奴屡次侵扰汉朝边境，汉武帝一时自顾不暇，所以并没有动用武力，而是采用了循序渐进的方式。

平定闽越后，汉武帝派严助出使南越，让赵眜归附。但赵眜是一个智商在线之人，他接受了朝中大臣的建议：若去汉朝，必然无法返回，不如以退为进，派二皇子赵婴齐去长安当质子。

赵婴齐在长安待了十几年，在这段时间里，他遇到了生命中最爱的女子樛女。

樛女是邯郸人，肌肤如雪，眉清目秀，她随父母来到长安城落脚，以卖豆浆为生。他们家的豆浆细腻甘甜，十分受欢迎，每当生意繁忙时，樛女也会出来帮助父母招呼客人。只要她一出来，店铺门口就会聚集起一群纨绔子弟。

周围的邻居看到了樛女的姿色后，纷纷托媒人上门求亲，但都被樛女的父亲含蓄地拒绝了。他说："我们老两口只有这么一个宝贝女儿，还需要她将来给我们养老呢。小门小户的，高攀不起啊。"

在这些垂涎樛女美色的人中，有一个名叫安国少季的英俊年轻的官员，他每天都要来樛女的豆浆铺喝豆浆。每次他来时，樛女都找各种理由出来接待。两人眉来眼去，暗送秋波，早生情愫。

某天，安国少季来到樛家的豆浆铺，趁樛女父母不注意，小声地问："姑娘，你家每天都这么忙吗？有没有休息的时候？"

樛女小声地回答："寒食节那天，我父母要去寺庙上香，那时家里就我一人。"

安国少季十分激动，因为他明白了樛女的意思，她是在暗示自己，可以在寒食节那天私会。到了寒食节，安国少季捯饬了一番后，便急急忙忙地前往赴约，不承想樛女不愿意给他开门，只是站在窗户前，和他说着情话。安国少季见樛女如此端庄，对她更加敬佩了。

此后每隔一段时间，安国少季便与樛女偷偷约会。樛女虽然对安国少季情有独钟，但始终不敢越雷池一步。约会半年后，在安国少季的恳求下，樛女才从窗户中伸出一双白皙修长的手，与安国少季的手紧紧地握在了一起。安国少季是樛女的初恋，交往了两年后，她发誓一辈子都要和安国少季在一起。

但天不遂人愿，樛女的父母想方设法把如花儿一般的女儿送到了宫中，去谋求富贵。此时，南越的太子赵婴齐也来到了长安当质子。为了笼络他，汉武帝便把樛女等几个宫女赐给了赵婴齐。

皇命难违，樛女有苦说不出，赵婴齐成了她的归宿。赵婴齐对樛女宠爱至极，摎女给他生了两个儿子。

不久后，南越王赵眜病危，汉武帝便将赵婴齐一家送回南越国，让赵婴齐回去继承王位。赵婴齐登基后，将陪伴自己十几年的摎氏封为王后。

七八年后，赵婴齐去世了。他与摎氏所生的儿子赵兴继位，摎氏就成了王太后，执掌国政。这个时候，北方匈奴远遁，汉武帝无事可做，便想吞并南越。他认为摎太后曾经是汉人，对汉朝有一定的情感基础，可以将其争取过来。

在此期间，汉武帝听说了摎太后的情感经历，便想使用"美男计"，把摎太后的初恋安国少季作为秘密武器。于是，他将安国少季宣上殿。

"安国少季，朕找你有点事情啊。你应该知道南越王赵婴齐吧，他曾在我大汉当人质，与摎氏结为夫妻，生下了儿子赵兴。现在赵婴齐已死，赵兴继承了南越的王位，摎氏成了太后。朕听说摎太后十分想念故国，因此朕任命你为使者，去迎接摎太后率领南越举国回归。"

"摎太后想回到故国，这是一件多么好的事情啊，从此天下统一，海内安靖。臣愿意前往南越，助摎太后率领南越回归，为陛下分忧解难。"安国少季回答道。

汉武帝十分开心，说道："众爱卿，你们都听到了没？少季和当年的张骞一样的勇敢，一样的豪情万丈，朕最喜欢这种人了。张骞虽然已经去世，但他的精神还在流传，朕深感欣慰啊！"

文武百官顿时发出了一片赞美安国少季的声音，但很快就变得微弱无力起来。他们唯恐声音太大，被汉武帝钦点陪着一起去南越，那就不划算了。

汉武帝十分讨厌文武百官当缩头乌龟，只听见他笑了一声，说道："少季啊，这次出使南越，你身兼重任啊。"

安国少季说："陛下，你不用担心，臣最近认识了一个名叫魏臣的人，此人有荆轲、聂政之风范。臣认为让他跟着臣一起去，一定可以马到成功。"

汉武帝说道："少季，这次责任重大，谋国之事，不是一般的莽夫能够胜任的。你去了以后，一定要深谋远虑，不要意气用事。"

汉武帝说这句话时板着脸，安国少季唯恐再说错话，于是不敢再吭一声了。朝中的文武百官则开始一个劲儿地往回缩，个个低着头，生怕被汉武帝"点将"。

汉武帝目光如炬，扫了一眼朝堂上的文武百官，然后生气地说道："张骞已经死了，难道朝堂上就没有人替朕分忧解难了吗？"

朝堂之中鸦雀无声，连一根针掉到地上都能听见。

汉武帝勃然大怒，抬起了一只手，正准备点兵点将。这时，一个声音响起："陛下，臣愿意去。"

文武百官顿时松了一口气。

只见一个少年走了出来，毛遂自荐道："陛下，臣愿意前往南越，迎南越回归。"

这位主动请缨去往南越的，是名叫终军的少年臣子。终军是济南人，年少时十分好学，知识渊博，能说会道，擅长吟诗作赋，十八岁时被举荐为博士弟子。从济南过函谷关时，守关的士兵交给了他一件帛缯，他不认识这是什么东西。守关的士兵告诉他，这是一个返回时能够过关的凭证。终军将其扔在地上，胸有成竹地说："大丈夫到国都游历，绝不返回。"说完，终军还踩上一脚，看得守关的士兵目瞪口呆。

终军到了长安后，上书谈论国家大事，汉武帝认为他有才华，任命他为谒者给事中。一次，他随汉武帝到雍地祭祀时，看到了一棵长得奇特的合抱树。随后，随从人员捉到了一只长相奇特的怪兽，五蹄独角。汉武帝问文武百官："众爱卿，这两种异物，是什么征兆哇？"

终军站了出来，说："陛下，这是国泰民安的吉兆。"

汉武帝问："终爱卿是怎么知道的？"

终军回答："臣小时候从一本书上看到的。"

汉武帝问："是哪本书哇？"

终军回答道："臣的记性太差，给忘了。"

汉武帝听了后十分高兴，便改年号为"元狩"。

过了几个月，匈奴各王率百姓来归降，汉武帝和文武百官都认为终军说中了，于是对他更加敬佩了。但事实上，终军不过是借汉武帝的发问，即兴拍了一下汉武帝的马屁而已。

还有一次，汉武帝推行盐铁令，禁止百姓私自煮盐冶铁，导致齐国百姓无以为生。博士徐偃被汉武帝派出巡视民情，他见百姓穷得都揭不开锅了，个个饿得皮包骨，于是假传圣旨，允许当地百姓煮盐冶铁，天下百姓都说天子圣明。但徐偃遭受了御史大夫张汤的弹劾，张汤说他假传皇帝圣旨，危害极大，应该被判处死刑，徐偃引用《春秋》里面的话，说大夫出京师公干，在关于国家安定、百姓生存的事情上可以独断专行。张汤于是向汉武帝请示。

汉武帝问："谁能和那个徐老头来一场辩论赛，噎死他，给朕出出气？"

能言善辩的终军站了出来，说道："臣愿意去。"

于是，终军来到徐偃面前，问道："《春秋》是什么时候的书？"

徐偃回答："是春秋时期的。"

终军问："现在什么年代？"

徐偃回答："是汉朝。"

终军问："你听说过刻舟求剑的故事吗？你拿上古的书上的事情来说现在的事情，合理吗？"

徐偃严厉地回答道："黄毛小子，你怎么这般无耻！不管哪个朝代，都改变不了人要吃饭这个事实。"

但终军装作没有听见，立马向汉武帝汇报，说自己已经赢得了辩论赛，徐偃因此被治罪。

在漠北之战中，匈奴主力被歼灭，汉军也是拼尽了全力，双方都损失惨重。在休养生息期间，两国开始了心照不宣的外交战。两国使者在去往对方国家的道路上络绎不绝，等待着自己国家实力恢复的那天。

对于使者来说，这种外交战十分凶险，一句话没说对，可能脑袋就要搬家了。

这个时候，终军主动请缨，对汉武帝说："陛下，臣不过是一个刀笔小吏，对上战场打仗这种事情一窍不通，不能在战场上替陛下排忧解难。为此，臣常常感到无地自容。现在，臣愿意全力以赴，辅佐使者，给匈奴单于讲明利害关系。"

汉武帝听完后十分高兴，还真把这个不到二十岁的孩子派到了匈奴那里。终军抵达匈奴那里后，大展自己的能言善辩之才，那些匈奴连汉语都说不明白，如何说得过他？于是，终军得胜回朝，大扬大汉在外交场上的威望。

现在汉武帝想要吞并南越，朝中文武百官个个退缩，只有少年英雄终军愿意前往，汉武帝对他寄予厚望，希望他能像霍去病一样创造奇迹。

为了防止意外发生，汉武帝还派了卫尉路博德率领一支军队驻守在桂阳。路博德是一名沙场老将了，由他在后方坐镇，汉武帝感到十分踏实。

就这样，宣抚使终军、安国少季、勇士魏臣等一行人跋山涉水，风餐露宿，马不停蹄地向南越赶路。

终于，在数日后，他们抵达了南越。一抵达南越王庭，安国少季就向南越王赵兴和王太后樛氏传达了汉武帝统一的愿望。

安国少季宣读完汉武帝的圣旨，抬起头来，看着樛太后。樛太后一直在宫中过着锦衣玉食的生活，比少女时期更加白胖，加上穿着华丽的衣服，使她看起来多了几分雍容华贵的气质。

看到初恋情人站在自己面前，樛太后十分激动，一种久违的情愫涌上心头。

于是，樛太后与安国少季再次走到了一起。很快，安国少季便向终军、魏臣讲清了南越现在的局势。

"其实，南越人根本容不下樛太后和南越少主，他们一直将其视为汉朝人，警惕着他俩。即使太后和少主下达什么命令，朝廷中的文武百官也各种推脱，不予执行。南越的实权落在了老不死的丞相吕嘉的手中，早在赵陀时期，此人就担任国相，然后辅佐赵眜，现在辅佐赵兴。他历任三朝，在朝廷重臣中，他家就占了七十多人。这个南越国，其实是吕嘉的，并且，吕嘉家族中的男子，娶的都是公主；他家族中的女子，都嫁给了王族。吕嘉的权力远比南越王大，他还与赵陀的族弟苍梧秦王赵光有姻亲关系。在这南越朝廷里，摎太后和南越少主充其量就是两个傀儡而已。"

终军听完，感觉脑袋都大了："这南越也太复杂了。摎太后还告诉了你什么？"

安国少季接着说道："太后还说，我们想要完成任务，就必须干掉吕嘉这个老妖怪。"

终军问道："如何解决吕嘉？"

安国少季说："我来之前也没有想到情况会如此复杂，认为天下的朝廷就像大汉朝廷一样，由皇帝一人说了算，南越回归只要摎太后和南越少主点头就行，谁知道还有傀儡皇帝这种情况。"

终军说："可不是？南越果然是不开化的蛮荒之地，丞相的权力竟然比皇帝还大，我们该如何解决这个问题呢？"

安国少季说："你问我，我问谁去？你不是主动请缨，要为陛下解决这个问题的吗？"

终军一听，着急道："我是主动请缨，但并不知道摎太后和南越少主是傀儡啊！本以为是摎太后和南越少主拿不定主意，我只要动一动三寸不烂之舌，就能帮他们消除疑虑，让他们来投靠大汉。但是现在，事情复杂得已经超乎我的想象了。"

安国少季说道："现在区别不大，你只要把你那三寸不烂之舌的功力发挥到老妖怪吕嘉身上就行。如果你能说服老妖怪，也算是立了大功一件。"

终军说道："那好吧，我试试看。请你发出汉朝使者的符节，宣吕嘉来见。"

安国少季回答道："死马当活马医，也只能这样了。"

安国少季于是派随从去请吕嘉。很快，随从便返回了，说："刚才小人到了南越丞相府上，呈报使令，但门卫说：'你这个北方人说话，我都听不懂。你是不是要请我家老爷吃饭喝酒啊？不好意思，我家老爷生病，不见任何客人。以后再说吧！'"

终军和安国少季两人你看着我，我看着你。这吕嘉竟然不把汉朝的使者放在眼里，好大的架子。

无奈之下，终军和安国少季又等了几天，再派使者前去丞相府请吕嘉，但吕嘉还是借故推托。终军急了，想亲自去丞相府和吕嘉舌辩，但被安国少季拦住了。

"终弟，你要冷静，我们可是汉朝使者，吕嘉不肯见我们，已经让我们颜面无存了，严重地削弱了我汉朝的威严。如果你擅闯丞相府，被吕嘉挡在门外，那我们就沦为天下人的笑柄了。"

"那你说我们该怎么办？难道让魏臣打破丞相府的大门？"终军着急道。

"你们开什么玩笑？丞相府戒备森严，我一人能杀进去？"暴脾气的魏臣说道。

就这样，使者团再次手足无措，不知道该如何是好。时间长了，连摎太后都看不下去了。

"你们还是男人吗？几个大老爷们儿，一筹莫展的，真是丢尽了大汉的脸面。"

摎太后主动向吕嘉发动了攻势，以宴请汉朝使者为名，下旨在宫中设宴，文武百官都要到场。

到了日子，王宫外的大街上热闹纷繁，车水马龙，文武百官纷纷到场。人快到齐了，只缺丞相吕嘉，摎太后一直阴沉着脸。

宴会时间到了，吕嘉还没有现身，大家个个疑惑。这时，王宫外出现了一支森严的军队，快速地包围了王宫。

门官传报："丞相吕嘉大人到。"

只见几个人搀扶着一个老态龙钟的人，向宫中一步一挪地走来。宫中所有人立马站了起来，躬身叫道："丞相大人好。"

"各位同僚好啊。"一个苍老的声音传来。很快，朝中的文武百官都朝吕嘉拥去，把他簇拥在中间，各种问候。汉朝使者终军、安国少季以及魏臣看得呆若木鸡，面面相觑。原来这南越朝堂上都是吕嘉的人，只有他们三个使者、摎太后和南越少主是外人。难怪摎太后想归顺汉朝，这种地方，谁待得下去。

文武百官一个接着一个上前问候吕嘉，纷纷扰扰的，很长时间过去了才坐定。摎太后脸色阴沉，一声不吭。只听见吕嘉说道："哎，老夫老了，每次来到宫中，就要了老夫的半条命。少主最近可好啊？太后的气色不错啊。"

摎太后没有回答，少主赵兴还是一个容貌清秀的小孩儿，他举起酒杯，对吕嘉说道："感谢丞相大人的关心，丞相大人一定要保重身体啊，不要过于操劳。"

吕嘉说道："老臣老了，已经是风烛残年，蒙少主挂念，老臣感激不尽。"

然后，朝廷的文武百官开始询问吕嘉的妻子儿女的情况，一个问完，另外一个接着问，这场国宴变成了吕嘉的家事讨论大会。大家像是没有看见安国少季、终军以及魏臣三位汉朝来的使者般。同样，大家仿佛也忘了摎太后的存在。安国少季、终军以及魏臣是坐也不是，走也不是。

安国少季看了摎太后一眼，发现她目光呆滞，面无表情。

魏臣把自己的座位往后拉了拉，与安国少季、终军保持着一段距离。他表达的意思显而易见：你们自己看着办吧，老子不陪你们玩了。

安国少季阴沉着脸，但也不好对魏臣发脾气。宴会快要结束了，吕嘉举起酒杯，对三位汉朝使者说："三位不远千里而来的使者，英气勃发，老夫有机会见到汉朝来的使者，实在是荣幸之至啊。"

三个使者终于有说话的机会了，安国少季高声说道："老丞相客气了。我等奉天子的使命来到贵地，传达天子的旨意，南越王和摎太后可比照内地诸侯国，三年觐见一次，不知丞相对此有何意见？"

"老夫这辈子辅佐过三代君主，觐见天子，这是老夫朝思暮想的。"吕嘉激动地说道。

终军说道："承蒙老丞相深明大义，我等万分感激，请问老丞相，什么时候启程呢？"

"这个，还得听少主的，我只是少主的一个大臣而已。"吕嘉说道。

"不对吧？丞相大人，哀家记得你之前不是这么说的。"摎太后冷冰冰地说道。

吕嘉装出一副无辜的样子，问道："太后，你这话从何说起啊？"

摎太后立马变脸，说道："吕嘉，你这只千年老狐狸，少两面三刀的。哀家曾经说，为了国家利益，应该率领南越归顺汉朝。可你一直推辞，说做不到。"

摎太后当着所有人的面质问吕嘉，让安国少季、终军大吃一惊。他们是地地道道的汉朝人，而汉朝人最讲究说话留三分余地。即使在战场上杀得你死我活，但一坐下便要一团和气。他们从来没有遇到当面拆穿别人把戏的情况，事情太突然了，他们都在心里埋怨摎太后不顾大局，终究是出身于民间的女子。

只见吕嘉大笑了起来，说道："太后啊，你真的误会老臣了。老臣知道谋国事，是一件大事情，需要深谋远虑，不是小孩子玩过家家。"

"一派胡言。"摎太后厉声说道，"我南越本是一小国，归顺大汉是迟早的事情。现在大汉天子考虑到苍生大计，派使者来请，这件事情对国家、对天下百姓都有利，你为何一直百般阻拦！"

"太后言重了，现在文武百官都在此，大家都知道老夫为了南越国鞠躬尽瘁，不敢有丝毫懈怠。太后这般指责老夫，老夫实在是冤枉啊。"

摎太后继续斥责道："吕嘉，事情发展到这一地步，你还敢信口雌黄，妖言惑众！来人，给哀家把这只老狐狸拿下！"

摎太后一说完，便站了起来，将酒杯砸在地上，瞪着安国少季、终军以及魏臣三人。

安国少季、终军以及魏臣他们哪里想到还有这一出？他们以为只要太后一声令下，南越宫中自然有人出来执行命令。但眼前，太后的命令根本没有人搭理。太后呢？还指望着他们三人能有所行动。

安国少季顿时慌了神，扭头去看终军，终军扭头看魏臣，但魏臣假装喝醉了，趴在酒桌上。

在这愣神的工夫，文武百官拥到三位汉朝使者面前，说着方言，阻止三人动手。

对于三位汉使的窝囊，摎太后实在是忍无可忍，只听见她发出一声尖叫，一把长矛飞向了吕嘉。

"吕嘉！你这只老狐狸，你看没人替我们做主了，欺负我们孤儿寡母多长时间了？今天不是你死，就是我亡！"谁知长矛偏了，并没有射中吕嘉。

太后刺杀丞相，朝中文武百官呆住了。就在这时，少主赵兴跑了过来，抱着摎太后的大腿，恳求道："母后，不要冲动啊，你看宫外的武士们都冲进来了。"

吕嘉的弟弟南越大将军已经率兵冲了进来，保护着吕嘉撤退了。

很快，偌大的宫殿只剩下了摎太后和少主，以及三位汉使。大家相顾无言，如同死人一般。

事情的发展已经超出了三个汉朝使者的预料，安国少季立马向汉武帝求救。汉武帝知道后勃然大怒，说道："这三个饭桶，这点小事都完成不了。南越归汉是板上钉钉的事情，不过是一个快要死了的丞相从中作梗。他们竟然想不到任何办法，太让朕失望了！"

汉武帝认为不值得为南越发兵，于是召见了大臣庄参，说道："你现在率领两千士兵出使南越，携南越太后和少主入朝觐见。"

庄参说道："陛下，你是想让我以使者的身份去呢，还是以士兵将领的身份去呢？要是以使者的身份，南越那边已经有了我大汉的使者团，能武的、会说的都有，臣去了，也起不到任何作用；如果是以将领的身份去，这两千士兵根本不管用啊。"

汉武帝说道："当然不是以使者的身份去。"

庄参说道："既然不是以使者的身份去，那就是去南越那边打仗，但这两千人，干不出大事来啊。"

汉武帝说道："我们要善于抓住时机，当机立断，如果大举进攻南越，光准备就得一段时间，到时候黄花菜都凉了。"

庄参说道："臣虽然无能，但还没有蠢到家。"

"大胆！"汉武帝一生气，当场把庄参贬为了普通百姓。

汉武帝看着朝堂上都低着头的文武百官，一种凄凉之感油然而生："满朝的饭桶，就没有一个有才能的人出来为朕排忧解难吗？"

这时，文武百官队伍的末尾走出来一个人，说道："陛下，臣愿意率领两千名勇士前往南越，势必杀死吕嘉，回来向天子汇报。"

汉武帝立马笑容满脸，说道："你叫什么？报上名来。"

那人回答道："陛下，臣是郏地人士韩千秋，曾出任济北王的国相。"

汉武帝说道："好，那就你了，满朝的酒囊饭袋，只有你这么个勇士了。现在正是你建功立业的大好时机，朕坐等你立功归来，去吧！"

"臣领旨。"

汉武帝又道："韩千秋，朕给你找了一个帮手，南越樛太后的弟弟樛乐。希望你二人同心合力，为朕立下汗马功劳。"

韩千秋和樛乐率领两千士兵前往南越，吕嘉听到汉军来了，便立马起兵，对南越人说：

> 王年少，太后，中国人也，又与使者乱，专欲内属，尽持先王宝器入献天子以自媚，多从人，行至长安，虏卖以为僮仆；取自脱一时之利，无顾赵氏社稷，为万世虑计之意。

吕嘉的意思是：王太后是中国人，与汉使私通，背叛南越，一心想归顺汉朝，把先王的珍宝献给汉朝天子，贿赂汉朝天子。我们南越人如果归顺，将会成为汉人的僮仆，成为汉人的奴隶。樛太后根本没有考虑赵氏的千秋万代，只考虑自己。

于是，吕嘉同他的弟弟率领士兵杀死了樛太后和少主，以及汉朝三位使者。接着，他又派人通知苍梧秦王和各个郡县官员，立明王赵婴齐的长子赵建德为太子。赵婴齐去长安当人质之前，曾经有一个妻子橙氏，两人育有一子赵建德。按照继承法，理应由赵建德继承皇位，但赵婴齐废长立幼，让樛太后的儿子赵兴当了南越王，南越国的文武百官对此十分不满。

这时，韩千秋率领的士兵已经进入了南越境内，并攻下了十多个边防小镇。南越人假装不抵抗，并提供其粮草，让韩千秋的士兵顺利前行。但到了距离番禺四十公里的石门时，南越士兵突然发动了猛烈的进攻，导致汉军全军覆没。

汉武帝得知消息后龙颜大怒："大胆吕嘉，朕不灭南越，天理难容！"

汉武帝为了攻打南越，将大狱中犯下死罪的犯人放了出来，再加上江淮以南的水兵，一共十万人出征南越。

元鼎五年（公元前112年），在汉武帝的命令下，十万汉军兵分五路浩浩荡荡向南越出发。第一路的统领是伏波将军路博德，他率领士兵从桂阳出发，顺着湟水而下。

第二路的统领是楼船将军杨仆，他率领士兵从豫章郡出发，过横浦关，顺着浈水而下。杨仆是河南人，征战沙场多年，他最佩服的战将只有李广。至于卫青和霍去病，他认为那不过是在汉武帝的授意下，侧翼军队将胜利的果实送到他俩手中而已。

杨仆是汉武帝任命的第一个楼船将军，他自认为这是汉武帝对他军事能力的一种认可。三年前，汉武帝封赏立下战功的将领，唯独没有杨仆的份。汉武帝故意问杨仆："杨仆，关内已经没有可封的土地了，要不你就做一个关外侯吧？"

杨仆认为汉武帝这个玩笑开得有点大，他杨仆家在关内，却把他封作关外侯。如此一来，他家世袭的领地就要由别人来做侯爷了，那他杨仆就沦为天下人的笑柄了。

爱抖机灵的杨仆赶紧说道："陛下，臣不在乎封侯还是不封侯，而在乎汉朝千秋万代。臣认为函谷关的地盘需要扩张，如果不扩张，就起不到中流砥柱之用。"

汉武帝是一个多么聪明的人，他说："杨仆，函谷关的地盘一扩张，你这个关外侯就成了关内侯。不错，朕就喜欢你这种机灵人，朕答应你。"在杨仆的请求下，函谷关向东移了三百里，他老家南湾村也因此纳入了关中的地盘。

第三路军的统领是归汉的南越人郑严，被汉武帝封为戈船将军；第四路军的统领是归汉的南越人田甲，被汉武帝封为下厉将军。两路军从零陵出发，郑严的军队顺着漓水而下，田甲的军队则向苍梧出发。

第五路军的统帅是驰义侯何遗，他率领夜郎的军队和巴蜀的囚犯，直下牂牁江。但西南夷狄国家大部分不愿出兵，且兰国国王还杀死了汉朝的使者和犍为郡太守。

五路军的终极目标皆是南越国的都城番禺。

这时，东越王馀善率领八千人协助杨仆，但当军队行进到揭阳时，他们便以遇到了大风大浪为借口，不再前进。同时，他们还偷偷派人去南越国通风报信。

元鼎六年（公元前111年），楼船将军杨仆率领士兵率先对南越发动了战争。战前，他进行了动员大会。

"可能有人对你们说，你们是幸运的，本来你们中有不少人是死囚，只等着时间一到，就拖到法场，就地正法。但是现在呢，你们有了一次重生的机会，一次立功封侯的机会。但如果你们当真了，就会死得很难看。我实话告诉你们，你们想在战场上立战功，这很难很难。即使你们躲过了敌人的刀枪剑戟，也很可能被自己的同伴杀死，同样是犯下死罪的人，为何你能够红运高照，崭露头角？我杨仆，大名鼎鼎的楼船将军，都前途渺茫，你们这些死囚又算得上什么呢！"

杨仆的话一出，囚徒军中立马发出了哀号声。突然，杨仆冲他们大喊道："告诉本将军，你们苟且到现在，意义是什么？"

停顿了一会儿，杨仆接着说道："还是由本将军来告诉你们吧。你们的前途，在南越国的都城里，在宫中的美女身上，在宫中的金银财宝上。我们所有人终有一死，但死在大狱中也是死，死在南越国的宫中也是死，你们自己来选择吧！"

"我们愿意死在南越宫中，搂着那些美女死去。"囚徒军中，每个人的眼神都突然变得有光起来。

"既然大家已经做好了选择，那么就同本将军一起出发吧。本将军现在向你们发誓，我保证你们每个人都有收获。"

很快，杨仆的军队推进到了南越国的石门。听说汉朝派来了一支囚徒军，南越国的将领摇了摇头，认为汉朝天子该吃药了。这些囚徒军从没上过战场，刚从监狱中释放出来，战斗力能有多强？

但让人意想不到的是，战斗一开始，杨仆的囚徒军就如同疯了般挥刀砍向他们，南越军顿时士气全无，石门就这样被杨仆的军队占领了。

占领了石门后，汉军距离南越都城番禺只有一步之遥。杨仆下令军队安寨扎营，然后率领一支精锐部队，沿着浈水向上行进。没过多长时间，他们便听到了鼓乐之声，只见水面上一艘艘战船顺流而下，战船甲板上的美女们在翩翩起舞。

"真会享受生活！"杨仆嘟囔道。

这支船队，正是伏波将军路博德。此时的他得意扬扬，正在船上听歌喝酒。见到杨仆，他哈哈大笑，说道："杨兄，你那套忽悠别人去送死的理论又起作用了吧？不然，你向前推进的速度怎么会如此之快！"

杨仆用低沉的声音回答道："管用就行。"

路博德大笑道："杨兄，你可是忽悠别人去送死的好手啊！"

路博德如此高兴，是因为熬了那么多年，他终于"苦尽甘来"了。之前，他和杨仆一样，在漠北战役中替霍去病打侧翼，霍去病因这场战役功成名就，万代留名，他却竹篮打水一场空，什么也没有捞到。

但这次，路博德终于熬出头了。一切迹象表明，汉武帝要把立功的机会留给路博德，杨仆只是路博德建功立业路上的帮手而已。

所以，路博德才如此开心，杨仆则是一脸郁闷。

两人既相互尊重，又相互看不起。他们是搭档，以性命相托，但又有一种在对方背后插一刀的冲动。

路博德向杨仆插刀道："杨兄，你又犯了一意孤行、孤军深入的老毛病了吧。上战场还是要听从陛下的指挥，不要像进洞房那样猴急嘛。"路博德是在讽刺杨仆在为他人作嫁衣。

杨仆别有用意地问道："路兄，我听说你和霍将军关系不错啊。"

"还行吧，那个小毛孩儿，如果当时不是老子给他当帮手……不是，不是，霍去病将军立下了不朽的功劳，匈奴闻之丧胆，本朝有此良将，乃是陛下的圣明。"

"路兄所言不差，霍去病将军命短，陛下为之感慨不已，听说陛下已经召见了霍去病将军的儿子霍子侯，以及霍去病同父异母的弟弟霍光入朝，并且十分宠爱他们啊。"

路博德知道杨仆话里有话，过了好久，才回答道："霍氏族人都是忠义之士，是你我统兵的榜样。"

"路兄说得有理，要不你我二人一起上书，请霍子侯和霍光出征，来统领你我二人，如何？我可以保证，南越人一听到他们的名字，一定会吓得抱头鼠窜。"杨仆说道。

"杨将军，我看你自作多情了，这仗怎么打，陛下自有安排，不用你我二人在这里瞎操心。"

"哎，说是这样说，但你我二人率领的都是死囚军，煽动他们死战没问题，但如果再这样等下去，恐怕会有不好的情况发生。"杨仆说道。

路博德语气生硬地说道："陛下不喜欢听这个，我们必须绝对地服从陛下的指挥。不然，咱俩的脑袋可是要搬家了。"路博德不愿再继续说下去了，白了杨仆一眼，然后离开了。

路博德和杨仆率领着各自的军队，齐头并进，很快包围了南越国的都城番禺。

城墙上，年迈的丞相吕嘉站在上面，怅然若失地看着城墙下来势汹汹的汉军。

吕嘉长长地叹了一口气，意识到南越国大势已去，但他还想折腾一下。只见他高举火把，冲城下大喊道："汉兵路博德听着，如果你放我一马，我便把番禺留给你。不然，我就放一把火，将其烧成灰烬！"

骑在马上的路博德呵斥道："吕贼听着，我奉天子之命来诛杀你，你身为重臣，不但不归顺我大汉，反而叛变，诛杀我汉朝使者、摎太后以及少主，又杀了韩千秋以及两千士兵，罪恶滔天。今天，本将军就是来取你性命的！"

吕嘉喊道："路博德，你给老夫听着，南越就是南越国，大汉就是大汉国，你凭什么让我们向你们投降？老夫杀你们使者，是因为他们与摎太后私通；老夫杀摎太后，是因为她是中原人，是来南越当间谍的；老夫杀少主赵兴，是因为他要向汉家皇帝称臣。"

"吕贼，你死到临头了还嘴硬。南越一直都是汉朝的一个郡地，而不是一个国家。你们这群败类，一直企图搞分裂，搞独立。本将军警告你，你们再不投降，我就要攻城了。"路博德说道。

吕嘉准备继续做垂死挣扎，一边下令放箭，一边点火。这时，路博德率领士兵以最快的速度从四个城门发动攻击。很快，汉军攻破城门，如潮水般冲入城内，杀死了不少还在抵抗的叛军，但大部分叛军都选择了投降。

吕嘉和南越王赵建德见情况不妙，便率领几百名精锐士兵突出重围，乘坐船只朝西而去。

这时，有汉军大喊："路将军，吕嘉老贼逃了。"

路博德便立马顺着海路去追捕吕嘉和赵建德。

按道理说，船一进入茫茫大海，就根本追不上了。但南越郎官都稽想要立功，向汉军举报了前任主公。有他这个熟悉地形的人带路，没用多长时间，汉军便追上了吕嘉和赵建德的大船。

汉军校尉司马苏弘一上船，便冲向了南越王赵建德，抓住其衣领，大喊道："我抓住了赵建德，我要封侯啦！"

南越郎官都稽见此，也冲了上去，一把抓住吕嘉，也大喊道："我抓住了吕嘉，我也要封侯啦！"

路博德直接将这场战争的罪魁祸首吕嘉就地正法，并派人向汉武帝汇报。

南越战争进行得最为激烈的时候，汉武帝正在东巡。南越国被攻破的捷报传来的时候，汉武帝已经抵达了左邑桐乡，大喜的他将左邑桐乡改名为闻喜县。元封元年（公元前110年），汉武帝抵达了汲县新中乡，听说吕嘉已经被杀，便在汲县新中乡增设了一个县，命名为"获嘉县"。

汉武帝返回京城后，立马对路博德、杨仆、苏弘以及都稽进行封赏。但很快，刚被封为梁侯的杨仆就收到了关于他的罪行指控。汉武帝指控杨仆犯了五宗罪：第一宗罪是将投降的南越兵视为战俘；第二宗罪是让南越国在战争中获得了东越国的支援；第三宗罪是杨仆曾私自离开军营，回家乡炫耀；第四宗罪是贪恋家中娇妻美妾，却以道路险恶为借口；第五宗罪是假装不知蜀地蜀刀的市场价格，欺君犯上。

诏书一念完，汉武帝"温情脉脉"地质问杨仆："杨爱卿，你犯下滔天的罪行，朕有责怪你吗？"

"没有。"

"那你接下来要怎么做呢？"

"我愿意不惜战死，赎罪立功。"杨仆口是心非地说道。

"那好，你赶紧带兵去灭了那个嫌命长的东越。"汉武帝说道。

东越国和南越国都是春秋战国时期，越王勾践的后人。公元前334年，勾践的六世孙无疆突然觉得人生没有了乐趣，便率领士兵攻打当时强大的楚国。一代霸主楚威王一发威，便拍死了无疆以及他那小小的越国。越国被灭后，一支贵族队伍逃亡海上，来到了现在的福建和广东，并融入当地人中。时间长了，福建这边就建立起了一个东越国，广东这边则建立起了一个南越国。

东越国又称闽越国，国家虽然只有巴掌大，但尽干些不省心的事情。汉武帝刚登基的时候，他们就开始瞎折腾，到处征讨，先是以强欺弱，攻打一个更弱小的东瓯国。东瓯国向汉武帝求救，要求移民，成为大汉国的成员。汉武帝自然十分开心，让他们迁入江淮地区。从此，东瓯国就从历史上消失了。

东越国见此，又把矛头对准了南越国。南越国向汉武帝求救，王恢和韩安国两位将军奉命征讨东越国，东越国的国君郢命令其弟馀善前去迎战。

在行军途中，馀善对众将领说："各位兄弟，不是我不尊敬我的这位王兄，但他干的都是啥事啊！我们的国家巴掌大小，他却一会儿招惹这个，一会儿招惹那个。这次招惹上了强大的汉朝，我们必死无疑了。各位兄弟，要不我们把我哥哥干掉，由我来做你们的君主吧？如此一来，你们想要和平的愿望马上就能在我手中实现了。"

就这样，馀善率领东越国的军队返回，杀了国君郢，然后向王恢投降。汉武帝下令，立馀善为东越国的国王。南越国丞相吕嘉杀死摎太后和少主，以及三位汉使后，联合东越国，公开与汉朝为敌。于是，东越国国君馀善率领水师欣然前往，但到了海边却停了下来，想坐山观虎斗。

哪知杨仆对囚徒军的忽悠很有用，他们以秋风扫落叶之势消灭了南越国。南越国一灭，东越国就"形影相吊"，活不了几天了。这个时候，国君馀善预感自己已经到了穷途末路的地步，便想把这辈子不敢做的事情都做了。他给自己刻了一枚印章，说自己才是天下之主，刘彻什么都不是。于是，汉武帝命令杨仆率领士兵消灭东越国，防止它的国君继续作妖。

但这时距离杨仆攻打南越国已经过去了一年，他的囚徒军的猛劲已过，一上战场就被东越国打得满地找牙。与此同时，东越国国内再次出现了国君郢征讨南越时的格局。

东越人杀死了到处招惹是非的国君馀善，并向汉武帝求和，要求归顺。汉武帝大喜，于是让东越人全部移民，搬到江淮之地，来弥补大汉连年征战所造成的人口损失。

恩威并施，开拓西南夷地区

在开拓西南夷地区方面，汉武帝充分发挥了他恩威并施的政治手段，因地制宜、因俗而治地对当地进行开发和管理，为我国西南地区的早期开发和管理奠定了政策基础。

建元六年（公元前135年），汉武帝刚登基不久，便派王恢去攻打东越国。在行军途中，王恢派番阳令唐蒙前往南越。南越人热情招待了唐蒙，并用夜郎地区的特产枸酱款待他。

"这种酱来自哪里？人世间竟然有如此美味！"唐蒙称赞道。

南越人回答说："是从西北的牂牁江运来的。"

返回京师后，唐蒙便派人去调查经营这种食品的商人，了解到这原本是夜郎地区的土特产，由夜郎国的中间商通过牂牁江运送到南越。他们所利用的水道牂牁江宽近百步，只需要一艘较大的船就能够办到。

得到这个情况后的唐蒙十分开心，他发现自己找到了一条绕过五岭天险而直捣南越都城番禺的路线。汉军可以从蜀地出发，经过夜郎，去攻打南越兵的侧翼。

唐蒙立马把这个消息告诉给了汉武帝，并建议道："陛下，我们可以马上联系夜郎国，让他们出兵，沿着牂牁江而下，两国兵力对南越进行合围，一定可以灭了南越。"

汉武帝大喜，这次他做了两手准备，既让唐蒙带上数不清的珠宝，又让他率领一千名士兵从巴蜀的筰关出发，前往夜郎，与夜郎国王多同进行会晤。

夜郎王姓竹，相传，一个妇人在遁水边洗衣服，突然看到水面上漂来了一根三节大竹，竹子正好停在她的脚边，里面传来婴儿的哭声。妇人劈开竹子，一看，里面有一个男婴。她小心翼翼地把男婴抱出来，并将其抚养成人。这孩子长大后能文能武，十分有智慧，最终成了部落首领，自称夜郎王，并一手创立了夜郎国。

因在竹子出生，故以竹为姓，也为竹王。

夜郎国位于汉朝的西南方，国土面积很小，百姓也很少。但周边地区都以夜郎这个国家为大，从来没有出过远门的夜郎国王多同也认为自己的国家是全天下最大的。

等唐蒙作为使者经过夜郎的邻国滇国，滇王问唐蒙："是我的国家大，还是汉朝大？"唐蒙吓了一跳，他没有料到如此小的国家，竟然那么不知天高地厚地与汉朝相比。

等唐蒙抵达夜郎国时，夜郎国国王多同十分开心，并热情地接待了他。在开心之余，夜郎王多同同样问唐蒙道："汉朝和我夜郎国相比，是不是我夜郎国更大？"

唐蒙一听，差点笑出了声。

夜郎王还一脸真诚地期待着唐蒙的回答，唐蒙见此，想到了自己的使命——完成汉朝的统一大业，便极口夸张，说汉朝如何地大物博，如何繁荣昌盛，并将大量缯帛、珍宝送给夜郎王。

夜郎国听得张大了嘴巴，心中无比羡慕。

夜郎国的诸侯们见汉使送来了那么多礼物，自然对他们更加热情了。

唐蒙见时机已经成熟，便晓以利害，劝夜郎王率领其国家归顺汉朝。夜郎王听说归顺后，自己就能成为汉朝的一个侯爷，并依然能管理自己的这块地盘，颇有些心动。

唐蒙更加卖力地相劝，说汉朝天子十分大方，从来不会亏待任何主动归附的国家，并且跟着这么强大的国家混，天天都能过好日子……

夜郎王权衡了一下利弊，立马答应了，和唐蒙约定，汉朝在夜郎国设置官吏，让自己的儿子担任县令一级的官员。

夜郎王不仅表示愿意与汉朝往来，还向唐蒙表忠心，称愿意说服夜郎国的周边小国一起归顺汉朝。

此后，夜郎王叫来周边小国的国君们，那些人见了汉朝送给夜郎国的珍宝，个个眼开，都认为汉朝到他们这里路途遥远且艰险，即使归顺，但"天高皇帝远"，估计汉武帝日后也干涉不了他们，不如暂时表示顺从，这样既可以得到汉朝的珍宝，又不会得罪汉朝。于是，他们纷纷向唐蒙示好。唐蒙十分开心，立即返回京师。

这次唐蒙不费吹灰之力就完成了汉武帝交代的使命，汉武帝自然是大喜。唐蒙还把夜郎王多同的"汉朝与夜郎相比，哪个大"的事情讲给汉武帝听。史官将这个事情记录了下来，他们认为西南诸多小国家十分傲慢无知，这就有了成语"夜郎自大"。

但西南诸多小国家位于崇山峻岭之中，长时间与外界隔绝，根本不知道外界的情况，他们这么问，更多的是出于好奇，恶意的成分少。

在夜郎国等诸多小国家表示归顺后，汉武帝便下令在这一带设置犍为郡。笮人和邛人听说南夷因为与汉朝攀上关系，得到了数不胜数的珍宝，羡慕不已，于是也纷纷向汉朝示好，要求成为汉朝的一员，请求汉武帝依照管理南夷的办法，在他们居住的地方设置官吏。

但汉武帝要的并不是形式，而是要真正控制西南地区。公元前130年，汉武帝任命唐蒙为中郎将，发动巴蜀官吏士兵上千人、一万多后方运输人员以及几万服役人员，去打通汉朝通往夜郎国之路。

西南地区崇山峻岭，地形异常复杂，修路工作施展起来十分不易。在修路的过程中，由于天气湿热，不少人因为染上疾病而死去，更多的人则纷纷逃走。针对这一情况，主帅唐蒙的第一反应便是镇压，将一些工作不积极的地方首领统统杀掉。他的严惩策略，激起了很多地方势力揭竿而起，修路工作不得不暂停了下来。

面对这种情况，汉武帝为了安抚巴蜀地方势力和百姓，按照军令诛杀了唐蒙，并派出了从蜀地回来的司马相如。司马相如临危受命，去了西南地区，告诉巴蜀的百姓们，唐蒙的所作所为纯粹是自作主张，并非天子的本意。

为了让修路工作继续下去，司马相如发布了一个通告，名为《谕巴蜀檄》。司马相如不愧是大文豪，很会做群众的思想工作。他在通告中恩威并济，收到了良好的效果，修路工作得以继续进行下去。

司马相如顺利地完成了汉武帝交给他的使命，汉武帝自然是龙颜大悦。这时，笮和邛的君长再次请求加入汉朝，做汉朝的仆人，其实他们多半是眼馋夜郎王得到的汉朝珍宝。

汉武帝询问司马相如对这件事情的看法，司马相如原本就是蜀地人，很了解这些西夷部落。他说："笮、邛、冉等部落和蜀地相邻，想开通道路是一件容易的事情。秦朝时期，秦始皇就在这里设置了郡县，到了汉朝建国时才将其废除。如果想要重新开通，价值远远超过了南夷。"

汉武帝听完十分高兴，认为司马相如是一个有大智慧的人，于是任命他为中郎将，手持汉朝的符节出使，并安排吕越人、壶充国、王然于等做他的副使，带上了大量财物，向西南夷的方向狂奔而去。

得到汉武帝重用的大文豪司马相如心花怒放，大笔一挥，一出手就是一篇著名的《难蜀父老》。

汉兴七十有八载，德茂存乎六世，威武纷纭，湛恩汪濊，群生澍濡，洋溢乎方外。于是乃命使西征，随流而攘，风之所被，罔不披靡。因朝冄从駹，定筰存邛，略斯榆，举苞满，结轨还辕，东乡将报，至于成都。

耆老大夫荐绅先生之徒二十有七人，俨然造焉。辞毕，因进曰："盖闻天子之于夷狄也，其义羁縻勿绝而已。今罢三郡之士，通夜郎之途，三年于兹而功不竟，士卒劳倦，万民不赡；今又接以西夷，百姓力屈，恐不能卒业，此亦使者之累也，窃为左右患之。且夫邛、筰、西僰之与中国并也，历年兹多不可记已。仁者不以德来，强者不以力并，意者其殆不可乎！今割齐民以附夷狄，弊所恃以事无用。鄙人固陋，不识所谓。"

使者曰："乌谓此邪！"必若所云，则是蜀不变服而巴不化俗也。余尚恶闻若说。然斯事体大，固非观者之所觏也。余之行急，其详不可闻已。请为大夫粗陈其略：

盖世必有非常之人，然后有非常之事；有非常之事，然后有非常之功。非常者，固常人之所异也。故曰非常之原，黎民惧焉；及臻厥成，天下晏如也。昔者洪水沸出，泛滥衍溢，人民登降移徙，崎岖而不安。夏后氏戚之，及堙洪水，决江疏河，洒沉赡菑，东归之于海，而天下永宁。当斯之勤，岂唯民哉？心烦于虑而身亲其劳，躬胝无胈，肤不生毛，故休烈显乎无穷，声称浃乎于兹。

且夫贤君之践位也，岂特委琐握齵，拘文牵俗，循诵习传，当世取说云尔哉！必将崇论闳议，创业垂统，为万世规。故驰骛乎兼容并包，而勤思乎参天贰地。且《诗》不云乎："普天之下，莫非王土；率土之滨，莫非王臣。"是以六合之内，八方之外，浸浔衍溢，怀生之物有不浸润于泽者，贤君耻之。今封疆之内，冠带之伦，咸获嘉祉，靡有阙遗矣。而夷狄殊俗之国，辽接异党之地，舟舆不通，人迹罕至，政教未加，流风犹微。内之则犯义侵礼于边境，外之则邪行横作，放弑其上，君臣易位，尊卑失序，父兄不辜，幼孤为奴，系累号泣，内向而怨，曰："盖闻中国有至仁焉，德洋而恩普，物靡不得其所，今独曷为遗己！"举踵思慕，若枯旱之望雨。盭夫为之垂涕，况乎上圣，又恶能已？故北出师以讨强胡，南驰使以诮劲越。四面风德，二方之君鳞集仰流，愿得受号者以亿计。故乃关沫若，徼牂柯，镂灵山，梁孙原。创道德之途，垂仁义之统。将博恩广施，远抚长驾，使疏逖不闭，阻深暗昧，得耀乎光明，以偃甲兵于此，而息诛伐于彼。遐迩一体，中外禔福，不亦康乎？夫拯民于沉溺，奉至尊之休德，反衰世之陵迟，继周氏之绝业，斯乃天子之急务也。百姓虽劳，又恶可以已哉？

"且夫王事固未有不始于忧勤，而终于佚乐者也。然则受命之符合在于此矣。方将增泰山之封，加梁父之事，鸣和鸾，扬乐颂，上咸五，下登三。观者未睹指，闻者未闻音，犹鹪明已翔乎寥廓，而罗者犹视乎薮泽。悲夫！"

于是诸大夫芒然其所怀来，而失阙所以进，喟然并称曰："允哉汉德，此鄙人之所愿闻也。百姓虽怠，请以身先之。"敞罔靡徙，因迁延而辞避。

这篇文章从全国统一大业的角度，阐述了开发西南地区的重大意义，同时对当地百姓的沉重负担表达了同情之意，淋漓尽致地体现了他的人文关怀和政治智慧。最终，司马相如以亲民的态度、远见卓识和能言善辩，说服了当地百姓，让他们释怀，支持朝廷的通边大业。得到了西南百姓的支持后，汉武帝的开拓大业便有了稳固的后方。

公元前129年，汉武帝任命司马相如为中郎将，再次出使西南，在笮、邛、冉等部落设置郡县。

司马相如使者团抵达蜀郡时，蜀郡太守和属官纷纷远道前来相迎，县令背着弓箭在前面开路，蜀地人以司马相如为荣，司马相如也有了一种衣锦还乡的感觉。司马相如的岳父卓王孙觉得十分风光，便与临邛的各位父老以叙旧的名义来到司马相如门下，送上牛和酒。

此时，卓王孙感慨万千，要是早点把女儿嫁给司马相如就好了。

司马相如最广为人知的故事，就是与卓文君的爱情。卓王孙是四川临邛的冶铁大亨，家中光是仆人就有八百名。他有一个才貌双全的女儿，名叫卓文君。卓文君出嫁后丧夫，便回娘家居住，当时只有十七岁。

一日，司马相如受邀去卓文君家中做客，在席间故意弹奏了一曲《凤求凰》。同样精通音律的卓文君从门缝中偷看，瞬间被一表人才的司马相如迷得神魂颠倒。这就是历史上有名的"司马相如琴挑卓文君"。

宴会结束后，司马相如便拿出重金，赏赐给卓文君的丫鬟，让她帮忙向卓文君转达自己的爱慕之意。

当天晚上，卓文君便和司马相如私奔了，去了成都。

卓王孙得知女儿与人私奔了，顿时大怒道："文君极不成才，我也不想训斥她了，但不要给她一文钱。"

司马相如和卓文君的日子过得十分窘迫，经常吃了上顿愁下顿。某天，卓文君对司马相如说："长卿啊，要不你和我一起回临邛吧，我可以向家人借点钱，做点小买卖，也能勉强维持生活。"

司马相如就和卓文君来到临邛，卖掉了自己的车马，在卓王孙家附近开了一家小酒馆。司马相如负责洗涤酒器，卓文君负责在店堂卖酒。

卓王孙听说了女儿卓文君的事情后，觉得颜面无存，于是闭门不出。家人纷纷相劝："你只有一个儿子，两个女儿，家中有的是钱财。现在，文君已经是司马相如的妻子了，他也厌倦了到处奔波的生活。虽然穷了点，但有才啊，有的是出人头地的机会，况且是县令府上的贵客。"

卓王孙受不了街坊的风言风语，只好分给卓文君一百万钱以及一百个家奴。司马相如和卓文君便返回成都，安顿了下来。

司马相如擅长写赋，写了一篇华丽的《子虚赋》。因为这篇赋，司马相如得到了汉武帝的赏识。汉武帝在一个偶然的机会下读到了这篇赋，爱不释手，便把大才子司马相如召入宫中。司马相如见了汉武帝后表示，这《子虚赋》算不上好，他还能写出更好的赋，于是大笔一挥，写了《上林赋》献给汉武帝。汉武帝龙颜大悦，立马对他进行封赏。

男人一有钱就容易喜新厌旧，做出抛弃糟糠之妻的举动来，司马相如同样如此。在长安，什么样的绝色女子都有，司马相如见了后便走不动路了，他写诗给卓文君，诗句中隐含着离弃之意。

但是，当年卓文君为了司马相如不惜与家人决裂。在她的生命里，这份爱纯洁而深刻。她不想就此放弃这份感情，于是写了《白头吟》和《诀别书》。司马相如读了后，想起当年妻子的患难相随，心存愧疚，于是与卓文君和好如初。

司马相如和卓文君的故事传得沸沸扬扬，就连当时还活着的皇后陈阿娇都听说了，所以才请司马相如为自己写了一篇《长门赋》，来挽回汉武帝的心。

这都是之前发生的故事了。说回眼前，司马相如依靠一篇《难蜀父老》，就做好了西南夷当地百姓的思想工作，平定了西南夷，笮、邛、冉、斯榆、駹这些部落君长都归顺了汉朝。

接着，司马相如下令拆除旧时关隘，使汉朝的边关进一步扩大，西至若水和沫水，南至牂牁河，还开通了灵关道，并在孙水上建桥，直通笮、邛。汉武帝没有费大气力，便成功地达到了开拓西南边疆的目的。

在东北方，汉武帝派楼船将军杨仆灭卫氏朝鲜（今朝鲜北部），置乐浪、玄菟、临屯、真番四郡。至此，汉帝国版图基本成形。

第五章

晚年痛悔人生

处心积虑，江充得宠

在被赵国世子刘丹追杀时，江充因为提前得到了消息而逃走。为了报仇，他向汉武帝上书，举报刘丹所犯下的种种罪行。为了给汉武帝留下一个好印象，他处心积虑，挖空心思，先是在第一次觐见汉武帝时好好装扮了一番，同时还为汉武帝筹集到不少的军饷，最后，他如愿以偿，深受汉武帝宠信，而汉武帝晚年的历史也因江充而发生了改变。

到汉武帝晚年时，两位大臣站在了权力的中心，那就是金日磾和霍光。霍光是大司马霍去病同父异母的弟弟，他的父亲是霍仲孺，曾以县中小吏的身份前往平阳侯家中服役，与卫子夫的姐姐卫少儿私通生下了霍去病。在平阳侯家中完成任务后，霍仲孺返回家中，娶了一位女子，生下霍光，与卫少儿不再往来。

元狩二年（公元前121年），霍去病官拜骠骑将军。在去攻打匈奴的途中，在河东太守的"撮合"下，霍去病与父亲霍仲孺相见，并为其购买大量的房屋田产。

等班师回朝的时候，霍去病再次拜见了父亲，并将异母弟弟霍光带到长安。当年霍光还是一个小孩儿，只有十来岁。在霍去病的帮助下，霍光先担任郎官，后担任曹官、侍中等。

元狩六年（公元前117年），霍去病逝世。霍光在官场上也一直平步青云，先后担任奉车都尉、光禄大夫等职。他侍奉在汉武帝的身旁，出入宫禁20多年，也不曾犯过错误，所以，深受汉武帝信任。

在汉武帝晚年的时候，霍光和金日磾便成了他的生活管家。

一日，汉武帝在金日磾和霍光的搀扶下于长廊散步，这时，太仆上官桀拿着一份奏章，快速地走了过来。

金日磾用凌厉的眼神一扫，上官桀便立马跪在了一边。

汉武帝有些不开心，霍光急忙说道："陛下，臣等不敢欺瞒陛下，只是陛下听到这个消息后千万不要生气啊。"

汉武帝还是一脸的不悦，霍光如同哄小孩儿似的小声说："陛下千万不要动气，上官桀，如实奏来。"

上官桀心里骂道："乌龟王八蛋，你们两个每次都装好人，让老子当坏人。"

虽然心中不服气，但为了挤进这个核心权力班子，他也称得上忍辱负重。他让儿子上官安娶了霍光那暴脾气的丑闺女。事实上，上官桀也算是幸运了，他是陇西上邦人，在年轻时担任了羽林期门郎。某次，他跟随汉武帝去甘泉宫，途中遇上了大风天气，车无法前进。上官桀就取下车盖，紧跟在汉武帝的御座后面。很快，滂沱大雨倾盆而下，他便亲自拿着车盖替汉武帝遮雨。这次之后，汉武帝将他提拔为未央厩令。还有一次，汉武帝身体不舒服，等病好之后去看自己的战马，发现马儿都瘦了，于是质问上官桀，"你是认为朕再也见不着这些马儿了吧？"这时，上官桀开始了他的表演，泪如泉涌地说道："我听说陛下身体不好，就昼夜担心，根本顾不上马呀。"果然，他成功地骗过了汉武帝，被汉武帝升职为侍中，然后是太仆。

这时，上官桀低声汇报道："陛下，经过多方调查，我已经查明，替匈奴人训练士兵的是降将李绪。李陵知道这个情况后十分生气，杀了李绪。事情发生后，匈奴单于的母亲阏氏又要杀了李陵。单于将李陵藏到了北海，并把女儿嫁给了他，李陵这次是真的归顺了匈奴……"

霍光说："就是因为公孙敖，他告诉我们所有人，李陵给匈奴人训练士兵，不然事情不会发展到如此地步。"

汉武帝那混浊的眼睛立马射出骇人的光芒来，他一字一顿地说道："不要再让朕听到公——孙——敖这三个字！"

金日磾说道："公孙敖干的欺上瞒下的事情不止这一件，上官桀，你在调查公孙敖时，也要把这件事调查明白。"

上官桀回答道："臣领旨。"

公孙敖正在家中饮酒，突然外面传来了一阵喧闹声。他侧耳倾听，立马脸色大变。他游侠出身，有着高于常人的警觉性。在朝廷调查出替匈奴人训练士兵的是降将李绪而不是李陵时，他就有一种不好的预感，隐隐觉得有一张大网朝他扑了过来。朝廷让他孤军深入匈奴腹地，去迎回李陵，要是在这途中遇到匈奴人怎么办？要是战神李陵攻打自己又该怎么办？不管怎么看，这道命令都是想要置自己于死地而不顾。

听到外面不正常的声音后，公孙敖一纵身，藏在了一个大家都发现不了的地方。

几个下人神色异常地冲了进来，"老爷，老爷，宫里来人了，说找你，看情形，有些不妙。老爷人呢？刚才还在屋子里。"

公孙敖正在屋脊上悄无声息地爬行着，爬到了一个能看到院中情形的地方。他稍稍探了一下头，看到一排杀气腾腾的侍卫，为首的是一个少年。

这少年名叫江充，本名江齐，赵国邯郸人，原本是一泼皮无赖。江齐有一个貌美如花的妹妹，不仅天生丽质，更是能歌善舞。这个妹妹认识了赵国世子刘丹，并得到了其宠爱。作为世子的大舅子，江齐的地位自然是水涨船高，并自由出入赵国的宫廷，整天与世子刘丹厮混在一起，可以说刘丹所干的坏事没有他不知道的。

但知道得太多也不是一件好事情，尤其是刘丹不是一个善茬。他鱼肉百姓，无恶不作，因为他是赵国的世子，地方政府对他所做的事情也是听之任之，毫无办法。

虽然刘丹一向是天不怕地不怕，但他其实很怕父亲刘彭祖。他知道父亲刘彭祖心狠手辣，并不是什么善男信女，对于父亲陷害来赵国担任国相的人，心里跟明镜般。

每当想起自己所干的坏事都有可能被揭发，刘丹都是坐卧不安。自从认识江齐以后，刘丹与他寸步不离。因此，江齐知道他所干的每一件坏事。在刘丹想来，身边有这么一个定时炸弹，得先除掉为妙。

就在刘丹准备对江齐动手时，江齐提前得到了小道消息，抛弃妻儿父母，独自一人溜了。可怜江齐的家人，最后都成了替死鬼。为了躲避刘丹的追杀，江齐改名为江充。

一般人落到江充这个地步，大多都会直接找个地方躲起来，从此隐姓埋名。但江充从小天不怕地不怕，哪怕是赵国的世子，他整天想的是如何把刘丹送到地狱去。

想来想去，江充决定效仿主父偃，给汉武帝写了一封信，状告赵王刘彭祖的世子刘丹与其姐妹私通，并勾结地方豪强势力为非作歹。

虽然说汉武帝不是什么疾恶如仇之人，但他一直盯着诸侯王们，一点都不松懈。只要有整治诸侯王的机会出现，他一定会牢牢把握住。

江充的信有了立竿见影的效果，汉武帝派人包围了赵王刘彭祖的王宫，将世子刘丹收押起来。

经过一番严密的审问，汉武帝发现江充所状告的内容基本都属实，生气之下判处刘丹死刑。赵王刘彭祖着急了，立马上书为世子刘丹求情，说江充只不过是一个无耻小人而已，利用汉武帝报私仇，并且许下了带领赵国士兵去攻打匈奴的承诺。汉武帝这才免除了刘丹的死刑，但废了刘丹的世子之位。后来，刘彭祖入朝，请隆虑公主和平阳长公主向汉武帝说情，要求恢复刘丹的世子之位，但汉武帝没有答应。

汉武帝一直致力于从诸侯王手中收回权力，江充的这一封状告信可谓帮了他大忙。江充以一平民老百姓的身份直接状告一国的世子，可算是有胆量之人。一时间，汉武帝对江充刮目相看。

一日，汉武帝在犬台宫与他养的猎犬一起玩耍，突然想要召见江充。对于平民百姓而言，能够得到皇帝的召见，是一件无上荣幸的事情，但江充玩起了心思，一直琢磨着怎样才能一下子抓住汉武帝的心。他告诉汉武帝的使者，说自己家徒四壁，不能穿什么华贵的衣服见陛下，希望陛下能允许他穿着日常所穿的衣服觐见，汉武帝觉得是小事一桩便答应了。

见面时，江充穿着一件轻柔的禅衣，戴着一顶华丽的丝质帽子，走路的时候，衣服随风飘飘，颇有"仙气"。

原来，在面见汉武帝之前，江充就知道汉武帝一直对求仙这件事情很感兴趣，因此推断他不喜欢凡夫俗子的打扮，而喜欢仙风道骨的气质。他不仅有一个美若天仙的妹妹，自己长相也英俊，加上这一身的衣服，立马博得了汉武帝的好感。因为做足了功课，在与汉武帝聊天时，江充神色自若，对答如流，让汉武帝觉得他是一个不可多得的人才。

汉武帝一生中经历了无数大事，但是晚年的历史因为江充而改变了。江充原本是一个泼皮无赖，所以嘴上功夫十分厉害。在汉武帝准备派使者去匈奴处谈判时，他毛遂自荐，并告诉汉武帝，他不需要做什么准备，见机行事就行，最后，他真的成功了。

从匈奴处回来后，汉武帝便升他为直指绣衣使者，相当于御史大夫，权力非常大，上可杀贪官污吏，下可断百姓案件，文可论功行赏，武可调动军队。

刚上任的时候，江充便替汉武帝立下了一件大功。

朝廷中的文武百官大多都富得流油，谁都想在人前显摆一下，于是在家中建造了超过自己身份的亭台楼阁，使用了超过自己身份的车马仪仗。这种逾制行为在汉朝是违法的，但因为大家都这样，汉武帝也就睁一只眼闭一只眼。

不过，新官上任三把火，刚上任的江充将这些有逾制行为的文武百官都抓了起来，并没收了逾制的财产，将其关进条件艰苦的北军大营里。这些王公大臣一旦被抓，他们的家人立马火急火燎地向汉武帝上书，说他们知罪了，愿意拿钱来赎人。有人主动上门送钱，汉武帝自然是乐意的，让他们交完钱，就把人领走了。江充的这一措施，让汉武帝筹备了不少军饷。

为了奖励江充，汉武帝封他做水衡都尉，负责管理皇家园林。这个官职表面上不大，但其实油水很多。江充也算是"守得云开见月明"，直接把自己的人都安排了进来。这些人来这里的目的也是十分明确，那就是大捞一笔。在江充的保护下，这些人为非作歹，作威作福。最后东窗事发，作为保护伞的江充也自然而然地受到了处罚。不过，此时的他依然受到汉武帝的宠信，也有很多接近汉武帝的机会。

就这样，江充当了上官桀的"爪牙"，来到公孙敖家中调查他。公孙敖在屋脊上看到内府上跑出了很多人，一个个都在对江充和他侍卫说什么。由于距离有点远，外加声音嘈杂，他一时听不清他们在说什么，但能看到家人的脸色渐渐地变得苍白，然后变得惊恐起来，而江充始终一副冷冰冰的模样。

侍卫们冲了进来，看守着各间屋舍，还不让人走动。一群提着铁铲的人冲向内府，在夫人的院子里挖了起来。

他们在搞什么鬼？公孙敖十分迷惑。

公孙敖环顾了一下，发现妻子始终没有露面，妻子的精明在他之上，估计这时候早就在某个地方躲了起来。

挖了半天，江充抬起手，示意停下来。公孙敖见他跳入坑中，蹲了下来，从怀中掏出一个木偶，在潮湿的泥土上蹭了几下，然后高高地将其举了起来，冲众人大声说道："找到了，东西在这里。"

公孙敖家人脸上顿时露出绝望之情，而侍卫们则纷纷大叫："胆子也太大了，竟然敢诅咒陛下，难怪陛下最近总是神志不清，原来是公孙敖的老婆对陛下下巫蛊了。"

"他们到底整的是哪一出啊？"公孙敖在屋脊上看得一脸蒙，但有一种大祸临头的感觉。

汉武帝很快又见到了上官桀，只见金日磾向汉武帝汇报道："陛下，上官桀已经发现了公孙敖的行动踪迹。区区一个公孙敖，却如此神出鬼没，全天下的捕吏都出动了，都抓不到他本人。"

汉武帝鼻子哼了一声，大声地说道："你们不是他的对手，他游侠出身，擅长剑法，连大将军卫青见了，都要让三分。"

霍光面带微笑地说道："是啊，那天江充奉旨前去公孙敖家中寻找行巫蛊之术的证据，公孙敖夫妻二人明明就没出门，但谁也找不到他们。直到捕吏使出九牛二虎之力，才从夹壁里将他的妻子揪了出来。随后，捕吏冲入公孙敖的卧室后便发现公孙敖已经自杀了，身边留下一封对陛下表示忏悔的遗书。等捕吏稍一不注意，那具尸体竟然不知去向。这个时候，大家才明白公孙敖为了逃罪而诈死。公孙敖是一只老狐狸，江充那种不知江湖险恶的少年，哪里是他的对手呢？"

卫青的密友公孙敖在假死逃亡几年后，终于被抓到，随即被处以腰斩。

某天，霍光称赞江充道："了不起，你现在是陛下眼前的大红人了。"

江充有点不相信，于是决定测试一下。

太始三年（公元前94年），太子刘据家的使者乘坐车马在专供天子行驶的道路上飞奔，正好与江充不期而遇。

江充走上前去，逮捕了太子刘据家的使者，并没收了马车。太子刘据知道后便慌了，马上过来求情："江君，我并不是心疼这些马车，只是不想让父皇知道了这些事情，担心父皇会责怪我没有约束好自己的仆人。江君大人有大量，请宽恕我们，好吗？"

但江充丝毫不给面子，说道："走开，我只效忠陛下一人。"

太子刘据连愤怒之情都不敢露出来，怏怏不乐地走了。很快，江充将这件事情向汉武帝汇报了，汉武帝称赞道："你做得不错！太子对下人管束不严，就应该让他长长记性。"

江充装出一副大公无私的样子来，汉武帝很是受用，说他是众多文武百官的榜样。

直到这个时候，江充才相信霍光的话。

发号施令，平息巫蛊之乱

在江充、苏文等人的陷害下，太子刘据走投无路只好起兵。汉武帝让太监传唤太子，太监由于害怕太子，在外溜达一圈后便回去了，谎称太子有意叛变。在种种因素下，悲剧发生了。汉武帝认为太子刘据是有心谋反，于是亲自部署兵力，发号施令，调集天下的兵力，平息了巫蛊之乱，导致太子蒙冤而死。

汉武帝晚年，一直都在寻找仙人的足迹。随着时间的流逝，他一天天地衰老下去，更加迫切与仙人见上一面，以期实现自己长生不老的心愿。

太始元年（公元前96年），西汉历史上发生了一件大事，那就是汉武帝遇到了自己生命中的一位女子。

某天，浩浩荡荡的车乘抵达河间时停了下来。霍光和金日磾迅速上前，搀扶着汉武帝下了马车。汉武帝缓缓走下，目光空洞地看着方士公孙卿："不会又只能见着仙人的大脚丫吧？"

公孙卿尴尬地笑了笑："陛下，我们这种凡人又怎么能猜透仙人的心思呢？"

汉武帝说："公孙卿，如果你再拿一些大脚丫子来忽悠朕，朕就处以你足刑。"

公孙卿哑然失笑，说道："陛下，臣不敢忽悠陛下。这河间，祥瑞之兆经常出现。看，仙人已经为陛下送来了礼物，她来了。"

汉武帝缓慢地回头，突然眼前一亮。

只见一个妙龄少女正朝他走来，跪拜道："小女子见过陛下，给陛下磕头了。"

汉武帝见了这个少女，顿时感觉到一股青春气息迎面而来，不由得怦然心动。打量了一番后，汉武帝问道："你为何握紧双拳呢？"

这时，女孩儿偷偷看了公孙卿一眼，然后回答道："陛下，小女子也不知道原因，我娘告诉我，我一出生就这样，长到今年 16 岁，双拳从来没有打开过。"

"怎么会这样？"这顿时激起了汉武帝强烈的好奇心，"你站起来，来朕跟前，让朕看看你的双拳。"

少女站了起来，来到汉武帝的眼前。汉武帝握着少女的双手，轻轻一掰，没有掰开少女的双拳，少女脸上顿时露出了顽皮的笑容。站在一旁的公孙卿立马急了，连连向少女使眼色，而金日磾和霍光就如同没有看见般。

女孩儿的双拳依然紧紧握住，不仅让公孙卿大急，也让汉武帝更加好奇："难道这女孩儿的手真的是天生残疾，但不像啊，你看这双拳，细皮嫩肉的，十分白皙，不像长时间没洗手的呀。但朕怎么就打不开呢？朕再试一次。"

汉武帝再次轻轻一掰，少女的手立马打开了，露出掌心两枚洁白无瑕的玉钩来。

在一旁的公孙卿立马跪了下来，高声说道："天子万福，仙人已经出现。这名女子是土生土长的河间人，与臣从未谋面。当地人都知道她一出生便是双拳紧握，并且从来没有打开过。现在陛下来到这里，女子的手掌一下子就打开了。陛下，这就是仙人送给你的礼物啊。"

汉武帝顿时龙颜大悦，说道："你出生于赵地，把天界的玉钩给朕带来了，朕现在给你赐名，叫赵钩弋吧。"

汉武帝临幸了赵钩弋，并将其带回宫中，封其为钩弋夫人。很快，钩弋夫人便怀孕了。但奇怪的是，钩弋夫人的腹部一天天地隆起，但迟迟没有生下孩子。

为什么不生产呢？难道是怀孕的日期记错啦？到了怀孕 14 个月的时候，也就是公元前 94 年，钩弋夫人生下一子，取名刘弗陵。对此，汉武帝说道："上古时候的尧帝，也是在娘胎里待了 14 个月。如今皇子刘弗陵也在娘胎里待了足足 14 个月，这说明皇子刘弗陵是尧帝再世。"很快，汉武帝就将钩弋夫人的宫门封为"尧母门"。

汉武帝的这道圣旨一下，惊呆了所有人。"陛下这是在干什么？皇后卫子夫和太子刘据都还好好的，却把钩弋夫人称为尧母，这是几个意思，难道想废掉太子？"

新宠妃赵钩弋出现，还生下皇子。汉武帝老来得子，异常疼爱这个孩子。刘弗陵虽然年纪小，但机智聪慧，颇像小时候的自己，这一切直接威胁到了皇后卫子夫和太子刘据的地位。

戾太子刘据原本是汉武帝的掌上明珠，是汉武帝的第一个儿子。虽然陈阿娇诅咒过卫子夫，但卫子夫还是接二连三地生下了三个女儿。陈阿娇不能生育，而卫子夫只生女儿，作为一国之君的汉武帝愁坏了。幸运的是，在汉武帝29岁那年，卫子夫为汉武帝生下了一子，取名为刘据。

在刚出生的时候，刘据可以说是集万千宠爱于一身。汉武帝中年时才得第一个儿子，自然十分宠爱他。而当时的卫子夫虽然生下了4个孩子，但依然貌美如花。汉武帝把公务之外的时间全拿来陪卫子夫母子。

汉武帝对刘据不仅是宠爱，更如同一个普通老父亲一样，对他寄予了厚望。在刘据7岁那年，他便将其封为了太子，派有才之士教他治国之道。

好景不长，随着太子刘据慢慢长大，汉武帝对他的爱稍有减退。因为他发现刘据不太像自己。他汉武帝霸道威严，刘据则性情温厚；他汉武帝才华惊人，而刘据则十分平庸，这让汉武帝觉得刘据统治不好自己一手打下的江山。而且当年汉武帝对太子刘据极其宠爱是因为其母后卫子夫正得宠。随着时间的流逝，卫子夫年老色衰，人老珠黄，汉武帝便把他的爱分给了别的女子，比如后来的王夫人、李夫人、李姬、尹婕好、邢夫人等。王夫人生子刘闳，李姬生子刘旦、刘胥，李夫人生子刘髆。

皇后卫子夫和太子刘据开始隐隐担心，既然她已经失宠，刘据的太子之位还保得住吗？

汉武帝是何其聪明的一个人，他立马采取温和的方式解决了这个问题。当时，他让大将军卫青去向皇后卫子夫和太子刘据解释，说现在的大汉已经不需要打江山的皇帝了，而需要守江山的皇帝。太子宅心仁厚，十分贤德，是最合适的皇位继承人，皇后和太子不用担心。卫青听了这一番话立马叩头表示感谢，卫子夫听了后也心存感激。

汉武帝的这番话是他当时的真实想法吗？也许未必，他说出这番话是为了后宫的稳定，为了安抚皇后卫子夫，掩饰她的失宠，也为了掩饰他对太子的不满。

事实上，太子刘据并不是什么坏人，但他失宠的很大一部分原因是与父亲汉武帝的性格不同。汉武帝主张穷兵黩武，征战四方，开疆拓土，而太子刘据则希望大汉能够休养生息，百姓能过上安居乐业的生活。当汉武帝东征西伐的这些年间，听到的都是一片赞美之声，唯一不和谐的声音便来自太子刘据。

汉武帝和太子刘据的意见不合，当时朝廷也因此分成两派，一派是太子的铁杆粉丝，他们大多都是一些忠厚老实的老臣，一派是站在汉武帝这边，大多都是一些酷吏。太子刘据为人善良，经常为汉武帝手下的酷吏办的冤假错案翻供，因此也得罪了不少人。

皇后卫子夫看到这种情况后十分着急，苦口婆心地劝儿子刘据不要得罪人。但汉武帝得知后又不开心了，还为此批评了卫子夫，对太子刘据是大大夸赞了一番，但内心却越来越厌恶刘据了。帝王的心，可谓海底针。

当卫青、霍去病去世后，皇后卫子夫和太子刘据彻底失去了靠山。只是由于皇后卫子夫谨小慎微，规避嫌疑，才得以勉强维持地位。

而原本有些官员还畏惧两位将军，不敢说太子的坏话。等他们去世后，不少文武百官纷纷跳了出来，诽谤太子。汉武帝对太子刘据由原来的不喜欢到现在的猜疑，甚至最后连卫皇后的面也懒得见了。

明眼人已经能看出太子刘据的失宠，到了这个时候，雪中送炭的人少，落井下石的人多。朝中不少官员纷纷在汉武帝面前诽谤太子，甚至太监都不放过太子，虽然汉武帝偶尔会调查这些事情，但绝大多数时候他直接选择了相信。

征和二年（公元前91年），太子刘据去后宫拜见母亲卫皇后，母子二人聊天的时间稍微长了一点，汉武帝身边的太监苏文就大进谗言："太子整日在皇后宫中调戏宫女。"

汉武帝听完也没说什么，只是赏给太子200名宫女。太子感到莫名其妙，忙派人打听原因，这才知道是苏文捣的鬼，因此对他深恶痛绝。

苏文还派汉武帝身边的贴身宦官小黄门常融、王弼等人暗中监视太子，添油加醋地向汉武帝打小报告。卫子夫知道后便让太子刘据向汉武帝禀明，除掉苏文这些无事生非之人。但是善良的太子不愿意为这些琐碎事情打扰到父皇，便十分坦然地说道："人正不怕影子歪，只要我不做错事情，又何必害怕苏文这些奸佞小人，父皇是一个开明之人，哪里会相信这些谗言。"

苏文一行人见汉武帝对密报太子之事并不反感，于是更加肆无忌惮。某次，汉武帝身体有点不舒服，便派常融去召太子进宫。常融返回时张口就说："太子听说陛下生病，立马露出了笑容。"

汉武帝听完后一声不吭，这个时候，太子刘据来到宫中问候汉武帝。汉武帝仔细观察了一下太子的神色，看到他脸上还残留着泪痕。但为了不让他担心，太子还强颜欢笑。

汉武帝看后心里稍稍宽慰了一下，马上派人去调查这件事情的原委，发现这一切都是常融捣的鬼，便处死了他。

苏文见不仅没有陷害到太子，还损失了一个得力的助手，于是恨太子恨得咬牙切齿。

征和元年（公元前92年），汉武帝已经65岁。这两年，汉武帝一直在外面闲逛，差不多去了所有能去的地方，就是为了与仙人见个面。在这一路上，汉武帝闻到的都是刺鼻的腐臭味，那是因天气干旱而渴死在路上的百姓尸体的味道。以前万民群呼"陛下万岁"的场面不见了，如今所到之处，都是被官府驱赶而来的百姓，一个个骨瘦如柴、有气无力的样子。汉武帝看着看着，便没心情再闲逛下去了，于是回到了京城。

"宫中好多了，"汉武帝看着宫里走来走去的少女们，一个个细皮嫩肉的，"这才是盛世王朝该有的样子。"

正打盹儿之际，汉武帝突然看到一个带剑的黑衣人从一座高墙一跃而下，淡定地走入中龙华门。汉武帝腾的一下站了起来，惊叫道："有刺客，赶快给朕拿下。"

听到汉武帝的惊叫声，侍卫们都纷纷跑了过来，但根本没有看到什么刺客。大家顿时明白了，是汉武帝迷蒙之际看花了眼，但谁也不敢当面指出来。

但是，汉武帝却不肯就此作罢，大声下令道："关闭所有的宫门，给朕把刺客搜出来。"

于是建章宫的宫门全部关闭，侍卫们挨个屋子进行搜查。

"陛下，宫内没有搜到刺客。"

汉武帝依然惊恐万分："下令关闭长安城所有的城门，挨家挨户地搜。"

征和元年（公元前92年），汉武帝对长安进行了大搜捕，全城人心惶惶。这次搜捕行动整整持续了11天，但毫无收获。

这11天来，汉武帝是吃不香，睡不安稳，也不去后宫了。不管是办公还是不办公，他都待在建章宫前殿，包括晚上睡觉，都让很多侍卫昼夜不分地守护着他。

"陛下，已经搜遍全城了，没有找到刺客。"

汉武帝便下令道："把宫门守吏给朕找来。"

一见到汉武帝，宫门守吏便不住地哆嗦。汉武帝质问他道："为何要把刺客放进来，你可知罪？"

"陛下，各处的宫门一直把守很严，没有刺客进来啊。"

"铁证如山，你休想百般抵赖！来人，"汉武帝失去了理智，"把他拖出去斩了。"

"陛下，冤枉啊，冤枉啊……"

这件事情由此拉开了长安城血劫的序幕，丞相公孙贺是第一个被送上祭坛的。

在汉景帝时期，汉武帝还是太子的时候，公孙贺被选为太子舍人。等汉武帝登基时，他被升职为太仆。在卫青崛起之时，为了提升卫氏一族的社会地位，汉武帝下诏令公孙贺迎娶了皇后卫子夫的姐姐卫君孺。如此，他自然而然被纳入了卫青的政治集团。但他知道朝廷内派系斗争十分惨烈，因此他尽最大努力与卫氏集团保持一定的距离。

丞相石庆死后，汉武帝任命公孙贺为丞相，当时他是百般推辞，因为他知道朝廷的丞相之位就是一个埋人的坑，之前不少的人纷纷丧命，并且尸骨无存。因此，当时他拼命地以首叩地，泪流满面地请求汉武帝："陛下，臣出身低微，又长期在军中任职，实在没有担任丞相的才能啊。"汉武帝虽然有所触动，但并没有答应他："侍卫，扶起丞相。"

公孙贺一听"丞相"二字，顿时哭得更厉害了，再三请辞，长跪不起。汉武帝立马生气了，拂袖而去。无奈之下，公孙贺只得接受相印。出宫后，公孙贺对身边人说："哎，往后一旦出现差错，必遭横祸！"

公孙贺开始效仿前任丞相石庆，封上自己的嘴巴，对朝中任何事情都不吭一声。

就这样，公孙贺把自己的劫难日往后拖延了一段时间，直到他的儿子公孙敬声跳到众人眼前。

公孙贺做事滴水不漏，是一个小心得不能再小心的人，而儿子公孙敬声却完全相反，是一个粗得不能再粗的粗人。

公孙敬声平日里仗着自己的母亲卫君孺是当今皇后的亲姐姐便为所欲为，虽然居九卿之高位,但目无法纪,擅自挪动北军军饷1900万钱。结果，他被人举报了，汉武帝知道后气得头发都竖了起来，很快将其打入大牢中，明眼人一定能看出来，敢告发公孙敬声的人显而易见是不畏惧皇后和太子的势力。

儿子一入狱，作为母亲的卫君孺吓坏了。她赶紧进宫去找妹妹卫子夫，同时催着丈夫公孙贺去找长平侯卫伉。

卫伉是卫青的大儿子，继承了卫青的爵位，是太子党的铁杆粉丝。这些人坐了下来，立马得出了一个结论：形势不妙。

汉武帝是多年不登皇后卫子夫的宫门，这种冷落谁都能看出来，钩弋夫人的宫门被称为"尧母门"，其中的意思谁都懂。公孙敖在逃亡几年后因巫蛊案而惨遭灭门。汉武帝现在已经在传达一个信号，那就是要废掉皇后、太子，清除卫氏政治集团。

在这种情况下，公孙贺的儿子公孙敬声撞到了枪口上，也是自寻死路。此时的公孙贺每天绞尽脑汁地想啊想，想着如何从大狱中将儿子捞出来。最后，他还真的想出来了。

公孙贺请求觐见汉武帝，他匍匐在地，偷偷看了霍光、金日碑、上官桀一眼，高声地说道："陛下，小儿敬声竟然擅自挪用了北军军饷，罪不可赦。但他继承了臣的太仆之位，长时间陪伴在陛下的左右。陛下可是看着他长大成人的。如果陛下开恩，臣愿意去捉拿来无影去无踪的朱安世大侠，为我小儿赎罪，希望能得到陛下的恩准。"

汉武帝一直闭着眼，好像已经睡着了。此时，霍光大声地说道："陛下有旨，让丞相公孙贺捉拿朱安世，来替公孙敬声赎罪。"

"臣叩谢陛下隆恩。"公孙贺边说边朝霍光方向不住地磕头，同时内心感叹道，"关键时刻，霍家还是罩着卫家的。"

于是，公孙贺开始了自己抓捕朱安世的计划。那朱安世又是谁呢？在汉武帝年间，民间出现了两位大侠，一个是郭解，另外一个便是朱安世了。郭解在被迫移民之前来求过卫青，但后来被诛杀了。

郭解、朱安世，同样都行走在江湖之上，理论上应该都与卫青相识，与游侠出身的公孙敖更应该是道上的朋友。

在李陵事件被证实后，公孙敖便以诈死来逃脱罪行，很大可能就藏在京师大侠朱安世的门下。而汉武帝一直怀疑朱安世就是出入中龙华门的那名刺客，朱安世也便成为朝廷通缉的对象。

那朱安世是一代大侠，还是明白狡兔三窟的道理的。因此，当时汉武帝对长安城进行大搜查时，始终没有看到朱安世的影子。

公孙贺的想法十分简单，那就是抓捕朱安世，替汉武帝解决心腹之患，也算是立下了一件大功，以此换回儿子公孙敬声的性命。

事实上，无论从哪个角度来看，公孙贺的这个想法都有些怪异。一直以来，汉武帝对朱安世都怀有恐惧心理，心中一直藏着杀之而后快的念头。而公孙贺既是皇亲国戚，还是丞相，故意隐藏抓捕朱安世的能力，直到儿子进了大狱，才拿此作为筹码。这样的行为，岂不是活得不耐烦了？

也许是旁观者清，当局者迷，又或是公孙贺的智商不在线，总之，公孙贺这次必死无疑。

其实，朱安世能在汉武帝眼皮底下蹦跶了那么多年，也是因为他在朝中有自己的眼线。说得明白点，朱安世和卫青也是道义之交，与公孙贺是同一个阵营上的人。

正因为这个，公孙贺抓朱安世并不费事儿。

最后，公孙贺成功地抓到了朱安世，然后长长地吁了一口气："我儿子终于有救了！"

朱安世一进入大牢之中，愤怒地喊道："哪个孙子竟然这么厉害？连我朱大侠都抓住了。"再仔细一询问，他才知是公孙贺。

朱安世便不乐意了："公孙贺，想不到你竟然出卖我，你难道忘了咱们是一根绳子上的蚂蚱了吗？别忘了你可以出卖我，我死之前也可以拉你当垫背的。"

很快，朱安世便在狱中上书，揭发了公孙贺两大罪行：一是公孙贺的儿子公孙敬声与陛下的女儿阳石公主私通；二是公孙贺在通往甘泉宫的驰道上埋下了木头人，诅咒陛下。

单单从这两条罪证看，朱安世与公孙贺是一伙的。要不然这么隐秘的罪证，他怎么会知道呢？

阳石公主的母亲是卫子夫，公孙敬声作为卫子夫的侄子，应该从小就与阳石公主一块儿长大的。他们青梅竹马，如果彼此产生感情也不意外。汉武帝对这起事件并不感兴趣，但说到巫蛊之术，那情况就完全不一样了。

接到朱安世举报信的前一天，汉武帝做了一个噩梦。

那是一个晴空万里的日子，汉武帝正在水池边安坐，看到宫女们来来往往，心情愉悦。很快一阵困意袭来，他睡着了。在梦中，他脚踩祥云，在天空中漫游着，突然听到一声尖叫。只见天空中立马布满了乌云，几千个形状怪异的木头人手拿棍棒冲了过来，凶神恶煞般地问道："你就是那个刘彻吗？"

"不……朕不是……"汉武帝本能地回答道。

"都称自己为'朕'了，还不承认？"数千个木头人勃然大怒。

"你们想要干什么？"汉武帝战战兢兢地问道。

这些木头人没有回答，直接走上去，朝着汉武帝就是一顿打。

汉武帝这辈子从来没有被人打过，那种疼痛的感觉是如此强烈，让他忍不住叫出声来。"不要打我……"但那些妖魔鬼怪哪里听他的话，更加使劲地打起他来，让他难以承受，终于醒了过来。

汉武帝迷迷糊糊地睁开眼，看到霍光和金日磾出现在自己的眼前。

"陛下，没事吧？"他俩关切地问道。

"没事才怪。"汉武帝嘟囔道，然后再次进入梦乡中。他看到那些木头人正在收工，垂头丧气的，正准备回去。突然间，它们又看到了汉武帝，大叫道："好家伙，胆子够大的，还敢来！"然后，它们又冲了上来……

"别打朕……"汉武帝再次惊醒，回到现实中。他突然明白了一个事情，那就是有人在对他施行巫蛊之术。

"赶紧去调查，看谁在给朕施行巫蛊之术，抓到一个杀一个，然后灭九族！"汉武帝当即下令。

第二天，汉武帝就接到了朱安世的状告材料。勃然大怒的他立马把这个案件交给了身边的大红人江充。江充以最快速度入宫，并带上了胡人巫师檀何。

江充来之前已经权衡了一番，汉武帝已经是一个年迈的老人了，而自己已经得罪了太子刘据。如果自己不借这个机会除掉太子，万一某天汉武帝驾崩了，他就是死路一条。

江充一进宫，便开始胡说八道："近些年来，陛下身体一直不好，肯定是有人对陛下施行了巫蛊之术诅咒陛下。这不，我们已经接到举报信了。第一个人便是丞相公孙贺。但臣觉得不止他一个。如果能彻底根除所有的木头人，陛下必将返老还童，迎来生命中的第二春。"

为了能长生不老，汉武帝只要闲下来，不是在求仙，就是在求仙的路上。一听到"返老还童"这四个字，他立马眼睛都瞪直了，这可是他梦寐以求的啊。

这时，江充冲胡人巫师檀何使了一个眼色。胡人巫师檀何上前，匍匐在地，说道："小民发现宫中有一股强烈的蛊气，不除去这蛊气，陛下的病就好不了。"

汉武帝立马让江充负责调查宫中巫蛊之事，务必做到彻底根除。

就这样，江充成功玩弄了汉武帝。

回到府上，江充得意忘形地说："一直以来，方士胆儿最大了。在过去，他们把秦始皇骗得团团转。现在，陛下虽然英明神武，但因为求仙想法太过强烈，依然被方士公孙卿玩得团团转。你看那个赵钩弋，弄俩破玉钩，睁眼说瞎话，非说自己两只手16年从没打开过。手16年都没有打开过，那是手吗？那是蹄子！还有，人能怀孕14个月吗？不知道的人还以为她怀的是哪吒呢！"

"不错。"胡人巫师檀何一边啃着肉骨头，一边嘟囔地回答道。

两人是在江充的密室里说话，外面守卫森严，别人听不到他俩的说话内容。

"陛下真可怜，明明知道那赵钩弋有问题。还有那公孙卿，把陛下坑惨了，咱俩千万不要学样儿。"江充补充说道。

"咱俩现在不就是在坑陛下吗？"檀何直接来了一句。

"我的意思是说，咱们的目光不要像他们那样短浅，只玩弄陛下，要把目光放远一点。"

"什么意思？"

"还缺两个人。"

"谁？"

"皇后和太子。"

为了避免暴露自己的目标，刚开始的时候，江充并没有对皇后卫子夫和太子刘据下手，先是在长安城中四处抓人，有数万人因此而丧命。然后，他在宫中找了一些在位低下的嫔妃，从她们的住处开始挖，挖开的地方纵横交错，逐渐延伸到皇后和太子的宫殿。

巫蛊案一出，宫中人人胆战心惊，害怕被无端牵扯进去，被汉武帝冷落了很长时间的太子刘据更是如履薄冰，他早早地等候在父皇的寝宫前。

黄门太监苏文大摇大摆地走了出来，太子立马脸上堆满了笑容，说道："苏黄门，请禀报一下我父皇，说……"

"我可不是那么好糊弄的，哼。"苏文不等太子把话说完就进了汉武帝的寝宫。

汉武帝说道："近日，江充和胡人巫师檀何破了宫中的妖术，朕顿时感觉神清气爽了，但多多少少还有些心神不宁。让他俩快马加鞭，将这宫中的妖气清除干净。"

"奴才遵旨。"

走出门来，苏文斜着眼睛看了太子一眼，故意地说道："老糊涂了。"

太子知道苏文是在辱骂父皇汉武帝，但他既不敢当面训斥，也不敢点破，因为他的父皇——汉武帝，已经不相信他说的话了。他只能尴尬地赔笑着，省得招惹是非。

苏文训斥太子："你站在这里干什么呢？等着搜查吧。"

太子心惊胆战，立马回宫等待着。江充很快就带着胡人巫师檀何等人趾高气扬地入宫。苏文立马上前，称陛下有旨，让他给他们带路，然后都心照不宣地来到皇后卫子夫的寝宫。

15 岁那年，卫子夫在平阳府中遇到了汉武帝，然后为汉武帝生下三女一子，受宠一时，弟弟卫青为大汉立下了汗马功劳。转眼间，她也已经成了一个老人。

她已经很长时间没有见到丈夫汉武帝了，两人也成了最熟悉的陌生人。

江充等人一脸冰冷地瞅了卫子夫一眼，内心十分轻视她。但她依然是一国之后，如果能死在自己的手里，也证明他江充能力不错。

很快，胡人巫师檀何便开始了自己的表演，用鼻子嗅着空气："妖气，这股妖气实在是太浓烈了，此地一定藏有木头人。"

卫子夫顿时变得脸色苍白，手足无措起来。她只能眼睁睁地看着江充大手一挥："把巫蛊给我挖出来。"

侍卫们先从卫子夫的床榻下面挖起，看着一脸惊恐的卫子夫，苏文和江充心中充满了快感："你也有这一天，往日从来不正眼瞧过我们，遭报应了吧。"

过了一会儿，一个深深的大坑出现在大家眼前。江充示意了一下，让他们停了下来，然后跳入坑中，一边假装在泥土里摸了摸，另外一只手伸到怀中，拿出一个木头人。拿出来后，他突然莫名地有些害怕，这可是当今的皇后啊，她的弟弟乃是当年让匈奴人闻风丧胆的大将军卫青，还有她的侄子霍去病。现在大权在握的霍光还是霍去病同父异母的弟弟，卫霍一家，要是自己陷害皇后，而霍光不答应的话，那自己就完蛋了。哎，早知道就应该提前通通气。

江充战战兢兢地把木头人又塞回自己的怀里，挺起腰板，抬起头，对檀何说了一声："这里没有。"

"没有？"巫师檀何一听，顿时乐了，"不如借此机会戏弄江充一把，把皇后的寝宫挖遍了。对，就是这么个玩法。"

于是，胡人巫师檀何再次装出一副高深莫测的样子，说道："这妖法实在是太凶猛了，那个施行妖法的木头人，已经逃到了西南方位，给我继续挖。"

西南方是皇后厕所方位。江充呢？他也知道檀何在戏耍自己，但戏还得继续演下去，于是捏着鼻子跳了进去，瞎摸了一阵子，依然告诉大家说没有。

一会儿工夫，卫子夫的寝宫里到处都是大坑，连下脚的地方都没有。虽然大家都十分气愤，但至少没有挖出木头人，紧张的心情稍稍平复了下来。

现在能挖的地方都挖了，但江充依然说没有，这让檀何困惑不已。但他又一想："反正木头人在江充手上，他想什么时候拿出来就什么时候拿出来，江充估计是想慢慢整死皇后。"

于是，胡人巫师檀何突然大叫一声，说道："快看，那道白光蹿到那边去了。"

顺着胡人巫师檀何手指的方向，苏文开心得不能自已，说道："那边是太子的宫殿。"

说着，江充一群人来到了太子的宫殿。他们兴趣盎然地挖着，从床榻挖到了厕所，不放过任何一寸土。在整个过程中，太子刘据也如同皇后卫子夫一样，手足无措地站在一旁，除了脸色苍白以外，没有一丝一毫的反抗意识。

江充在皇后那边不敢将木头人拿出来，到了太子这边，也是如此。

皇后卫子夫和太子刘据顿时有一种劫后重生的感觉，母子二人相对而泣，但也只是默默地流眼泪，连声音都不敢发出。

江充等人便去了其他人的房间中，只要看哪个人不顺眼，他就把木头人拿出来，这人就会被立马拖出去。

在这段时间里，江充和胡人巫师檀何这对黄金搭档在宫中横行霸道，先是欺压宫女，然后是朝中的文武百官，再是公主们。阳石公主已经在朱安世的黑名单上了，挖不挖坑都是死路一条。

这起巫蛊案，牵扯到的还有诸邑公主。根据历史记载，汉武帝的女儿留下姓名的，共有五个。这次一下子就被江充整死两个。汉武帝最疼爱的卫长公主，嫁给了"大忽悠"栾大，后栾大因忽悠汉武帝被杀，卫长公主便杳无音信。而鄂邑公主在汉昭帝年间犯下谋反罪而被杀。

此案发展到最后，丞相公孙贺父子，阳石宫主、诸邑公主以及卫青的儿子卫伉统统被杀。

公孙贺一死，汉武帝不得不面临一个新的麻烦，那就是朝廷没有了丞相人选。

汉武帝时期，人才辈出，这也得益于"文景之治"。

汉武帝好大喜功，善用人才，但又用法严苛，稍不顺心，便诛杀大臣。自从他17岁登上帝位，杀人杀了将近50年，但人才跟韭菜不一样，往往需要几代人的努力。

其实，连公孙贺这种人也能当上丞相，就足以表明，汉朝没什么人才了。

不过，智商一直在线的汉武帝立马找到了一个声名显赫的人物，刘屈氂。

刘屈氂是谁呢？他是汉景帝刘启的孙子，中山靖王刘胜的儿子，汉武帝的侄子。汉武帝任命他为丞相的一个原因是他与卫氏家族一点关系都没有，甚至是水火不容。帝国的丞相没有什么好下场。刘屈氂的儿子娶了李广利的女儿，而李广利的妹妹——汉武帝的宠妃李夫人早就去世了，弟弟李延年也被皇帝杀死，而李广利本人则常年征战在外，但汉武帝从来都是让他孤军作战，不给他配粮草运输人员，明显是不给他活路。因此，刘屈氂是必死无疑。

根除了宫中的巫蛊之患，重新任命了丞相，汉武帝是神清气爽。他又想巡游天下，找找仙人，向他们求求情，让自己也能长生不老。

那天，汉武帝来到甘泉宫，正准备出发，却突然感觉到身体不适，然后就是卧床不起。

江充知道消息后赶来，在宫门外等待。金日磾和霍光在里面陪伴着汉武帝，没有出来过，只有被传唤的御医来去匆匆。

等了良久，江充看到了他的黄金搭档胡人巫师檀何，情不自禁地小声嘟囔道："这老头，才玩这么几天，就玩坏了。"

胡人巫师檀何立马接话道："老头被玩死那天，你的死期也就到了。"

江充十分生气地说道："他被玩死了，就算殉葬，也轮不到我。"

胡人巫师檀何叹气道："你真是糊涂，你之前为何要搜查皇后的寝宫和太子宫殿，不就是担心老头子一死，太子整你吗？真搞不懂，你脑袋是不是进水了？"

听了檀何一句话，江充突然一怔。

檀何训斥道："还愣在这里干什么？趁老头子还有一口气，赶紧把皇后和太子装进去啊。老头子突然病倒，说明有人在施行巫蛊之术，诅咒老头子了。"

"这，我们整太子的话，霍光会答应吗？"江充问道。

"傻子才阻拦呢，太子为何不受待见，最根本的原因还不是老头子不喜欢他。我们现在所做的事情，也不过是把老头子眼前的障碍物除掉。看，我们又干了一件助人为乐的事情。

"你想想啊，那个赵钩弋为何在这个节骨眼上出现，因为她有一个任务，那就是给汉朝生一个小太子。大家需要的是小太子，而不是大太子。这个太子都长大了，肯听谁的话呢？"

"哦，我明白了。走，我们去完成大家交给咱俩的任务去。"江充说道。

江充、檀何两人带上了之前汉武帝指定的搜查官员御史章赣、按道侯韩说等，又来到了皇宫。黄门太监苏文开心地带着这支搜查队来到了太子宫。上一次没有挖出木头人，太子的情绪稳定了不少。他面带微笑地带着这些人来到上次的挖坑地点，问道："这是上次挖的坑，这次你们要从哪里挖起啊？"

江充顿时感到脊背发凉，心想："太子把我们带到上次的挖坑地点，这说明了什么？说明了太子还记着仇，准备秋后算账呢。幸亏檀何提醒了自己，不然后果不堪设想。"

很快，一个新坑又挖好了，江充立马跳入坑中，掏出一个包裹来，里面藏着好几个木头人和一些书卷，内容无非是咒骂陛下早死。

江充手捧起自己偷偷带来的这些东西，对按道侯韩说和御史章赣说道："你们都看清楚了，这些都是从太子宫中搜出来的，有木头人和一些写着大逆不道话语的帛书。"

按道侯韩说和御史章赣拿过来一看，说道："我们可以做证，的确是巫蛊之物。"

"好，那我们赶紧去面见陛下。"江充建议道。

站在一旁的太子傻掉了，茫然不知所措地说道："这……这……上次还没有这些东西呢？怎么又突然有啦？"

惊慌之下，太子刘据赶紧去找自己的老师石德。石德的爷爷石奋曾经受到窦太后的重用，一直研究黄老之术。石家的家训就是遇到事情，要惜字如金，一个字也不要多说。不管遇到什么事情，都要选择躲开。

石德的父亲就是前任丞相石庆，并且罕见地死在了任期上。石庆谨记父训，当了丞相后就在嘴上挂了一把大锁，遇到事情坚决不发表意见，哪怕是被汉武帝骂得狗血淋头，也绝不吭一声，因此才得以善终。

而石德不习惯爷爷、父亲的行事原则，他成了一名纵横家。

其实，当时唯一清醒的人就是石德。他已经敏锐地察觉出身边发生的一系列怪事情，说道："先前是公孙贺父子，两位公主，以及卫伉等人被指犯有巫蛊之罪而被杀，陛下根本没有进行调查。现在江充和胡人巫师又从太子的宫中挖出木头人，但这些并不是太子所为，那么可以肯定是江充有意陷害。你现在假传圣旨，将江充等人抓起来，进行严刑拷打，弄明白他们到底想要干什么。"

太子目瞪口呆地说道："这不是造反吗？"

石德说道："造什么反？陛下年纪已经大了，身体也是一日不如一日，现在在甘泉宫中养病，但可以肯定的是，他的时日不多了。如果你不抓住这个稍纵即逝的机会，你就是第二个扶苏。"

太子一下子呆住了，茫然地说道："扶苏……"

石德说："对，秦始皇长子扶苏的悲剧就会在你身上上演。"

从黄老之学的清静无为到现在的纵横之术，石奋要是还活着，肯定会被自己孙子的一番话吓死。太子的胆子稍稍大了点，所以只吓了个半死。

"石老师，问题是，我父皇现在六亲不认，一意孤行，连自己的女儿都杀。哎，我这一假传圣旨，到时候被发现了，估计又是人头不保了。"

石德面带微笑地说道："现在是非常时期，就要不走寻常路。你的心有多大，你的舞台就有多大。"

"哎，还是让我先想想吧。"太子犹豫地说道。

太子一向软弱，并没有马上听取老师石德的话，反而想着去甘泉宫向汉武帝说明情况，但这边的江充却迅速地将从太子宫中挖出木头人的事情通报给负责刑事案件的酷吏。

门客匆匆忙忙地冲了过来，告诉太子，缉拿他的人已经在路上了。

太子已经没路可以走了，只能采取老师的冒险方法。

征和二年（公元前91年），太子叫来了自己的门客和死士，说道："陛下已经下达旨意，让我等前去缉拿江充等一众奸佞之人。"

这些年来，大家都心甘情愿地跟着太子，都是盼望太子登基那天的到来。但这些年来，他们已经被苏文等一些奸佞之人压得喘不过气来。此时他们接到这道假圣旨，顿时意气风发。

太子的门客先去缉拿罪魁祸首江充，并把他的黄金搭档胡人巫师檀何当场拿下。

但按道侯却不合时宜地跳了出来，说："这是一道假诏书，太子你难道想造反？"

太子的门客嫌他太啰唆，一气之下，就拔出剑来，结果了他。

见到江充，太子是气不打一处来，劈头盖脸一顿揍："江充，你这个卑鄙小人，我一直对你忍让三分，你却处处坑我，你不就是喜欢坑人吗？我让你坑……"

说完，太子便一剑结果了江充。

"太子杀得好，自从江充进宫以来，他就肆意揣摩陛下的心思，被他害死的人多达几万人，真是丧心病狂到了极点。"胡人巫师檀何见风使舵道。

"你还有脸说，没有你在一旁助纣为虐，他江充一人也杀不了那么多人。来人，把这只害虫拿到上林苑去炭烤。"太子吩咐道。

做完这些事情后，太子来到未央宫中，向母后卫子夫汇报情况，并请求庇护。卫子夫爱子心切，马上调动了宫中的车马，同时命令长乐宫的侍卫打开兵器库，把兵器交给太子。

太子立马给自己的支持者分发兵器，并派他们深入长安城的百姓中，号召他们拿起武器，来保护太子。

一时间，长安城中一片混乱，百姓们纷纷奔走相告："你知道吗？太子已经造反了。"

黄门太监苏文唯恐太子这股大火烧到自己的身上，便以最快速度来到了甘泉宫。就这样，还在养病的汉武帝便得知了太子叛变的事情。

汉武帝一听，泪如雨下，说道："都怪朕，是朕太惯着江充了，他一直欺压太子，太子是害怕了，才造反的，快派人去把太子召过来。"

霍光和金日磾立马找了一个贴身太监，去召唤太子过来，但这个太监平时没少说太子坏话，一听说太子造反了，哪里敢去？唯恐太子一生气，就把他杀了，于是，他就到外面溜达了一圈后便返回了。

到了甘泉宫后，这个太监一见到汉武帝便跪了下来，一把鼻涕一把泪地胡编道："陛下，奴才无能，没有完成陛下交代的任务。"

"这到底是怎么回事？你不要着急，细细说来。"汉武帝说道。

只听到这个太监说道："太子带了好多人，在城里打打杀杀，小人过去传唤太子，谁知他一看到奴才，就是一通追杀，幸亏奴才跑得快。"

汉武帝大惊道："照你这么说，太子真的是造反了？"

很快，长史乘驿也逃到了甘泉宫，向汉武帝禀告道："陛下，情况不好了，太子在长安城造反了。"

汉武帝勃然大怒，问道："那丞相刘屈氂在哪里？"

"丞相一听说太子造反了，就逃跑了，连官印和绶带都弄丢了。"

汉武帝对奸佞小人江充的盲目宠信，对太子的不信任，外加上传唤太子太监的撒谎，导致了悲剧的发生。

汉武帝强撑病体，发号施令道："传朕旨意，调集天下的兵马，长安城的人，只要造反的，格杀勿论。"

为了不坐以待毙，太子刘据再次假传圣旨，将长安城中的囚犯放了出来，并给他们发武器，这些囚犯由老师石德和门客张光等人统率。同时，太子还派长安囚徒如侯手拿符节征召宣曲、长水两地的胡人骑兵。

汉武帝的侍郎马通来到了长安，得知太子正在征召胡人骑兵的事情后，立马去追赶太子的使者如侯。等如侯到达目的地后，马通也到了。马通立马处死了如侯，带着胡人骑兵来到了长安。

无奈之下，太子刘据便把最后的希望寄托在驻守在皇城脚下的北军。他来到北军军营南门外，站在车上，传唤北军长官任安，颁给他符节，并命令他发兵。任安接受了符节，但是返回到军营中后，却是闭门不出。

在他们心中，只要汉武帝一天不咽气，太子就一天不是皇帝，那就不用搭理太子。

最终太子只能以铲除江充的名义征召老百姓，长安城的百姓早就恨透了江充，一听说太子杀了江充，便纷纷加入太子的战队。

到了长乐宫，太子的军队和丞相刘屈氂不期而遇。双方大战了五天五夜，死亡几万人，尸横遍野，血流成河。

当汉武帝的诏书到了长安城，说太子是谋反作乱，百姓们便一哄而散。太子这边是众叛亲离，只好朝覆盎门方向逃去。守门的官员名叫田仁，田仁也犹豫过到底放还是不放太子，但最终还是放了。

丞相刘屈氂赶到后，要杀了田仁。这时候御史大夫暴胜之说："太子怎么说也是陛下的亲生儿子，怎么能随便诛杀呢？再说，田仁是朝廷二千石官员，就算要杀，也应该先向陛下禀明。"

听了暴胜之的话后，刘屈氂便将田仁放走了。

很快，汉武帝的圣旨到了，质问暴胜之道："丞相在履行职责，要杀掉放走造反之人的人，暴胜之你好大的胆子，竟然敢制止。"

这道圣旨，当时就把暴胜之吓住了。他知道自己必死无疑，便选择了自杀。

汉武帝还下令收回皇后卫子夫的印玺和绶带，卫子夫当日悬梁自杀了。

汉武帝认为任安是老官员了，但出现战乱的时候，想坐观成败，看谁胜利就投靠谁，明显是对朝廷有二心，因此处死了任安。他还处死了田仁以及太子所有门客。随太子起兵的文武百官，统统被灭了族，甚至帮助过太子的士兵都被流放到了敦煌，替汉武帝戍守边疆。

此时的汉武帝是异常愤怒，而朝中的文武百官是个个惊恐，不知如何是好。他们并不是不明真相，而是不敢说。照着以往的经验，敢冒天下之大不韪打汉武帝脸的臣子，绝大部分下场都极其凄惨。

这时，壶关三老令狐茂勇敢地站了出来，给汉武帝上书。

"我听说，父亲是天空，母亲是大地，儿子是天地间的万物。只有天空平静，大地安静，万物才能繁茂；只有父亲慈祥，母亲爱儿子，儿子才会孝顺。太子是陛下的嫡长子，汉朝皇位的合法继承人，肩上担负着祖宗的重托。而江充只不过一个流氓地痞而已，陛下却极其宠信他，让他打着陛下的旗号来陷害太子。一人还嫌不够，还纠集一帮人渣，使劲地往太子身上泼脏水，使陛下和太子父子二人竟无法沟通。太子见不到父皇，无处申冤，想躲起来，却深受奸佞臣子陷害的困扰，无奈之下，杀了江充那个渣渣，却又害怕陛下怪罪于他，被迫走上了流亡之路。太子作为陛下的嫡长子，盗用他父亲的军队，不过是为了自救罢了。臣认为太子并没有什么险恶的用心。以前，江充曾大进谗言陷害赵国世子刘丹（江充是一个流氓，而那刘丹也是一个恶棍，谈不上陷害，只不过是狗咬狗罢了。但令狐茂为了证明自己的观点，便只能睁眼说瞎话了），闹得天下人都知道了。如今陛下没有深入调查，便龙颜大怒，下令丞相带兵追捕太子，弄得所有人都不敢说真话，为此，臣深感痛惜。希望陛下放宽心怀，心平气和，不要过于苛求太子，揪着小辫子不放。陛下，赶紧收兵吧，太子长时间流亡在外，也不是个事儿啊。

我说的都是真心话，即使所说的话犯下了死罪，还是得说出来。我随时准备献出我的生命，待罪于建章宫外。"

汉武帝看了后大为感动，但碍于面子，并没有颁布赦免令。

长安城中，大搜捕依然在紧张地进行着。太子带着两个儿子没命地奔跑，来到了湖县。一个家境贫寒的农夫收留了他们。

"太子，你宅心仁厚，将来一定是一个好皇帝，你就踏实地藏在这里吧，我们全家会舍命保护你的。"

太子说："谢谢你们，日后有机会一定相报。"

农夫家为了让太子父子几人能吃饱饭，便选择饿着肚子。

"我在这湖县有一个朋友，他是一个土豪，你去给他通风报信，说我们父子在这里，让他来接我们过去。"太子说道。

"太子，这人靠谱吗？"农夫担心地问道。

"靠谱，我虽然贵为太子，但一直把他当作知己。"太子说道。

"我怎么听着有点悬……"农夫不无担忧地说道。

农夫还真说中了，太子一联系他的那位知己，那位知己心花怒放，认为升官发财的机会到了，在第一时间向官府举报了他。

8月，新安县令李寿带着一帮人兴冲冲地赶来。一名叫张富昌的捕快一脚踹开农夫家的门，吼道："太子，你给我们出来，跟我们回衙门！"

院子里的农夫一家人立马拿起了农具，说道："保护太子……"但很快，农夫一家人不敌，死在了捕吏的手下。

李寿带领几个捕吏冲进房门内："太子出来吧，不要再和我们捉迷藏了……呀，太子悬梁自尽了。"

李寿赶紧上前，把太子解了下来，手忙脚乱地抢救了一番，但最终也没有救活。

捕吏看着一旁的太子的两个儿子，扯了扯李寿。

李寿下令道："直接掐死就行。"

"干吗要掐死两个皇孙？"

"他爷爷祸害了天下人，这个毛病会遗传的，直接掐死就行，省事。"

很快，朝廷便接到了湖县的上报书："太子悬梁自尽，保护太子的农夫以及太子的两个儿子在格斗中悉数被杀。"

在这起巫蛊案中，太子刘据的三个儿子和一个女儿都被杀。长子刘进因其生母即刘据的夫人史良娣地位高贵而被称作史皇孙，其余几人没有任何称号。刘进在死之前，还留有一个尚在襁褓之中的儿子，名叫刘询。

当然这个尚在襁褓之中的婴儿也因为爷爷造反而入狱了。太子造反，是汉武帝晚年最大的案件，涉案者多达几万人。

这么多囚犯，要一个挨着一个地去审理，犯有重罪的会被判处死刑，犯有轻罪的会被流放。由于工作量巨大，现有的官吏根本忙不过来，无奈之下，朝廷只好起用了被罢免的官吏，或者有刑案经验的人。于是，一个名叫丙吉的人出现在大家的面前，他原本担任廷尉右监，因犯下罪行而被罢免官职。

丙吉来到长安的大狱中，和往日的老朋友打了一声招呼，只见几个刑吏从他身边经过。"这个犯人，罪行最严重，但是嘴巴紧得很。我敢说，没有人能让他招供。"

丙吉看了他们一眼，其中一个刑吏也瞅了他一眼，说道："丙吉，看什么看，不认识我们了？还是你有能力让这个犯人招供？"

"我怎么就不行啦？"丙吉生气地说道，"我们办案，一定对犯人晓之以理动之以情，不要动不动就大刑伺候……"

这几个刑吏开心地说道："好，丙吉，这个犯人就交给你了。你要是没让他开口，这辈子就别想再接其他案件了。"

还真被这几个刑吏说中了，丙吉一脚踏进去之后，就再也没接过新案件了。

丙吉一进门，立马开心地打了一声招呼，但没有回音，很快，他就看到了人犯，顿时瘫坐在地。

"陛下啊，这可是你刚刚出生的重孙子啊，他的爷爷、父亲已经被你逼死了，你还把他送到大牢中，进行刑事逼供。一个刚刚出生的婴儿，你说他犯有谋反罪，反是这样谋的吗？"

躺在阴冷大狱地上的小婴儿是太子刘据的孙子，史皇孙刘进的儿子。他的母亲已经被发配给官府为奴，他就是未来的汉宣帝。

现在，尚在襁褓之中的汉宣帝已经饿得连哭都哭不出来。丙吉摇了摇头，说道："太造孽了，好歹是一条生命，太可怜了。我得找一个善良的女犯人来，好生抚养他。"

于是，丙吉每天都在女犯人的监狱门外徘徊，一见到有年轻的女犯人被关进来，便立即上前问道："站住，你有奶水吗？"

每个女犯人见到后便吓得魂不守舍，问道："你想干吗？"

功夫不负有心人，丙吉终于遇到了一个刚生过孩子的女犯人。

"你有奶水，跟我过来。"

无奈之下，女犯人只好跟着丙吉去了一间牢房，只见丙吉塞给她一个婴儿，说道："你赶紧给这个重刑犯喂奶。"

女犯人大惊："这个小不点，居然是重刑犯，他犯了什么罪行？"

"犯有谋反罪。"丙吉回答道。

"哎，这么点的孩子，还能谋反呢！"女犯人无奈地摇摇头。

在接下来的4年里，丙吉就在长安狱中保护着未来的汉宣帝。

4年后，也就是后元二年（公元前87年），汉武帝病重。望气士说长安大狱中有天子之气，汉武帝便派内谒者令郭穰，将长安二十六官狱的犯人抄录清楚，不论犯下什么过错，一律杀掉。

郭穰夜晚来到丙吉所在的官狱，丙吉听到外面一阵喧闹声，探出头去，只见几个狱卒匆匆忙忙地跑了进来，说道："丙吉，朝廷让你出去接旨。"

"什么事情啊？"丙吉问道。

"估计没什么好事。"狱卒摇了摇头。

丙吉走了出来，只见监狱门外全是士兵，一个个手持兵器。一个长相俊美的年轻人打量着丙吉，一旁的黄门太监宣读："丙吉接旨。"

丙吉没有反应，只是盯着年轻人，问道："你是郭穰吧？"

"你怎么认识我？"

"内谒者令的大名远播，没有人不知道的。"丙吉边说边起了警惕心理。这个郭穰已经是臭名远播，俊美的外貌下有一颗蛇蝎心肠，先是陷害丞相刘屈氂，然后又陷害李广利，可以说是第二个江充了。

这种人大半夜来到监狱，肯定不干好事。

只见郭穰板着一张脸，说道："陛下有旨，立即查清狱中的犯人，一律处死。"

"原因呢？"丙吉大吃一惊。

"丙吉，人要放聪明点，这种事情是你能问的吗？"

"我是廷尉监，你们如何处理犯人，我当然有权过问。再说，你郭穰一来，就要把人全杀了，这么重大的事情，我不过问，岂不是失职！"

"丙吉，这是圣旨，你最好识趣一点。"郭穰恶狠狠地说道。

"你把事情说明白点，不然我不允许你在监狱里胡来。"丙吉倔强地说道。

"我就跟你实话实说吧，今天晚上，望气士说长安大狱中有天子之气。这就是今天晚上我来到这里的原因。"

丙吉说："一派胡言，我听说陛下已经十分后悔了，日日夜夜思念冤死的太子，又怎么会杀死太子的孙子，他的曾孙呢？"

郭穰说道："丙吉，你也是为官多年的人了，连这个都信，这只不过是陛下为了安抚人心，忽悠你们这群蠢货罢了。你们这些刁民，快把大门给老子打开。"

丙吉回击道："郭穰，你休想，我是不会让你得逞的。你来这里的目的就是杀死这个婴儿，他有什么错？他一出生，爷爷、父亲就因冤而死。宅心仁厚的太子，他只剩下这么一点血脉了，我不允许你把他杀掉。你虽然有一群帮凶，但未必能攻破这牢狱的大门。"

说完，丙吉就下令狱卒把长安狱中的大门都关严实。

郭穰十分生气，拿起大刀，狠狠地砍向狱中的大门。但牢狱中的大门都是用无比坚硬的铿木制作而成。要想攻破牢狱的大门，并非一件简单的事情。

"大家走，我要去陛下面前弹劾丙吉，让他吃不了兜着走。"恼羞成怒的郭穰说道。

郭穰无功而返，向汉武帝汇报。而此时，汉武帝也幡然醒悟过来，说道："这是天意。"于是大赦天下。

征和三年（公元前90年），官吏和老百姓互相以巫蛊罪告发对方。经过官府调查，发现这些大部分都是诬告。此时的汉武帝也重新调查太子刘据的巫蛊一案，发现很多人都是被冤枉的。查出的冤案越多，就越能证明太子刘据是清白的。但汉武帝是一国之君，承认自己做错了，会让自己在天下人面前颜面尽失，所以一直没有机会为太子刘据平反。

巫蛊之祸一年后的9月，高寝郎田千秋要求面见汉武帝。

高寝郎就是负责替皇家看守陵墓的。这种官员，在朝廷中属于边缘化的角色，没有任何地位。其实，历史上不少皇帝在惩罚官员时就派他们去看守皇家陵园。它相当于朝中文武百官的"冷宫"，跟流放差不多。

"宣他进来吧。"汉武帝说道。

只见一个两鬓斑白、神采奕奕的老臣快步走了进来，匍匐在地，叩头道："陛下，太子实在是太冤了，老臣就算是被杀，也要出来说几句公道话。太子宅心仁厚，忠厚善良。这次起兵，纯粹是受了江充、苏文等奸佞小人的陷害，被逼无奈才起兵的呀……陛下，你怎么不辨是非曲直呢？并且，太子谋反也不是什么大事，只是儿子偷了父亲的东西而已。更何况他被奸臣贼子阻拦，见不到父亲，无法说明情况，无奈之下才干出这种事情来。"

田千秋泪如泉涌，说道："老臣冒死前来为太子申冤，是因为昨天晚上，老臣梦到一个白发苍苍的老者，让我到陛下面前替太子喊冤。臣一觉醒来，才知道这是梦，想着难道是先祖之灵托梦？臣也不敢怠慢，立马前来，向陛下禀告。"

　　汉武帝听后，内心受到了极大的震动。这次巫蛊之祸，真的伤了他的心。他需要一个台阶下，而田千秋刚好为他送来了这个台阶。田千秋也害怕掉脑袋，但他同样给自己留了退路。年迈的汉武帝非常迷信，相信鬼神之说。田千秋平时看守着皇家陵园，那么他梦到的白发老翁不就是汉高祖刘邦吗？根据汉高祖托梦的意思，太子起兵不过是儿子偷了父亲的东西而已。

　　汉武帝听完后，蹒跚地走到田千秋的面前，说道："我们父子二人之间的事情，外人很难插嘴，唯独你向朕表明了太子的心迹。这是高祖皇帝的神灵派你来指教朕，你应该当朕的辅助大臣。"

　　于是，汉武帝任命田千秋为大鸿胪。汉武帝急于为太子刘据平反，而田千秋这一举动无疑是雪中送炭。

　　朝堂之上，汉武帝冰冷的声音响起："传朕旨意，复查太子造反一事。"

　　汉武帝要复查太子造反一事，就是要全面清理参与这件事情的人员。

　　首当其冲的是江充，虽然他人已死，但他的家人还活着。侍卫们不紧不慢地来到江充家中，将每一个因害怕而藏起的人抓住，然后当场杀掉，即便是女人和婴儿，也无一幸存。

　　黄门太监苏文也被侍卫们拖到横桥上，他凄惨地号叫着："别杀我，别烧死我啊，陛下……"很快，苏文被剥光了衣服，然后置于烧烤架上，被活活烧死了。

　　然后是所有参与太子叛变之人，不管当时站在哪边，都被灭族。

　　对于太子刘据无辜被害，汉武帝此时是悔痛万分。一闭眼，太子就会出现在自己的梦中，挥之不去，睁开眼，身旁似乎又传来了太子"父皇，父皇"的喊声，汉武帝是一会儿睁开眼，一会儿闭眼，苦不堪言。事实上，汉武帝也明白自己才是这次大祸的罪魁祸首，因为自己不待见太子，导致他人揣摩到自己的心思后肆意加害。为了安抚自己的内心，他命令霍光在长安宫中建造了一座思子宫，在太子逃亡隐匿的湖县修建了归来望思之台。

　　不久后，思子宫和归来望思之台便建好了。随后，汉武帝来到了湖县。一抵达归来望思之台，汉武帝顿时黯然神伤，悲伤至极。霍光说道："陛下，这就是归来望思之台。"

　　汉武帝问田千秋："太子是在这里死的吗？"

　　"是的，陛下。"

　　汉武帝抬起头来，看着辽阔的天空，联想到自己初得龙子时的喜悦，到对太子的冷落，再到一怒之下想要杀之而后快，到现在的痛不欲生。汉武帝终于明白失去了珍贵的东西有多痛苦。他泪流满面，身边的文武百官也无不为之动容。

"快扶着朕，朕要去台上祭奠太子。"

顿时，周围响起了哀伤的音乐。汉武帝接过香烛，在霍光和司马迁的搀扶下，蹒跚地登上了归来望思之台。汉武帝手举香烛，朝天空拜了拜，默默地说道："皇儿啊，是父皇害了你啊，父皇有罪啊，本应把皇位传给你，可你却永远地离开了父皇。这到底是为什么啊？苍天啊！"

到了这个时候，只剩下一点扫尾工作了，那就是处死马通。

马通与江充臭味相投、狼狈为奸。他有一个"不同凡响"家族，其先祖是战国年间立下了赫赫战功的赵国名将赵奢。可惜虎父生犬子，儿子赵括只会夸夸其谈，率领40万赵军对战秦兵，打响了长平之战。结果赵军全军覆没，40万大军被坑杀。

赵括只会满嘴跑舌头，让赵国遭受致命的一击，导致其元气大伤，但给中国传统文化留下了一个成语，那就是"纸上谈兵"。

事情发生后，赵王勃然大怒，对赵括一族展开了大追杀。赵括一族被杀得四处乱窜，为了逃命，他们改姓"马"。

到了东汉年间，这支族脉再次出现了一个杰出的军事家，那就是伏波将军马援，他的曾祖父就是马通。马援将军还有两个流传千古的名句，"男儿要当死于边野，以马革裹尸还葬耳"。以及"丈夫为志，穷当益坚，老当益壮"。

虽然马家在朝廷中不显山不显水，但那是因为他们没有得到朝廷的重用。如果有机会，马家很可能出现另外一个飞将军李广。

这是一个军事世家，马通也为其家族历史贡献了重要一笔。

在平定巫蛊一案中，马通因捕获反将如侯有功，被汉武帝封为重合侯。征和二年（公元前91年），汉武帝得知太子刘据的冤屈后，诛杀了江充的宗族和朋党。马通兄弟担心被牵连，于是决定先下手为强，策划起兵。

金日䃅首先察觉到了他们的异样，暗中观察他们，同他们一起上殿下殿。马通的兄长马何罗似乎察觉到金日䃅已经注意到他们，因此一直没有动手的机会。此时，汉武帝正在避暑。金日䃅身体有些不舒服，便在内殿休息。

马通与其兄长马何罗、其小弟马安成假传圣旨，深夜外出，杀了使者，发动了叛变。

次日早上，汉武帝还没有起床，马何罗便从外面冲了进来。当时，金日䃅正在出恭，听到声响后灵机一动，以最快速度进入汉武帝的寝宫，躲在内门后面。

很快，马何罗就持刀进来了，金日䃅最先看到，顿时脸色大变，不顾一切地冲向了汉武帝的寝宫。没有料到的是，由于太紧张，马何罗撞上了宝瑟，摔了一个大马趴。金日碑抓住机会，将马何罗一把抱住，操着半生不熟的中原话喊道："马何罗造反了，马何罗造反了。"

汉武帝从床上弹了起来。附近的侍卫听到响声后也纷纷赶来，只见皇帝寝宫外一片狼藉，乐器碎了一地。金日碑和一个人抱在了一起，正在地上翻滚着。

侍卫们想要上前拔刀杀了马何罗，但汉武帝担心伤到金日碑，不让侍卫们动手。最后，身强力壮的金日碑占据了上风，掐住了马何罗的脖子，将其摔到了殿下。侍卫们见此赶紧冲了上去，将其捆绑了起来。经过审讯后，马何罗兄弟宗族被诛杀。但马通的儿子马实没有被处死，才有了后来的伏波将军马援，汉武帝也因此更加器重金日碑了。

煞费苦心，重新设立继承人

在巫蛊之乱中，宅心仁厚的太子刘据被冤死，汉武帝只好重新选择皇位继承人。最终，他选择了幼子刘弗陵。为了让刘弗陵的皇帝之路更为顺遂，他煞费苦心，先是除掉了刘弗陵的生母钩弋夫人，然后指定霍光为自己的托孤大臣。

汉武帝一生雄才大略，共有6个儿子。儿子不算多，但在选择储君上，汉武帝费尽心思。

刘据是汉武帝的嫡长子，因为他的生母是卫子夫，所以也被称为卫太子。在刘据7岁那年，汉武帝举行了盛大的仪式，封他为太子。在太子刘据20岁的时候，汉武帝在东宫建造了一座博望苑，以供太子读书学习、结交宾客所用。为了培养太子，汉武帝如同所有老父亲一样，费尽了心血。

但后来汉武帝发现太子性情太过温和，有些不喜欢。诸多小人沆瀣一气，乘虚而入，寻找和捏造太子的罪名，把事情推到失控的局面。太子刘据兵败后逃亡，因拒绝被捕受辱而自杀身亡，此时的汉武帝已经快70岁了，只好重新从剩下几个皇子中选择太子。

刘闳是汉武帝的第二个儿子，生母是王夫人。当时王夫人得宠时，汉武帝便把肥沃之地齐国封给了刘闳。

公元前117年，大司马霍去病为了维护表弟太子刘据的利益，向汉武帝上书，请求汉武帝封皇子刘闳、刘旦以及刘胥为诸侯王，让他们前往自己的封地。

当年4月，汉武帝封次子刘闳为齐王，立第三子刘旦为燕王，第四子刘胥为广陵王。

元鼎六年（公元前 111 年），齐国的国相也就是齐王刘闳的太傅卜式去往都城长安担任御史大夫。元封元年（公元前 110 年），在成为齐王的第八年，刘闳去世，谥号为齐怀王，因年少无子，死后封国被除，变为郡，天下百姓由此说齐地不适合封王。

汉武帝的第三子是刘旦，生母是李姬。元狩六年（公元前 117 年），他被封为燕王。燕国位于西汉的边境，与匈奴之地相邻，土地十分贫瘠、民风彪悍。到了汉朝，经过推恩令的打击之后，诸侯王对封国也没有太大的权力。根据汉朝的继承制度，是"立嫡、立长"，因此，次子和庶出都享受不了继承权。

作为汉武帝的第三个儿子，刘旦在刚开始的时候并不奢望登上帝位，而是安心地做诸侯王，把心思用在了数术、星历、骑射以及倡优等上面。长大后的他"能言善辩，广有谋略"。

元封元年（公元前 110 年），汉武帝的次子刘闳去世。征和二年（公元前 91 年），太子刘据因为巫蛊之乱自杀。刘旦得知刘据自杀的消息后开始有了想法，认为自己现在是父皇年纪最大的儿子了，按照长幼排序，太子之位应该是自己的。不过，汉武帝并没有这个想法。

为了争夺皇位，刘旦私自招募了一些有名的亡命之徒。由于燕国与都城长安相距遥远，刘旦还私自调动了军队。后元元年（公元前 88 年），汉武帝病重，刘旦派使者来到长安，向汉武帝上书，请求保护汉武帝。汉武帝立马明白了刘旦的意图，顿时勃然大怒，斩杀了使者，并以燕王"藏匿亡命之徒，违反汉朝法律"为由，削掉了其封国的三个县。

经过这一次，汉武帝由此发出了"生子应置齐鲁之地，以感化其礼仪；放在燕赵之地，果生争权之心"的感慨，开始厌恶起刘旦来。

刘胥是汉武帝的第四个儿子，生母同样是李姬。他身材魁梧，天生神力，力大无比，能空手与野猪、熊等猛兽搏斗。但他目无法纪，跟他哥哥一样，成天做着皇帝梦。他哥哥为了实现皇帝梦，成天想着造反，而他为了自己的皇帝梦，成天诅咒皇帝。他请来女巫，先是诅咒刘弗陵，然后诅咒刘贺，接着诅咒刘询，当然这都是后话了。

刘髆是汉武帝的第五个儿子，生母是李夫人，舅舅是贰师将军李广利。天汉四年（公元前 97 年），他被汉武帝封为昌邑王。征和三年（公元前 90 年），在太子刘据死后第二年，汉武帝下令李广利率领 7 万大军攻打匈奴。当李广利准备离开京师时，作为儿女亲家的丞相刘屈氂为他践行。

由于前一年爆发了巫蛊之乱，太子刘据因蒙冤而自杀，到现在还没有新立太子。于是李广利也有了想法，他想让妹妹李夫人所生的儿子昌邑王刘髆为太子，如此一来，他就成了国舅，地位也更为尊贵，权势也更大。

在践行宴会上，李广利和刘屈氂这对儿女亲家开始为储君之位打起了算盘。

"丞相大人，家里还好吧？"李广利问道。

"好得很，我儿子和你女儿，小两口一直过着衣来伸手饭来张口的日子，每天都无比快乐。"

李广利说："我问的是我外甥。"

"你外甥……哦，你问的是昌邑王啊，哎，我也不知道怎么跟你说，那孩子身上有着一种异于常人的气息。"

"哎，孩子嘛，永远是自家的好。你看，太子好端端的，却突然造起反来。你说你着什么急呢？再等几天，你就是天子了。现在好了，都成了过眼云烟。"李广利说道。

"是啊，与太子在长安城对战的时候，我远远地瞅了他一眼，发现那孩子已经崩溃了，能够想象得出，他当时承受着多么大的心理压力。"丞相刘屈氂说道。

"崩溃就崩溃吧，也怪不得我们。我这天天上战场，在刀枪剑雨中来来去去的，连一个送粮草的人都没有。我比太子还崩溃，还没地方说理去。丞相大人，是这么回事，太子呢，也成了过眼云烟了，朝廷总得需要一个新太子吧。"李广利主动提起。

"是的，但立太子这件事情，我们也插不上话啊。"

"丞相大人，你可别忘了，你可是丞相，位高权重的。论在陛下面前的影响力，第一非你莫属了。"李广利着急地说道。

"你真的希望昌邑王当上太子吗？"刘屈氂问道。

"你觉得呢？昌邑王是我妹妹的儿子，我的亲外甥。你说我不支持他，支持谁去？"李广利说道。

"我还是觉得……"

"丞相大人！"

"哎，为了达成你这个愿望，我上上书吧。我事先和你说明啊，我最多也只能做到这步了，剩下的由陛下定夺。哎，真是，谁让咱俩是儿女亲家呢。"

"你向陛下上书就行。丞相大人，摆在眼前的是，陛下要重用我们李家人。你想想啊，你在朝廷上当文官，我在战场上当武官，这个信号还不明显吗？"

刘屈氂叹了一口气，没有说话，像是预测到自己凄惨的命运。

很快，李广利就率领 7 万士兵出发了，但一路上，茫茫沙漠，连个匈奴影子都没看见。

上了年纪的汉武帝已经无法准确得到匈奴的情报，相反，匈奴人却把汉军的底儿摸得透透的，7万汉军一出发，匈奴人便大张旗鼓地搬走了，向北方迁了600多里。

等汉军抵达匈奴原来住处时，早就成了疲惫之师。很快，他们便发现了一个不妙的事情，那就是遇到了李陵率领的匈奴军。跟李陵斗，那是脑袋进水了，所以李广利率领的汉军是想都不想，拔腿就朝汉朝的方向逃去。

李广利是一边战斗一边向后退，而李陵率领着3万匈奴军在后面穷追不舍，双方大战了9天。不知是李陵有意放过汉军，还是用着匈奴军不太顺手，在浦奴水一战后，便率领匈奴兵撤退了。

此时，李广利才长长地吁了一口气："也只有我李广利一人能从李陵手中全身而退了！"

但这个时候，汉武帝多个战场同时开战的毛病又犯了，这边李广利的7万汉军还没有打出像样的战役来，又派了一个名叫成娩的人，率领楼兰、危须以及尉犁等6国的军队，大张旗鼓地攻打车师国，将整个车师国的人都俘虏了。

车师国之战震惊了整个西域。两相比较之下，李广利这边就显得太不给力了。很快，李广利便受到了汉武帝的责难，说他胆小如鼠，见到一个李陵就害怕成这样。汉武帝在诏书的最后命令他深入沙漠，再次攻打匈奴。

无奈之下，李广利只好率领士兵掉转方向，继续深入大漠。等汉军深入夫羊地区的句山狭口时，李广利发现了卫律率领着5000骑兵正在等待他们。

李广利和卫律，那是老朋友了。卫律曾经是汉朝的官员，曾经与李广利的弟弟李延年有着极其深厚的交情。李延年是一个宦官，在朝中掌管乐器，但最后却以淫乱的罪名被诛杀。卫律目睹了李延年家被抄时的凄惨样子，受到了惊吓，于是投靠了匈奴。

卫律手下只有5000骑兵，却敢于同李广利7万士兵叫板，就是因为这份交情在。

卫律只想和李广利聊聊天，告诉他一些他理应知道的事情。但此时的李广利可不这么想，他是抱着立功的心态来的，并且坚信他的外甥一定会当上天子，属于他李广利的时代马上就要到来了。他将会成为下一个卫青，甚至比卫青还要伟大。这么美好的未来，要是被一个叛徒老朋友耽误了，那就太不划算了。

只见李广利下令道："杀啊，把这些人给我统统杀光。"

7万汉军，如同洪水一般，把卫律的5000骑兵冲击得如同一盘散沙。

卫律一边在前面狂奔，一边破口大骂，"李广利，你个不识好人心的东西。你现在还在替汉家天子卖命呢，等你全家也被汉家天子灭门了，你就知道好歹了。"

李广利对卫律的谩骂充耳不闻，下令士兵安寨扎营。这个时候，一个名叫胡亚夫的掾吏给他带来了一个晴天霹雳的消息。

"李将军，你可知道，你的妻儿已经被关进了大牢之中。"

"怎么会这样？"李广利顿时呆若木鸡。

胡亚夫说的是事实。当李广利不顾一切杀向卫律的时候，朝廷拿刀对准了他的妻儿。这一切都是那个名叫郭穰的内史令使的坏，他向汉武帝举报了李广利。

郭穰上书说，由于丞相刘屈氂多次受到陛下的责难，导致丞相夫人很不满，使用巫蛊之术，诅咒陛下早死。还有，丞相和李广利两人，使用巫蛊之术，祈求昌邑王当上太子。

汉武帝自然是龙颜大怒，下令彻查。其实到了这里，只要是明眼，都能看出这又是一起冤案，复制了江充诬陷太子一案。即使是丞相夫人使用巫蛊之术，难道她还会让别人知道。如果她在密室里进行，难道郭穰有千里眼？也许真正的原因不过是奸佞小人窥探到汉武帝的心思，费尽心机而为之。

结果，丞相刘屈氂一家的命运凄惨了。五花大绑的刘屈氂被汉武帝装在运送食物的车上游街示众，被尽情羞辱一番后处以腰斩，而妻儿也被拖出去斩了。李广利的妻儿被囚禁起来。

听到这个消息，李广利如同五雷轰顶，陷入了迷茫之中。他害怕极了，不知该如何是好。

当天晚上，在李广利的军营中，他与掾吏胡亚夫进行了一番激烈的讨论。

胡亚夫说："李将军，现在你应该明白汉家天子的意思了吧，他为何长时间不给你配备粮草部队？他为何要杀了你的弟弟李延年？陛下的意思显而易见，就是不待见你。"

李广利摸了摸脑袋："陛下为何要这样做呢？"

"立储之争。"胡亚夫回答道。

"但这跟我又有什么关系呢？"

胡亚夫长长地叹了一口气："李将军真是当局者迷啊。那昌邑王有你这么一个手握重兵的舅舅，又有丞相刘屈氂，在几个皇子中背景最为强大，最有竞争力。但这孩子吧，一看就没有天子之相。既然昌邑王不能做太子，那李将军和丞相便成了新太子最大的威胁。陛下不除掉你们两个，估计睡觉都不踏实。"

"那杀了我们两个，陛下又能得到什么好处呢？"李广利依然没开窍。

"我先问问李将军，你多久没有见过陛下啦？我听说卫皇后和太子被陷害之前，也是长时间没有见到陛下。现在陛下不喜欢昌邑王，那么下面的奸佞小人肯定会抓住这个机会，剪掉昌邑王的羽翼，李将军你就首当其冲了。"

"你告诉我这个，目的是什么？"李广利质问胡亚夫道。

"当然是为了大将军的未来啊。"

"不说我了，先说说你吧，你为何想要投靠匈奴？"李广利问道。

"实话实说，我是触犯了汉朝的法律，"胡亚夫老实交代道，"但李将军，你现在的处境和我有什么不同呢？如果你现在返回汉朝朝廷，说不定下场比我更为凄惨。如果我回到朝廷，最多是被斩首，如果赶上陛下大赦天下，就会被放出来。而李将军，你就不一样了。你如果回去，就会和太子一样的下场。"

"真的会这样？"李广利问道。

"这还用说吗？李将军，眼下的局势，我们想要保命，只能向匈奴投降。但如果像我这种不出名的人物去了，匈奴人可能不收。但如果我跟随大将军一起去，情况就会完全不一样。到时候，大将军身边还有我这么个熟人，能说点心里话，多好。"

"好了，我知道该怎么做了。"李广利说道。

"那大将军，咱俩归顺匈奴？"胡亚夫问道。

"归什么顺？你这脑袋天天想什么呢？赶紧擦擦你的兵器，明天跟匈奴人干仗去。"李广利说道。

"李将军，你没发烧吧？"

"就这样，不要再说了！"

李广利就这样明确地拒绝了胡亚夫，他对眼下的局势有着自己的判断，虽然有时汉武帝对他有些无情，但只要他能为汉朝立功，不也会上赶着讨好他李广利吗？大宛一战失败，陛下龙颜大怒，下达诏书禁止他的军队入玉门关。大宛二战大捷，陛下就赶紧给他封侯拜将，该有的赏赐一点都没少。

李广利坚信，如果他这次击败匈奴，还会像上次大宛之战一样，那么妻儿也会被放出来。

第二天早晨，李广利率领2万骑兵横渡郅居水，只见前方一片混乱，匈奴2万骑兵手忙脚乱地迎了上来。李广利见了后顿时信心大涨，立马向汉军下令道："杀他个片甲不留，所得的财物都归你们。"

"冲啊。"一心想着发财的汉军冲了上去。很快，李广利大胜，杀死了匈奴左大将和不少士兵。

当李广利正在战场上厮杀的时候,汉武帝派来了监军长史和决眭都尉。他俩商议,李广利不顾全军安危,以求立功赎罪,恐怕会招致失败,不如把他捆绑起来,阻止他盲目地去冒险。但他俩这个计谋被人听了去,很快,李广利就知道了他俩的算盘。

李广利痛心疾首,感叹道:"我只不过是想为朝廷出点力,做点事,怎么就那么难呢? 真是明枪好躲,暗箭难防。"

李广利立马下令道:"传本将军令,长史等人想要叛变,给本将军拿下。"

汉军听了后勃然大怒,立马手持大刀冲向了长史的军营,将其剁成了肉酱。

决眭都尉见情况不妙,准备逃走,最终被逮住,命丧士兵的刀下。

杀了长史和决眭都尉后,李广利知道军心已经涣散,于是向燕然山方向撤退。

但狐鹿姑单于岂能放过这个大好机会,便亲自率领5万铁骑,朝汉军军营杀了过来,杀死了不少汉军。

李广利原想立功赎罪,没料到遭此大败,十分郁闷,同时又担心大狱中的妻儿,本来作战水平就不高,因此失去了作战时该有的警觉性。

匈奴军趁汉军没注意,在午夜悄悄挖了一条深达几尺的壕沟,在清晨时分再次在后面对汉军发动了突然袭击。汉军本想列队迎战,却发现眼前有一条壕沟,陷入进退两难的处境,顿时军心大乱,完全丧失了战斗力。

此时狐鹿姑大单于神采飞扬,大声说道:"我的好儿郎们,如今汉军为鱼肉,我军为刀俎,大家使劲地砍吧,不要和他们客气。"

就这样,7万汉军全部葬送在李广利的手中,这是汉武帝时期汉匈战争中损失最为惨重的一次,与巫蛊之祸有着直接的关系。到了这个时候,李广利意识到自己已经没有任何退路了,只好选择了投降。狐鹿姑单于知道李广利在汉朝位高权重,为了拉拢他,便将女儿许配给了他。

汉武帝知道李广利投降后勃然大怒,下令灭了李广利满门,凭借李夫人兴旺起来的李氏家族由此灭亡。

最终汉武帝的第五个儿子,李广利的外甥刘髆也没被封为太子。到了后元元年(公元前88年),也就是汉武帝去世前一年,刘髆去世了。

刘弗陵是汉武帝的第六个儿子,生母是汉武帝晚年时期最宠爱的钩弋夫人。太始三年(公元前94年),钩弋夫人生下了刘弗陵。此时汉武帝已经是60多岁的老人了。老来得子的他对这个年幼的儿子异常疼爱。年幼的刘弗陵聪明伶俐,才思敏捷,汉武帝觉得这个孩子最像自己,便想把皇位传给他。但汉武帝担心自己千秋之后，年幼的太子登基，年轻的钩弋夫人位高权重，要是守不住寂寞，就会做出淫乱之事。到那个时候，幼主还小，而霍光毕竟还是一个臣子，哪能管得住皇帝的母亲呢？要是钩弋夫人不干政还好，要是干政，那么第二个吕后就会出现。

为了解决这个后顾之忧，汉武帝决定提前除掉钩弋夫人。

几天之后，汉武帝故意挑了钩弋夫人的一个小过错，严厉地斥责了她。于是，钩弋夫人摘下耳环、发髻，叩头请罪。汉武帝下令将钩弋夫人打入大狱中。被拖走时，钩弋夫人拼命挣扎，苦苦哀求，但都无济于事。很快，钩弋夫人便死在云阳宫中。当时，天空中刮起了大风，漫天沙尘，老百姓无不为之哀伤。

在汉武帝身体每况愈下的情况下，刘弗陵无法像他一样当9年的太子。这时，汉武帝便想找一个可靠的大臣，将刘弗陵托付于他。此时的他不再锋芒毕露，而是像一个充满智慧的老人。他反反复复琢磨，最终选择了霍光当他的托孤对象。当时他并没有直截了当地告诉霍光，而是给了他一些暗示。他赐给霍光一幅画，画的是周公背着成王朝诸侯，就是让霍光效仿周公，他准备把自己的儿子托付给霍光。霍光一看，就明白了其中的意思，但因为时机未到，他便假装没有识破其中的意思。

后元二年（公元前87年），汉武帝病重。在病榻之前，霍光泪流满面，问道："如果陛下仙去，那么由谁来继承大统？"

"朕送给你那幅画的意思还不明显吗？朕将立幼子为太子，你来做周公。"

"臣不如金日磾。"霍光说道。

当时金日磾也在一旁，立马叩头推辞道："臣没有辅佐太子的才能，并且臣原本是匈奴人，如果辅佐幼主，一定会让匈奴轻视我大汉！"最终，汉武帝还是决定由霍光当他的托孤大臣。

后元二年（公元前87年），汉武帝下达诏书，将年仅8岁的刘弗陵立为太子，任命霍光、金日磾、上官桀、桑弘羊以及田千秋为辅政大臣。

汉武帝终究不是一个昏庸的皇帝，到了晚年时期，他的思想发生了巨变，也不断地反省自己。征和四年（公元前89年），汉武帝带领朝中文武百官去钜定视察，并亲自到农田中耕种，然后又去附近的泰山祭天。此时的汉武帝早就不是当年那个飞扬跋扈的皇帝了，他对自己的臣子说："朕自即位以来，做了不少狂妄悖逆、荒唐至极的事情，让天下百姓生活在水深火热中。从今以后，朕要杜绝劳民伤财的事情，还百姓一个太平的天下。"

这个时候，田千秋提出遣散京城的巫师和方士，汉武帝立马同意了。

　　而与田千秋相反的是，桑弘羊此时没有眼力见地建议汉武帝派士兵前往西域的轮台戍边。如果是以前，汉武帝肯定会毫不犹豫地同意，但这次，他坚定地拒绝了，还下了一道诏书，讲述自己所犯下的过错，这就是历史上著名的《轮台罪己诏》。

　　在这份诏书中，汉武帝表达了自己好大喜功、穷兵黩武的行为给天下百姓带来了太多的痛苦，还颁布了一系列法令，明确拒绝了桑弘羊提出的轮台戍边的请求，并且全力发展生产。

附：轮台罪己诏

　　前有司奏，欲益民赋三十助边用，是重困老弱孤独也。而今又请遣卒田轮台。轮台西于车师千余里，前开陵侯击车师时，危须、尉犁、楼兰六国子弟在京师者皆先归，发畜食迎汉军，又自发兵，凡数万人，王各自将，共围车师，降其王。诸国兵便罢，力不能复至道上食汉军。汉军破城，食至多，然士自载不足以竟师，强者尽食畜产，羸者道死数千人。朕发酒泉驴、橐驼负食，出玉门迎军。吏卒起张掖，不甚远，然尚厮留其众。

　　曩者，朕之不明，以军候弘上书言匈奴缚马前后足，置城下，驰言："秦人，我匄若马。"又汉使者久留不还，故兴师遣贰师将军，欲以为使者威重也。古者卿大夫与谋，参以蓍龟，不吉不行。乃者以缚马书遍视丞相、御史、二千石、诸大夫、郎为文学者，乃至郡属国都尉成忠、赵破奴等，皆以"虏自缚其马，不祥甚哉"，或以为"欲以见强，夫不足者视人有余"。《易》之卦得《大过》，爻在九五，匈奴困败。公军方士、太史治星望气，及太卜龟蓍，皆以为吉，匈奴必破，时不可再得也。又曰："北伐行将，于鬴山必克。"卦诸将，贰师最吉。故朕亲发贰师下鬴山，诏之必毋深入。今计谋卦兆皆反缪。重合侯得虏候者，言："闻汉军当来，匈奴使巫埋羊牛所出诸道及水上以诅军。单于遗天子马裘，常使巫祝之。缚马者，诅军事也。"又卜"汉军一将不吉"。匈奴常言："汉极大，然不能饥渴，失一狼，走十羊。"

　　乃者贰师败，军士死略离散，悲痛常在朕心。今请远田轮台，欲起亭隧，是扰劳天下，非所以忧民也，今朕不忍闻。大鸿胪等又议，欲募囚徒送匈奴使者，明封侯之赏以报忿，五伯所弗能为也。且匈奴得汉降者，常提掖搜索，问以所闻。今边塞未正，阑出不禁，障候长吏使卒猎兽，以皮肉为利，卒苦而烽火乏，失亦上集不得，后降者来，若捕生口虏，乃知之。当今务，在禁苛暴，止擅赋，力本农，修马复令，以补缺，毋乏武备而已。郡国二千石各上进畜马方略补边状，与计对。

这份"罪己诏"是中国历史上第一份君王的罪己诏，汉武帝的这份自我反省精神令人心生敬佩。而汉武帝也兑现了自己在诏书中的承诺，停止了对外征战，而把发展农业、减轻百姓负担、安定社会、让百姓休养生息作为国家政策的重心，他的这些政策让在风雨中飘摇的大汉王朝重归平稳。

后元二年（公元前 87 年），汉武帝在五柞宫驾崩，终年 70 岁。在他在位的 54 年间，他曾文治武功，也曾好大喜功；他曾爱民如子，也曾穷兵黩武。他的一生充满了争议，但这并不妨碍他是一位叱咤风云的英雄人物。